お金の不安が消える「複数収入源」構築法

日本人のための

お金の増やし方大全

MULTIPLE STREAMS OF INCOME
JAPANESE Ver

[著] ロバート・G・アレン
[監訳] 稲村徹也／丸山拓臣

フォレスト出版

MULTIPLE STREAMS OF INCOME

by Robert G. Allen

Copyright © 2018 by Robert G. Allen. All rights reserved.

Japanese translation rights arranged with

Robert G. Allen, San Diego, California

c/o Columbine Communications & Publications, Fortuna,California

through Wavelink,Inc.,Tokyo

各界著名人から届いた
本書への称賛の声

人々に大金の稼ぎ方を教えるロバート・アレンの能力には敬服する。彼の新著は、情報の宝庫である。
──『金持ち父さん 貧乏父さん』著者 ロバート・キヨサキ

黙っていてもお金が入ってくる生活をお望みなら、ロバート・アレンの本を読むべきである。
彼の長年に渡って蓄積したノウハウを本当にわかりやすく、実践しやすく教えてくれている。
──『こころのチキンスープ』著者 ジャック・キャンフィールド

ロバート・アレンは偉大なメンターだ！
彼は、最短時間でどのように経済的自由を達成するのか、その実践的、
かつ実行可能な知恵を授けてくれるだろう。
──『7つの習慣』著者 スティーブン・R・コヴィー博士

ロバート・アレンは、他人の努力・資産・お金を強烈にあなたのために働かせる方法、
そして、誰もが経済的自由や安心を得られるパワフルな収入源確保の仕方を教えてくれる。
──『ハイパワー・マーケティング』著者 ジェイ・エイブラハム

ロバート・アレンは並外れている。
本書では、お金を作り増やし経済的に自立するためのより実践的なアイデアを学ぶことができる。
21世紀における経済的成功のバイブルだ。
──営業の神様 ブライアン・トレーシー

収入を劇的に高めたいのならば、ロバート・アレンは絶対的な指導者である。
彼は、98％の人間が知りえない真実を熟知している。
──『ザ・シークレット』メインパーソナリティー ボブ・プロクター

本書を読むことは賢明な投資だ！　彼はまたしても、健全な経済的繁栄を渇望する我々に、
シンプルで確かなアドバイスを提供してくれた。
──『1分間マネジャー』著者 ケン・ブランチャード

ロバート・アレンの1つのアドバイスが、1千万円以上のさらなる収入源をもたらした。
多くの章で詳解されている戦略を読み、あなたも富の収穫を堪能ください。
──『成功の心理学』著者 デニス・ウェイトリー

起業初心者から成功したビジネスマン必携の良書である。
本書に沿って進めていけば間違いようがない。的を得ているからだ。
──The E-Myth Academy 創始者 マイケル・ガーバー

本書は刺激的だ。起業や投資の初心者からビジネスエキスパートまで、
誰もが全ページを熟読するべきである。
──『How to Succeed in Business By Breaking All the Rules』著者 ダン・ケネディ

日本の読者の皆さんへ

偉大なる国、日本の投資家の皆さん、富の探究者の皆さんへ

このたび、フォレスト出版から、ベストセラーとなった私の著書、『MULTIPLE STREAMS OF INCOME』の日本語版が出版される運びとなったことを、大変光栄に思います。北アメリカをはじめ、世界各国の大勢の方々が、本書や、私の他のベストセラー著書を読んで、続々と億万長者の仲間入りをしています。日本の皆さんにもぜひ、経済的繁栄を達成するために本書を活用していただきたいと、せつに願う次第です。

この本が皆さんに、有益な情報とともに、大いなるインスピレーションとモチベーションを与えることができることを、心から祈っています。

2018年9月　ロバート・G・アレン

序文

　過去 40 年間、私はベストセラーとなった著書や国際的なセミナーを通して、大勢の人たちに経済的な自由を獲得する方法を教えてきました。今回はぜひ、それを日本の皆さんがより理解しやすく実践に活用できる情報を加味し、あなたにお教えしたいと思います。

　本書では、一生続く「複数の収入の流れ」の構築法をお教えします。それらは、通常の収入の流れとは異なるものです。あなたが眠っている間も、24 時間絶えず流れ込み続ける「一生型」収入というものです。
　これらの特別な収入の流れは、

・パートタイムベースで、
・家にいながら、
・所持金をほとんど、あるいはまったく使わずに、
・従業員をほとんど、あるいはまったく雇わずに、
・有効性の立証されたシンプルなシステムを用いて、

構築できるのです。

　本書ではさらに、

・自分の財務状態をコントロールする方法
・家にいながら 1 日 10 万円稼ぐ方法
・年収をあと 500 万円〜1,000 万円多くする方法
・いっそのこと億万長者になってしまう方法

などをお教えします。

これらのすべてがあなたにもたらすものとは何なのでしょうか？

それは、やりたいことを、やりたいときに、やりたい人とともにする自由を提供してくれるライフスタイルです。

スペイン語に、そんなライフスタイルの真髄をズバリ言い当てた表現があります。

"Salud, Dinero y Amor y Tiempopara disfrutarlo"
（健康、お金、愛情、そしてそれらを楽しむための時間）

もしあなたの望むものがここにあるのなら、それを実現すべく、これから一緒に勉強していきましょう。

あなたのお金の師より、繁栄への希望をこめて

ロバート・G・アレン

＜目次＞

日本の読者の皆さんへ　4

序文　5

まえがき　9

第1章　イージー・マネー 14
1日1ドルで経済的な自由を！

第2章　10分間で億万長者！ 30
必須のマネー・スキル

第3章　マネー・ツリー・フォーミュラ 55
一生続く収入の流れをつくる方法

第4章　経済的自由を生み出す山脈 73
3つの巨大なマネー・マウンテン

第5章　株式市場で成功する 80
大バカ者のための投資法

第6章　**不動産で大きく稼ぐ**　95
頭金なしでもできる大富豪への道

第7章　**情報ビジネス**　160
小さな案内広告から巨大な富を築く

第8章　**インターネット**　213
ワンクリックで成功への道が開かれる

第9章　**パーソナルフランチャイズ**　272
究極のマネー・マシン

第10章　**ライセンシング**　322
知的財産を超高速で

第11章　**バランスをとる**　344
日々の活動を整理する

第12章　**分かち合う**　368
後世に遺産を残す

謝辞　373

親愛なる日本の読者の皆さんへ　378

まえがき

ここに2つのニュースがあります。
1つは良いニュース。もう1つは悪いニュースです。

まずは、良いニュースから……。
もしあなたが、少なくとも年収400万円の平均的な日本人だとすると、一生のうちに1億円以上稼ぐことになります。これは大きな金額ですよ。言い換えれば、あなたはすでに、億万長者になる可能性を持っているのです。

次に悪いニュースを。
もしあなたが他のほとんどの人たちと同じように毎日を過ごしていれば、あなたは稼いだお金をすべて使ってしまい、一生働いたあげく、ほとんど何も残すことができません。
いったいなぜでしょうか?
率直に言って、お金については誰も何も教えてくれません。経済的に成功するにはどうすれば良いのかという、"生きるうえでもっとも重要なスキル"について、私たちは正式な教育を受けることはないのです。何年にもわたる学校教育の中で、例えば「マネー101」と題された授業を受けたことなどありますか?　小学校で、そういった授業をやらないのはなぜなのでしょう。
あなたは、お金について今知っている事柄を、どうやって学びましたか?おそらく、その場その場で、少しずつ学んでいったのだと思います。両親から、あるいはメディアから、お金に対する考え方を学んだのかもしれません。友人のやっていることを見て、学習したのかもしれません。あなたはきっと、「チャレンジしては失敗する」ということを繰り返してきたはずです。
これは、なかなか辛いレッスンです。あなたが学んできたのは、行き当たりばったりで、たいていは間違っていて、前後のつながりもまったくないものでした。あなたが読んだお金についての本のほとんどは、細かすぎる解説であなたを圧倒したか、役に立たない情報で退屈させたかのいずれかでしょう。もしあなたが他のほとんどの人たちと同じであるなら、あなたは混乱し、フラスト

レーションを感じているはずです。

お金は、人生においてもっとも重要なテーマの1つです。人生におけるもっとも大きな喜び、そしてもっとも大きな落胆のほとんどが、お金にまつわることです。心に安らぎを得られるか、あるいは常に不安を抱えているかは、経済状態をコントロールできるか否かにかかっています。

あなたの結婚生活にも、お金は大きく影響します。私たちの社会では、離婚原因のほとんどがお金に関する意見の不一致にあるのです。お金について理解すること、つまりどのように稼ぎ、どのように維持するかを知ることは、あなたの人生、結婚生活、幸福、そして将来を考えるとき、まさに必須条件となるのです。

世の中には、生まれながらにしてお金の管理がうまいように見受けられる人たちがいます。同じ1億円を手にしても、彼らは、その一部を維持したり、さらには増やしたりするすべを知っているようです。時には、普通の人の100倍にも増やすことに成功しています。

彼らは、他の人の100倍多く働いているということでしょうか？　それとも100倍賢いということでしょうか？

もちろん違います。彼らはただ、ゲームのやり方を心得ているだけです。お金はゲームです。とても重要なゲームです。ルールさえ知っていれば、勝つことができますが、知らなければ敗者となります。

医師のジョージ・デイビッドがこんなふうに言っています。

「富は、小さな努力が大きな成果を生むときにもたらされる。
貧は、大きな努力が小さな成果しか生まないときにもたらされる。」

あなたは本書で、「マネー・ゲーム」のやり方を学びます。もちろんゲームに勝つためにです。本書がこれから提示する一連のシンプルな戦略に従えば、あなたは生涯、繁栄を謳歌し、経済的に安定した老後を楽しむことができます。

あなたはこの本で、自分の財務状態をコントロールするシンプルなシステムを学びます。

夜、心配で睡眠不足になることなく、余剰資金を投資に回す方法について学びます。

「一生続くいくつもの収入源」を確保する方法を学びます。

　成長していく自らの金融帝国を毎日わずか10分間で監督できる方法を学びます。

　家族や愛する者たちに経済的に安定した将来を残す方法を学びます。

　さて、皆さんは、私が皆さんのインストラクターとして適任であるかどうかが気になるところでしょう。

　私は1970年代、おそらくあなたと同じように、経済的な自立を夢見て社会に出ました。1974年に経営学修士号（ＭＢＡ）を取得してブリガム・ヤング大学を卒業したあと、私は小さな不動産ベンチャーへの投資を始め、わずかな蓄えをたった数年で数百万ドルの純資産に成長させました。途中、もちろん手痛い失敗も経験しました。何百万ドルも儲けたのと同時に、何百万ドルも失いました。そして再び、儲け直しました。これらの厳しいレッスンから、私は何が通用して何が通用しないかということをしっかりと学んだのです。

　私は、『ニューヨーク・タイムズ』紙のベストセラーリストで第１位になった『NOTHING DOWN: A Proven Program That Shows You How to Buy Real Estate with Little or No Money Down』で、独自のパワフルなシステムを紹介しました。この本は、初心者投資家たち必携の不動産投資本の定番となりました。

　私はこの他に２冊のベストセラーを出しました。『ニューヨーク・タイムズ』紙で同じく第１位となった『CREATING WEALTH』と『THE CHALLENGE』です。後者の宣伝に当たり、私は次のような大胆な提案をしました。

　「私を職安に並んでいる失業者の列の前に連れていってください。そして仕事を失って失意の底にある人を何人か選ばせてください。私はその人たちに、たったの２日で成功の秘訣を教えましょう。90日以内に、彼らは銀行口座に5,000ドルの現金を得て独り立ちしているはずです。そして二度と、失業者の列に並ぶことはないでしょう」

　『THE CHALLENGE』という本は、私が実際にミズーリ州セントルイスで失業者の列の中から３人の人を選んで、彼らに経済的な成功の秘訣を教えた実話

を書いたものです。彼らはみごと90日以内ですばらしい成功を収めることができました。1組のカップルは、続く12カ月間にさらに10万ドル以上も稼ぎました。お祝いに、私は彼らと有名なTV報道番組「グッド・モーニング・アメリカ」に出演しました。

　私がこれから皆さんにお伝えしようとしていることは、40年間にわたり何千人もの成功者たちとともに仕事をする中で学んできた事柄の集大成です。私は、人々が路上から高級マンションの生活へ、タクシーの運転手から運転手つきのリムジン生活へと、変わっていくのをこの目で見てきました。

　私のもっとも有名な本は不動産投資についてのものですが、あなたが今手にしているこの本には、富を生み出すさまざまな方法が書かれています。

　この社会には、富を生み出す「3つの山」があります。私はそれらを「マネー・マウンテン」と呼んでいます。3つの山は、互いにはっきり異なっているのと同時に、似たような特徴を備えてもいます。3つの山とは、

「投資マウンテン」
「不動産マウンテン」
「マーケティング・マウンテン」

です。

　これらマネー・マウンテンの山脈から、あなたの富の貯水池に注ぎ込む収入の流れが、少なくとも数本湧き出ています。それらの流れは、「マネー・ツリー・フォーミュラ」という公式を使って、それぞれ厳選されたものです。

　本書では、理想的な収入の流れが持つ9つの特徴についてお教えします。それから、各流れから実際にどうやって利益を得れば良いのかを伝授します。

　目標は、毎年少なくとも1本ずつ新たな収入の流れをつくっていくことです。やがてこれらの流れは、あなたの人生を繁栄と自由で溢れさせることになるでしょう。

　では、この段階でたいていの人がする最初の質問、

「なぜ、収入源が複数でなければならないのか？」

についてお話ししましょう。

まえがき

複数収入源の知恵

　1950年代、一家族が生きていくのに必要とされた収入源はいくつだったでしょうか。

　それは1つだけです。今日、アメリカではたった1つの収入源で生活していける家族はめったにありません。また将来のことを考えると、たとえ収入源が2つあったとしても、十分とは言えません。今、現在、将来を予測するのはますます難しくなっています。ですから、複数の収入源を持つことはとても賢明なことなのです。

　成功を手にしている人たちは、常にこのことを知っていました。1つの流れが枯れても、他のたくさんの流れで補うことができます。一方、普通の人々は、とても危うい立場にあります。1つの収入源を失うと、そのまま破滅してしまうということにもなりかねません。そして再び立ち上がるには、何年もかかってしまうのです。

　これからの社会では、「収入源のポートフォリオ」を持つことが必要になるでしょう。1つや2つの収入源ではありません。まったく異なるところからの独立した複数の〝収入の流れ〟を持つことで、たとえ1つを失っても、ほとんど痛手を受けないようになるのです。足元がしっかりしているから、変化に対処する時間を持つことができます。何も心配する必要はありません。

　あなたには今、複数の収入の流れがありますか？　そろそろ新しい流れを加えてもいい時期なのではないでしょうか。

　本書で私は、何本かの収入源の流れを確立する方法を具体的にお教えします。まずはその前に、あなたの現在の収入源が健全な経済の法則に則ったものであるかどうかを確認しましょう。

第1章
イージー・マネー
1日1ドルで経済的な自由を!

「数学におけるもっとも偉大な発見は、"複利"である」

アルバート・アインシュタイン

　すべては最小単位のお金から始まります。
　アメリカ、カナダ、オーストラリア、香港、ニュージーランドでは、ドルが使われています。イギリスではポンド。スイスではフラン。フランスとドイツはユーロ。日本は円です。
　あなたがどこの国の人かはさておき、まずは財布に手を伸ばして、何枚か紙幣を取り出してみましょう。指でこすって感触を確かめてください。鼻のそばに持っていきます。匂いはありますか？　デザインを見てみます。製造番号をチェックします。今度は裏返してみましょう。そこには変なシンボルが描かれています。それらは何を表しているのでしょうか。顕微鏡を通して見ているつもりになってください。書かれていることをすべて読んでみましょう。
　この1枚の紙切れに、とりたてて価値があるようには思えません。インフレは日々、その価値を削り取っていきます。こんな紙切れ、無駄にしようが、失くそうが、捨ててしまおうが、大したことはないでしょう。
　だけど、ちょっと待ってください。このどこにでもある紙でできたお金に、見た目以上の価値があるということはないでしょうか。それが、より豊かな人生への"魔法の切符"となることはないでしょうか。1つ確かなのは、この単なる紙切れをどう見るかが、人生の大いなる繁栄を楽しめるかどうかに大きく

第 1 章　イージー・マネー　1日1ドルで経済的な自由を！

かかわってくる、ということです。

　ここでお約束しましょう。この章を読み終わったとき、あなたのお金に対する考え方が根本から変わっていることを。

　成功している人たちは、お金を単に有名な人の顔が描かれた色つきの紙切れだなどとは思っていません。彼らは、それを種とみなします。やがて大金のなる木、"マネー・ツリー"へと成長して自分の夢を残らず実現させるための実をつける、そんな種です。

　そして事実その通りなのです。

　すべての1ドル紙幣は、その1枚1枚がお金のなる木の種、"マネー・シード"です。小さなどんぐりの中に巨大な樫の木に成長するパワーが備わっているように、1枚の1ドル紙幣には巨大なマネー・ツリーへと成長する力が秘められているのです。もちろんあなたにも、このマネー・ツリーを育てることができます。それも1日たった1ドルで……。

　本書に書かれたアドバイスに従えば、あなたは間もなく、自分の立派なマネー・ツリーが未来の夢の家のど真ん中でぐんぐん成長していく様を目のあたりにすることでしょう。

　想像してみてください！

　マネー・ツリーの枝がいくつも天井に向かって伸びていき、家中のすべての部屋に広がっていきます。1本1本の枝には数フィートおきに"マネー・フルーツ"が熟し、日に1、2回、ぱっくり口を開いて新鮮な100ドル紙幣を放出します。生み出された100ドル紙幣は、家中の"マネー・バスケット"にひらひらと落ちていきます。一晩中、あなたは熟したマネー・フルーツがパカッ、パカッと開く音を耳にするでしょう。その音で眠れなくなるのでは、などという心配は無用です。それは実に心休まる音なのです。

　マネー・ツリーは1日24時間、実をつけ続けます。あなたが寝ているときも、仕事をしているときも、遊んでいるときも、食事をしているときもです。決して休むことはないのです。とどまることのないキャッシュの流れ。お金が必要なときはいつでも、バスケットのどれかから必要なだけ取ればいいのです。

　どんぐりを潰してしまえば、中にある樫の木の種も死んでしまうことになります。同じように、1枚のドル紙幣を無駄にするたび、マネー・ツリーの種を潰していることになるのです。だからこそ、1つひとつのマネー・シードを大

真に望むゴールに向かって行動を起こしたときに、恐怖心は消え始める。

（ロバート・G・アレン）

切に守ることがとても重要になってくるのです**(図1-1)**。

　実際のところ、それら1つひとつの種の価値はどのくらいなのでしょうか。それは、どのくらい長くそれを育てるか、どのくらいの速さで育てるかによります。仮に、1ドルを税金や手数料のかからないある特別な銀行口座に入れたとしましょう。この1ドル札が100万ドルになるには、どれくらいの時間がかかるでしょうか……。

図1-1　あなたのマネー・ツリー

　それは口座の利率によって変わってきます。通常の利率では、途方もなく長い時間がかかります。**表1-1**は、1ドルが100万ドルになるのに何年かかるかを、利率ごとに示したものです。

　表にあるように、3％の利率では1ドルが100万ドルになるのに468年かかります。

第 1 章　イージー・マネー　1日1ドルで経済的な自由を！

表1-1　1ドルが100万ドルになるには…

利　率	年　数
0%	永遠に無理
3%	468
5%	284
10%	145
15%	99
20%	75

　えっ？　468年も生きる予定はないって？　慌てない、慌てない……。まだ話は終わっていませんよ。私たちはこれをパワーアップさせるのです。マネー・シードをたった1つ植えて、それで終わりではなく、もっとたくさん植えることはできますか？　1日に1ドル貯めていくことはできますか？　1カ月で30ドルです。きっとできるはずです。

　表1-2は、1日1ドル貯金し続けた場合、100万ドルに達するのに何年かかるかを、利率ごとに示したものです。見てください！　1日1ドルだと、生きているうちに100万ドルを手にすることが可能になりそうです。

表1-2　1日1ドルが100万ドルになるには…

利　率	年　数
3%	147
5%	100
10%	56
15%	40
20%	32

仮に、生まれたその日に1日1ドルの投資を開始したとしましょう。**表1-3**は、あなたが66歳になったときにいくら手にしているかを示しています。

表1-3　1日1ドルを66年間、複利で貯金した場合

利　率	累積貯蓄額
0%	$24,000
3%	$77,000
5%	$193,000
10%	$270万
15%	$5,000万
20%	$10億

　1日1ドル投資し続けると、利率20%で通常の引退年齢までに貯蓄は10億ドルになっています！　これが、マネー・ツリーがつくる森の全体像です。あなたは、次のロス・ペローです！　ではどうしてこういうことが可能なのでしょうか。複利のパワーが、1日数ドルの投資を巨大な額のお金に成長させるのです。アインシュタインはこう言っています。

「数学におけるもっとも偉大な発見は、"複利"である」

　しかし、あなたはきっと「66年間も待ちたくないよ」と言うでしょう。大丈夫です。このプロセスをもっとスピードアップさせる方法があります。1日に2つか3つの種を植えることは可能ですか？　あるいは5つ、もうひと踏ん張りして10個！　どうでしょうか。

　わかりました。回りくどいことはやめて、率直に言いましょう。1日10ドルを健全なミューチュアルファンドか株か不動産に投資し、20%の利率を維持できれば、20年であなたは億万長者になれます。これならどうです？

　さて、そろそろこんな懐疑的な声が聞こえてくるはずです。

「20%の利率を20年も続けて維持できる人なんていない。不可能だ！」

　そうでしょうか？　株式市場の天才、ウォーレン・バフェットは40年間続けてそれを達成しています。

　あなたはこの本を読み終わるまでに、それが"自分にも可能だ"ということ

努力の前に成功が来るのは、辞書の中だけである。

（ヴィダル・サスーン）

第1章　イージー・マネー　1日1ドルで経済的な自由を！

だけでなく、自制心といくつかの財務上のスキルを持っていれば〝誰にでも達成できる〟ということを理解するでしょう。金融の天才である必要などないのです。大企業のオーナーである必要もありません。今あなたが（不運にも）無駄にしているお金を使って、キッチンテーブルの上で始められることなのです。間違った使い方をしている数ドルのお金を、タイムリーな投資に注ぎ込めば、あなたも経済的な成功を手にすることができるのです。

　あなたは今後、その緑色の紙を1枚無駄にする前に、もう一度考え直すようになるはずです。それは100万ドルのマネー・ツリーに成長する種を捨ててしまうのと同じことなのですから。

　マネー・シードを1粒蓄えるたびに、あなたは富への道をまた一歩進んでいくのです。この章のもっとも重要なレッスンは、あなたのお金に対する態度、とりわけ1ドル札に対する態度を変えることです。たとえどんなに乏しい予算でも、月30ドルはセーブできるはずです。やがてあなたは、これを月100ドル、200ドル、300ドル、あるいはそれ以上に増やしたくなるでしょう。多ければ多いほど、良いのです。多ければ多いほど、マネー・ツリーの成長も早くなります。

　あなたは毎日何個の種を投資できますか？　**表1-4**と**図1-2**は、1日数ドルの投資がどのように100万ドルに成長するかを示しています。

生きているうちにさらに100万ドル多く稼ぐ方法

　もっとも大切なのは、お金を蓄え続けるということです。

　数字は、寡黙にも容赦ないメッセージを送ってきます。継続すること。来る日も来る日も、蓄えては投資、蓄えては投資です。退屈かもしれません。つまらない作業に思えるかもしれません。簡単ではないかもしれません。それでも、やり続けるのです。

　私はあるとき、将来を輝かしいものにするために、今少しだけがまんすることを決意したという、シカゴに住む若者に出会いました。彼も彼の妻もフルタイムで働いていました。もし彼らが、普通の（お金のない）若い夫婦だったら、2人分の給料をかき集めて、（高い月賦で）新しい車を買い、「分不相応の家」に住むために死にもの狂いで働いて、続く30年間、心身をすり減らしながら

19

表1-4　1日一定額の貯金が100万ドルになるには…

1日の貯金額	3%	5%	10%	15%	20%
$1	147年	99年	56年	40年	32年
$2	124年	85年	49年	36年	28年
$3	112年	77年	45年	33年	26年
$4	102年	71年	42年	31年	25年
$5	95年	67年	40年	30年	24年
$6	90年	63年	38年	28年	22年
$7	85年	61年	37年	27年	22年
$8	81年	58年	36年	26年	21年
$9	77年	56年	35年	26年	21年
$10	74年	54年	34年	25年	20年

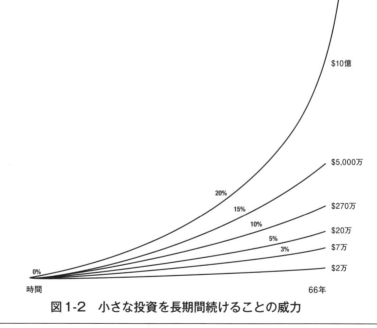

図1-2　小さな投資を長期間続けることの威力

第1章　イージー・マネー　1日1ドルで経済的な自由を！

生きていったことでしょう。しかし、この若い夫婦はとても賢明な選択をしました。彼らは、妻の給料で生活し、夫の2,000ドルの給料全額を貯蓄したのです。お金は賢く選んだミューチュアルファンドに投資し、確実に増えていくのを見守りました。

　これこそが、まさに繁栄なのです。

　私たちの親は、実にすばらしいことを言いました。「稼いだ額より少ない費用で生活し、余った分は投資しなさい。借金はしないこと。長期的な安定を築きなさい」。彼らがこう言うとき、私たちはうんざりしたものです。この言葉には確かに、すばやくリッチになるウサギを目指す面白さはありません。しかしカメはゆっくりではあるけれど、最後にはちゃんと目的地にたどり着き、大いに笑うことができたのです。それでは、この「カメの精神」を持って、将来のための具体的なプランづくりに取りかかることにしましょう。

お金について具体的で現実的なゴールを設定する

　まず最初に、あなたのマネー・シードについて5つの決断を下すことから始めましょう。

目標：最終的にお金をいくら手にしたいか
金額：今の生活から毎日何ドルひねり出すことができるか
利率：投資したお金に対し、どのくらいの利率が得られるか
時間：いつまでに目標を達成したいか
目的：お金をためる目的は何か

　例えば、あなたは20年以内に100万ドルの蓄えを得たいとしましょう。あなたの最終的な目的は、仕事をやめて教会で若者たちとともに働きながら残りの人生を送ることだとします。**表1-5（24ページ参照）**によると、シナリオの1つは、20%の利率で毎日10ドルずつ投資して目標を達成するというものになります。

目標：100万ドル

ロスチャイルドはかつて「世界の七不思議は何だ」と問われて、こう答えた。「それはわからないが、8番目の不思議が複利だというのは確かだね」

21

金額：1日10ドル
利率：20％
時間：20年間
目的：教会で若者と働く

　表1-5を用いて、あなたの資産構築プランの無理のないシナリオをつくってみましょう。下記のワークシートの、空欄を埋めていってください。

　まずは自分に次の問いかけをして、じっくり時間をかけてその答を考えてみましょう。「なぜ私はこれだけのお金がほしいのか？　最終的な目的は何なのか？」

　はっきりとした目的があれば、あなたのマネー・メイキングはより成功しやすく、また意味のあるものとなります。もしそれが単に、「たくさんのお金を手にしたい」というだけだったら、やがてそんな日が来ても、あなたはたくさんのお金を手にしながら、「たったこれだけ？」とぼやいていることでしょう。

目標設定ワークシート

最終的な目標額はいくらか？	＿＿＿＿＿＿＿＿円
1日にいくら投資できるか？	＿＿＿＿＿＿＿＿円
目標とする利率はいくらか？	＿＿＿＿＿＿＿＿％
投資期間はどのくらいか？	＿＿＿＿＿＿＿＿年

このゴールを達成することがなぜ重要なのか？

＿＿＿＿＿＿＿＿＿＿＿＿＿＿＿＿＿＿＿＿＿＿＿＿＿＿＿＿＿＿

＿＿＿＿＿＿＿＿＿＿＿＿＿＿＿＿＿＿＿＿＿＿＿＿＿＿＿＿＿＿

　始めるのが早ければ早いほど、リッチになるのも早くなります。

　ちょっと待って！　なんだか話がうますぎはしないだろうか。
　1日数ドルで、億万長者になれる？　もしそんなに簡単なら、みんながみんな億万長者になれてしまうじゃないか……。

第 1 章　イージー・マネー　1 日 1 ドルで経済的な自由を！

　そうです。私たちはみな、億万長者になれる可能性を持っています。ただし、ほとんどの人が「長期間にわたって毎日少しずつ蓄えていく」という自制心を維持することができません。また例によって、いつまでもぐずぐずと始めるのを先延ばしにするのです。

　物事を先延ばしにすることのツケがどれだけ大きいかをお見せしましょう。

　仮に、あなたに目標利率20％で月200ドル（1日約7ドル）を20年にわたって貯蓄する粘り強さがあったとします。最終的にいくら貯まることになると思いますか？　私の計算によると、20％の利率で20年間、月200ドルを積み立てると、63万2,000ドルになります。悪くないでしょ !?

　それを、今年ではなく1年後から始めると仮定します。これで、あなたに残された時間は20年ではなく19年になります。私の計算によると、この場合、20年後にあなたが手にするのはたったの51万6,000ドルということになります。計画通りに始めた場合より、11万6,000ドルも少なくなってしまうのです。言い換えれば、たった1年の先延ばしのツケが、なんと11万6,000ドルだということです！

　先延ばしは実に高くつきます。あなたが無為に過ごした365日の間、将来のポートフォリオは毎日300ドルずつ縮小されていったのです（116,000 ÷ 365 ＝ $317.8）。つまり、先延ばしのツケは、1日300ドル（あるいは1時間13ドル）ということになります。

　例えば、同じ月200ドルを30年間投資するとしたらどうなるでしょう。1年先延ばしにするツケは、なんと84万2,803ドル。1年待ったことによる損失は、ほとんど100万ドル近くになるのです。これは1日2,000ドル以上、1時間約100ドルになります。

　1日延ばすごとに、1時間先送りするごとに、あなたは将来のお金を捨てていることになるのです！

今、始めよう。そして規則的に続けよう

　最後のひと言は、「継続性」です。決めた額を長期間にわたって継続して投資することは、投資する金額以上に重要なことです。1回や2回、支払いを滞らせたところで、大した害はありません。しかし、方式を勝手にいじった場合、

表1-5　貯蓄プラン

1日の 貯金額	利率5%の場合							
	5年	10年	15年	20年	30年	41年	45年	54年
$1	2	5	8	13	25	50	60	100
$2	4	10	16	26	50	100	120	200
$3	6	15	24	39	75	150	180	300
$4	8	20	32	52	100	200	240	400
$5	10	25	40	65	125	250	300	500
$6	12	30	48	78	150	300	360	600
$7	14	35	56	91	175	350	420	700
$8	16	40	64	104	200	400	480	800
$9	18	45	72	117	225	450	540	900
$10	20	50	80	130	250	500	600	1.0
$11	22	55	88	143	275	550	660	1.1
$12	24	60	96	156	300	600	720	1.2
$13	26	65	104	169	325	650	780	1.3
$14	28	70	112	182	350	700	840	1.4
$15	30	75	120	195	375	750	900	1.5
$16	32	80	128	208	400	800	960	1.6
$17	34	85	136	221	425	850	1.0	1.7
$18	36	90	144	234	450	900	1.1	1.8
$19	38	95	152	247	475	950	1.2	1.9
$20	40	100	160	260	500	1.0	1.2	2.0

1日の 貯金額	利率10%の場合							
	5年	10年	15年	20年	30年	41年	45年	54年
$1	3	6	13	25	75	200	300	1
$2	5	12	25	50	150	400	600	2
$3	8	18	38	75	225	600	900	3
$4	10	24	50	100	300	800	1.2	4
$5	13	30	63	125	375	1.0	1.5	5
$6	15	36	75	150	450	1.2	1.8	6
$7	18	42	88	175	525	1.4	2.1	7
$8	20	48	100	200	600	1.6	2.4	8
$9	23	54	113	225	675	1.8	2.7	9
$10	25	60	125	250	750	2.0	3.0	10
$11	28	66	138	275	825	2.2	3.3	11
$12	30	72	150	300	900	2.4	3.6	12
$13	33	78	163	325	975	2.6	3.9	13
$14	35	84	175	350	1.0	2.8	4.2	14
$15	38	90	188	375	1.1	3.0	4.5	15
$16	40	96	200	400	1.2	3.2	4.8	16
$17	43	102	213	425	1.3	3.4	5.1	17
$18	45	108	225	450	1.4	3.6	5.4	18
$19	48	114	238	475	1.4	3.8	5.7	19
$20	50	120	250	500	1.5	4.0	6.0	20

※表中、白い部分の数字は1000ドル単位、アミ部分は100万ドル単位。

1日の貯金額	利率 15%の場合							
	5年	10年	15年	20年	30年	41年	45年	54年
$1	3	10	20	50	100	250	1	5
$2	5	20	40	100	200	500	2	10
$3	8	30	60	150	300	750	3	15
$4	10	40	80	200	400	1.0	4	20
$5	13	50	100	250	500	1.3	5	25
$6	15	60	120	300	600	1.5	6	30
$7	18	70	140	350	700	1.8	7	35
$8	20	80	160	400	800	2.0	8	40
$9	23	90	180	450	900	2.3	9	45
$10	25	100	200	500	1.0	2.5	10	50
$11	28	110	220	550	1.1	2.8	11	55
$12	30	120	240	600	1.2	3.0	12	60
$13	33	130	260	650	1.3	3.3	13	65
$14	35	140	280	700	1.4	3.5	14	70
$15	38	150	300	750	1.5	3.8	15	75
$16	40	160	320	800	1.6	4.0	16	80
$17	43	170	340	850	1.7	4.3	17	85
$18	45	180	360	900	1.8	4.5	18	90
$19	48	190	380	950	1.9	4.8	19	95
$20	50	200	400	1.0	2.0	5.0	20	100

1日の貯金額	利率 20%の場合							
	5年	10年	15年	20年	30年	41年	45年	54年
$1	3	12	35	100	250	750	5	50
$2	6	24	70	200	500	1.5	10	100
$3	9	36	105	300	750	2.3	15	150
$4	12	48	140	400	1.0	3.0	20	200
$5	15	60	175	500	1.3	3.8	25	250
$6	18	72	205	600	1.5	4.5	30	300
$7	21	84	240	700	1.8	5.3	35	350
$8	24	96	275	800	2.0	6.0	40	400
$9	27	108	315	900	2.3	6.8	45	450
$10	30	120	350	1.0	2.5	7.5	50	500
$11	33	132	385	1.1	2.8	8.3	55	550
$12	36	144	420	1.2	3.0	9.0	60	600
$13	39	156	455	1.3	3.3	9.8	65	650
$14	42	168	490	1.4	3.5	10.5	70	700
$15	45	180	525	1.5	3.8	11.3	75	750
$16	48	192	560	1.6	4.0	12.0	80	800
$17	51	204	595	1.7	4.3	12.8	85	850
$18	54	216	630	1.8	4.5	13.5	90	900
$19	57	228	665	1.9	4.8	14.3	95	950
$20	60	240	700	2.0	5.0	15.0	100	1000

どんなことになるかをお見せしましょう。

仮に月200ドルを20年間、目標利率20%で投資するとします。最初の数カ月、あなたは順調に貯蓄を続けていきます。ところがある日、新聞で新車の魅力的な広告を目にします。その車を買うために、あなたは月200ドルの投資額を100ドルに減らすことにしました。20年後、あなたの手元には63万2,000ドルの代わりに、たったの31万6,000ドルと、とても古い車が残るだけです。これは当初の予定より31万6,000ドル少ない額です。

あなたの新車は、それほど価値のあるものだったのでしょうか？　今日、賢く投資をしていけば、20年後には、どんな車でもキャッシュで買うことができるのです。楽しみを今しばらく据え置くことで、あなたのマネー・ツリーはより大きく育つことができます。マネー・ツリーから熟していないうちに実を摘んでしまうと、木の成長を妨げ、マネー・ツリーの恩恵を味わえる時間を大幅に短縮してしまうことになるのです。

あなたは、自分自身を含む多くの人々に、大いなる福利をもたらすことができる

ここで、前世紀の著名な億万長者たちのマネー・ツリーを検証してみることにしましょう。

彼らがマネー・ツリーの育て方を心得ていたということは、間違いありません。彼らは、その富で何をしたでしょうか。彼らのほぼ全員が、自分たちの死後もずっと存続している「財団」を設立しています。これらの財団は、それを育てた人がこの世を去ったあともずっと生き続ける〝マネー・ツリーの森〟といったところです。

『WORLD BOOK ENCYCLOPEDIA（ワールドブック百科事典）』を開いて「財団」の欄を見ると、アメリカ合衆国だけで2万4,000以上の慈善財団が設立されていることがわかります。それらは毎年、約50億ドルの援助を、それを必要とする組織や団体に施しています。次ページでご紹介しているのは、そのような慈善財団のトップ10です。

	資　産	年間寄付額
フォード財団	$48億	$1億7000万
ゲティ財団	37億	1億6000万
ケロッグ財団	31億	7500万
エレン・マッカーサー財団	23億	1億500万
リリー財団	19億	5700万
ジョンソン財団	18億	9500万
ロックフェラー財団	16億	4500万
ピュー公益信託	16億	9000万
アンドリュー・メロン財団	15億	6700万
クレスギ財団	11億	4200万

　フォード財団は1936年に設立されました。それから何十年もたった現在でも、年間１億ドルを超える援助を行っています。フォードやロックフェラー、ゲティの富に対するあなたの印象がどんなものであるにせよ、（あなたを含めた）多くの人々が、日々これらの偉大なマネー・マスターたちの遺産から恩恵を受けていることは認めざるを得ないことでしょう。彼らのマネー・ツリーになる実は、今もなお世界を潤し続けているのです。

あなたは後世に、非常にポジティブな影響を与えることができる

　これらの成功者たちからその成功の秘訣を学べば、やがてあなた自身の死後も生き続ける遺産を残すことができるようになるのです。１億ドルの富を残すなどという考えは今のあなたの頭の中にはないかもしれませんが（おそらく今年１万ドルを貯めることの方が先決でしょう）、あなたの未来の財団がどんなものになるか、ぜひ想像してみてほしいのです。

　次の質問に答えてください。

「経済的な目標を達成し、繁栄に満ちた、幸せで健康な人生を存分に生きたあと、後世に建設的でポジティブな影響を与えるために、あなたは自分のお金がどのように投資されることを望みますか?」

_____

_____

_____

_____

_____

　純粋な考え方をすれば、「お金」とはとても崇高な概念です。お金は、たくさんの良い行いを可能にしてくれます。

　あなたが未来の人々に与えることのできる恩恵について考えてみてください。あなた自身の子孫について考えてみてください。1世紀先に生きる、あなたのひ孫たちのことを……。あなたの経済的、精神的、知的遺産から、彼らにどんな恩恵を受けてほしいですか。「自分には必要ない」というなら、少なくとも彼らのために、考えてみてはどうでしょうか。

　さあ、ここでもう一度、あの1ドル紙幣に目を向けてみましょう。この小さなマネー・シードに、あなた自身、そして数え切れないほど多くの子孫たちを幸せにするパワーが秘められているのです。しかし、そのためには、今始めなくてはなりません。未来はあなた次第です。裕福な未来があなたを待っています。

　がまんする価値は必ずありますよ。忘れないでください。すべては最小単位のお金から始まるのです。

　あなたは今、計り知れない可能性を秘めたそれら1つひとつのマネー・シードに対し、正しい敬意を持つようになったはずです。そこで、これから具体的に、どうやって100万ドルのマネー・ツリーを育て上げれば良いのかを説明していきたいと思います。

　次の章から、さっそくスタートです。この第1章を読み終えたあなたが、現在の生活における経済状況を改善すると決断したことをお祝いしたいと思います。この本のアイデアはあなたの将来を変えることでしょう。あなたが経済的

第1章　イージー・マネー　1日1ドルで経済的な自由を！

自由を得るためのメンターになれることを心より楽しみにしています。

　まずはあなたにカリフォルニア州サンディエゴの私の自宅からお贈りする、私の短い紹介ビデオを是非御覧頂きたいと思います。きっと楽しんでいただけると思います。

　ウェブサイト www.millionaireclub.jp

　では、次の章に進みましょう。

第2章
10分間で億万長者!
必須のマネー・スキル

「富への道は、あなたがそれを望むのであれば、市場への道と同じぐらい平易なものである。
それは2つの言葉にかかっている。〝勤勉と倹約〟
つまり、時間もお金も無駄にせず、その両方を最大限有効に活用するということだ」

ベンジャミン・フランクリン

あなたは前章で、経済的な自由を手にすることがいかに簡単かということを学びました。「毎日ほんの数百円を長期間にわたって積み立てる」。やろうと思えば、誰にでもできることです。あなたにもできます。

しかし、あなたはやりますか?　やる意志がありますか?

夢を見るのは簡単なことです。しかしあなたには、それをやるだけの意志の強さがあるでしょうか。100円、100円、コツコツと……です。あなたの決意をくじこうと、この「物質社会」はさまざまな誘惑をしかけてきます。

「あれを買え。今のおまえにはあれが必要だ。金を使え、使ってしまえ!」

その場の欲求を満たすよう執拗に誘いかける悪魔の声に、成功者たちはどのように対処しているのでしょうか。

成功者たちは、「7つの秘訣」を実行しています。私がそれを「秘訣」と呼ぶのは、それがほんの一部の人しか知らないことだからではなく、ほんの一部の人しか実践していないことだからです。これらの秘訣は、実際にはスキルとも呼べるものです。経済的に裕福な人々はみな実践している、必須のマネー・スキルです。

自分の行動について責任を持つようになったとき、人は大人になる。

第２章　１０分間で億万長者！　必須のマネー・スキル

　これらのスキルを学べば、あなたの人生にも富が流れ込んでくるはずです。それらは、増幅していく幾筋もの富の流れです。すばらしいではありませんか。家、車、旅行、自由、あらゆるものを買うことができるのです。余ったお金は、あなたの大切な人たちと分かち合うことができます。

　これら７つの秘訣は、あなたに安定と安心をもたらしてくれるのです。

　本書を通して、あなたは吹き荒れる金融情報の嵐を切り抜け、自分を経済的安定へと導いてくれる７つのマネー・スキルに集中することを学んでいきます。私はそれらのスキルを「マネー・スキル」と呼んでいます（**図2-1**）。

　最初の３つのマネー・スキルは、あらゆる経済的成功の土台となるものです。それらなくして、他のいかなるスキルもパワーを持ち得ません。

　まず、お金の価値を認識しなければ、それをコントロールする努力をする気にならないのです。コントロールできなければ、蓄えることもできません。蓄えることができなければ、投資するための余剰資金を得ることができません。投資を理解しなければ、有能な起業家とは言えません。守るべきお金を手にすることもできません。守るべきお金がなければ、分かち合うこともできないのです。

図2-1　７つの重要なマネー・スキル

読者の皆さんは、こんな章はさっさと飛ばして、一刻も早く実際にマネー・メイキングを学ぶ章へと進みたい衝動にかられるかもしれませんが、もう少しだけ辛抱してください。皆さんは今、経済的自由を獲得するための土台づくりをしているのです。

　長年にわたり、私は不動産投資セミナーで、「頭金なし、あるいはほとんどなしで何百万ドルもの価値を持つ不動産を購入するノウハウ」を教えてきました。その経験から、私は不動産を購入する人たちの中に、購入した不動産からの収益を管理することができない人たちが必ずいることを学んだのです。

　特にせっかちだったある受講生のことを、今でもよく覚えています。

　彼は、お金の管理の基本を学ぶことに時間を費やすのは無駄だと考えていました。一刻も早く「本物のお金」を稼いで、お金の管理は誰か専門家を雇えば良いと思っていたのです。

　そこで、私は彼にいくつかの質問をしました。それでわかったのは、彼の財務状況がすでに破滅状態にあるということでした。彼はまさに経済的カオスの中に生きていて、自分の小切手帳の収支さえ管理できないにもかかわらず、早くリッチになりたいと、50戸からなるマンションビルを買おうとしていたのです。

　まったく、どうかしています。財務状況がすでに破綻しきっているにもかかわらず、さらに50戸のマンションを管理する問題まで背負い込もうというのです！

　彼は経済的カオスが50倍になって初めて、ようやく事態が深刻だということに気づくタイプでした。

　ですから、あなたがまったくのゼロから始めるにしろ、経済的にすでにある程度うまくやってきているにしろ、ここでは、しっかりとした財務管理スキルを身につけることから始めたいと思います。それから、次の段階へと進んでいくことにしましょう。まずは確固たる経済的基盤を築いてほしいのです。

　日々の生活の中でペニー（セント）をきちんと管理できてこそ、やがて流れ込んでくる100万ドルを管理することも可能となるのです。ペニーの管理ができなければ、たとえ100万ドルが入ってきたとしても、それを維持することはできません。その証拠に、宝くじの当選者たちの悲惨なその後を考えてみてく

第2章　10分間で億万長者！　必須のマネー・スキル

ださい。

　もし彼らがこの章の考え方に従っていれば、今ごろ彼らの多くは、一文無しになる代わりに、億万長者になっていたはずです。

　第1章で、あなたは最初のもっとも基本的なマネー・スキルを学びました。

　すなわち「お金の価値を認識すること」です。

　世界でもっとも裕福な投資家の1人、ウォーレン・バフェットは、自らに2つの重要なルールを課しています。

（ルール1）決してお金を失うな。

（ルール2）決してルール1を忘れるな。

　彼はお金を失うことを何より嫌います。なぜなら彼は、失われた1ドル1ドルの未来の価値をよく知っているからです。彼にとって、今日1,000ドルを失うことは、将来における何百万ドルもの損失を意味するのです。

マネー・スキル①　価値を知る

　以下の引用は、億万長者ジョン・D・ロックフェラーが、自分の子どもたちにどのようにお金の価値を教えたかを説明したものです。

　ジョン・D・ロックフェラー・Jr は、5人の息子たちに小遣いを与えることを決めたとき、出し惜しみをしようとしたわけではない。息子の1人、ネルソンは「私たちは週25セントもらい、その他のお金は自分たちで稼がなくてはなりませんでした」と話している。そのお金を稼ぐのに、彼は野菜やウサギを育てたりした。……「私たちは常に働いて稼ぎました」ともネルソンは言う。息子たちには全員、毎日、各自の通帳に収支記録をつけることが義務づけられていた。彼らはまた、収入の10％をチャリティに寄付し、10％を貯蓄し、そして残りのすべてについて明細を報告することも求められた。毎月決算し、稼いだお金は1ペニーに至るまで、使途の説明ができなくてはならなかった。成長したネルソンはやがて、ニューヨーク州知事を何年も務めたあと、アメリカ合衆国の副大統領にまで上りつめた。兄弟の1人、チェース・マンハッタン銀行の頭取、デイヴィッド・ロックフェラーはこう言っている。

「私たちは皆、あの経験を生かしましたよ。特に、お金の価値を理解するとい

金は堆肥に似ている。分散しておかないと、臭ってしょうがない。

（J・ポール・ゲティ）

う点についてはね」※

　うーむ、なるほどね。

　ロックフェラー家の子どもたちなら、贅沢三昧に育てられ、そんなことを学ぶ必要などなかっただろうと想像しがちですが、ロックフェラーは息子たちにお金の価値を知ってほしかったのです。

　彼は子どもたちに、お金についてあるパターンを教えました。それは実に、示唆に富む教えでした。

働くことの必要性：	自ら稼いでこそ、その価値がわかる
慈善活動の重要性：	最初の１０％は与えよ
貯蓄の必要性　　：	次の１０％は自分に支払え
説明義務の威力　：	１セントに至るまで使途を明らかに

　お金の価値を認識することに加えて、ロックフェラーは子どもたちに自分のお金をコントロールすることを教えました。

　そしてこれは、７つのマネー・スキルのうち、２番目のスキルです。

マネー・スキル②　コントロールする

　自分の財務状況をコントロールするための最初のステップは、あなたの経済の基盤となるシンプルなシステムを構築することです。

　もしかすると、すでにあなたは自分のシステムを持っているかもしれません。クイックンやマイクロソフトマネーなど、人気のコンピュータ・プログラムを利用しているかもしれません。もしそうだとしても、私が「ストリームズ・アンド・リークス（流入と漏出）」と呼んでいるこのシステムから学ぶことは大いにあると思います。

　ほとんどの人は、主な収入源となる収入の流れを１本は持っています。

　つまり自分たちの仕事です。その収入は彼らの人生の貯水池に流れ込みますが、貯水池には漏れ穴があって、お金はそこから流れ出ていきます。ほとんどの人は、稼いだお金をすべて使ってしまいます。

※出典：Ken Davis and Tom Taylor『Kids and Cash』Oak Tree Publications, 1979

第 2 章　10分間で億万長者！　必須のマネー・スキル

　貯水池を富であふれさせる唯一の方法は、それらの漏れ穴をふさぎ、かつ流入する収入の数を増やすこと、つまり「複数の収入の流れ」を得ることです。漏れ穴をふさぐと同時に、流入を絶やさないことが肝心です。
　今のあなたの生活には、流れ込む「お金の流れ」はいくつありますか？　また貯水池にはいくつの漏れ穴がありますか？　(**図2-2**)。

図2-2　流入と漏れ

　まず、漏れ穴をふさぐ方法から見ていきましょう。そのあとで、流れを絶やさない方法を検証していきます。お金の使い道を10のカテゴリー、つまり10種類の漏れ穴に分類してみました。
　カテゴリーは大きくシンプルに分けてあります。あまり複雑になると、結局は無視してしまうことになるからです。クイックンなどのコンピュータ・プログラムを利用している場合でも、支出をこの10のカテゴリーに分けて整理することができます。各カテゴリーは優先順位に並べられ、とても覚えやすいものになっています。

最初のカテゴリー（漏れ穴）は、**「付与」**です。すなわち、カテゴリー1は、教会や慈善団体などへの寄付を指します。

ロックフェラーが息子たちに稼いだお金の最初の10％を他者に与えるよう教えたことは、とても興味深いことです。

最初の10％をチャリティに寄付したら、今度はあなた自身に支払う番です。

次の10％は、カテゴリー2**「自分」**に属します。

名著『THE RICHEST MAN IN BABYLON』※でジョージ・S・クレイソンは、ある賢い投資家について語っています。その投資家が掲げる第1のルールは、「稼いだお金の一部は自分自身にとっておくべきである」というものでした。

まったく彼の言うとおりなのです。私たちのほとんどは、「余った」お金を蓄えに回しています。ですが成功者たちは、まず最初に蓄えを確保し、余ったお金で生活をするのです。このことが大きな違いをもたらしています。

最初の10％を他者に、そして次の10％を自分に支払ったあとに来るカテゴリー3は、**「税金」**です（**図2-3**）。

さて、あなたの人生において、最初の3つのカテゴリーに続くもっとも重要な支出は何でしょうか。

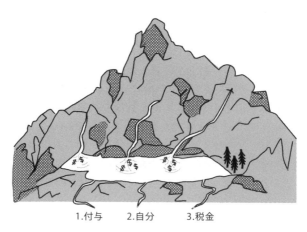

図2-3　最初の3つの漏れ穴

※邦版タイトル『バビロンの大富豪』（キングベアー出版）

カテゴリー4は、あなたの**「住居」**、つまり家のローンや家賃です。

カテゴリー5は、**「日常生活」**にかかるお金。

つまり、食料、衣料、電化製品など、日常生活を営むうえで発生する支出です。もちろん、これがもっとも規模の大きいカテゴリーです。

カテゴリー6は**「車」**です。

私たちには足が必要です。ガソリン代や交通機関の利用にかかる費用、自家用車の修理代やローンは、すべてカテゴリー6に分類されます。

カテゴリー7は**「娯楽」**です。

映画やファストフード、旅行、遊園地で遊ぶなど、家の外で楽しみに費やしたお金はすべて、カテゴリー7に入ります。

カテゴリー8には、あらゆる形態の**「保険」**が入ります。

健康保険、生命保険、傷害保険、損害賠償責任保険、住宅所有者総合保険など、すべてです。

雑費（借金の支払いを含む）は、カテゴリー9**「借金、雑費」**に分類しましょう。

そして最後のカテゴリー10は、**「ビジネス」**における出費です。

このように、すべての支出は10種類の大まかなカテゴリーに集約できるのです（**図2-4**）。

お金を使うのは、1日にほんの数回だけです。しかしその数回が、貧と富を分けることになるのです。

ここで、お金を使うという行為を具体的に検証してみましょう。

では、典型的なお金の動き、つまり「マネー・イベント」を分析してみます。日頃のマネー・イベントはどのようなものになるでしょうか。**図2-5（40ページ参照）**を見てください。

成功者たちは、それぞれのマネー・イベントについて、共通したある1つの姿勢を持っています。お金の動きが発生すると同時に、彼らはいくつかの重要なことを実行します。そのために彼らは、各マネー・イベントにつき、数分間余分に時間を費やすことになります。この数分間こそが、のちに大きな違いをもたらすのです。だから私は、このちょっとした時間を「億万長者の数分間」と呼ぶことにしています。

スピードより方向が大切だ。

（リチャード・L・エヴァンス）

それが、やがて経済的な自由につながるというのであれば、あなたも各マネー・イベントにこのわずか数分間を投資するつもりになるでしょう？
　ここで、お金の扱いに優れた人たちがどのようにマネー・イベントに対処しているかをご紹介しましょう。

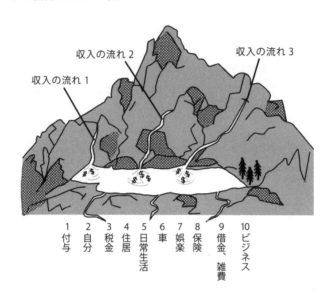

図2-4　10の漏れ穴

1．彼らは、計画を立てて買い物をする。飛行機の切符同様、前もって計画すればするほど、購入額は低くなる。
2．彼らは、ディスカウントを要求し、しばしば成功している。
3．彼らは、必ずレシートを要求する。
4．彼らは、レシートに間違いがないかどうかを必ずチェックする。
5．彼らは、受け取ったレシートに、すぐにカテゴリー番号を書き込む。
6．彼らは、収支を1セントに至るまで管理する。
7．彼らは、家に帰ったらすぐにレシートをファイルする。

第 2 章　10分間で億万長者！　必須のマネー・スキル

$$$誰にも任せられません！$$$

　予算を立てたり、貯蓄したり、ペニー（セント）単位で切り詰めたり、といった話はあまり楽しいものではありませんね。しかし、何らかのレベルで経済的な成功を収めたいと思うのなら、これらのスキルあるいは習慣を、生活の一部にしなければなりません。問答無用です。

　算数が苦手だとか、家計簿の収支の管理は嫌いだとか、数字に弱いとか、大学を出ていないだとか、計算機の使い方がわからないとか、そういったことは家内（あるいは夫）に任せているだとか、時間がないとか、人生は短いのだから楽しめるうちに楽しむべきだとかいうセリフは、いっさい聞きたくありません。

　退職後の人生は長いのです。それに備えるためには、「今」から自分の財務体質をしっかり管理し始めなくてはなりません。

　道にペニーが落ちているのを見つけて、たかがペニーだとそのまま通り過ぎたことはありませんか？　1ペニーの下には、実は100万ものペニーが潜んでいるのです。そのペニーを拾って、ただちに投資するべきです。自分のライフスタイルを維持するために借金をすることは絶対にしないという決意を、今日からしてください。どんなことがあろうとも、自分の収入内で生活するのです。

　お金の使い方のパターンを変えるのには、何ヵ月もかかるかもしれません。オイルタンカーが180度方向を変えるには、何時間も数百マイルも要するものです。たとえるなら、あなたはそのタンカーと同じです。お金に関する悪い習慣を良い習慣に変えるには時間がかかるでしょう。辛抱強く取り組むことです。

図2-5 マネー・イベント

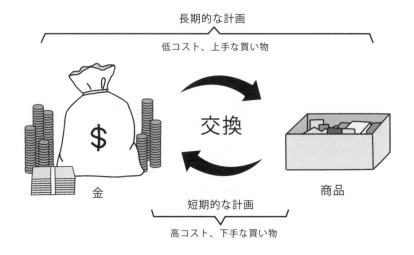

経済的困窮者	経済的繁栄者
常に1日遅れ、1ドル不足	潤沢、時間的自由
短期的な計画　衝動買い	長期的な計画
欲求に基づいて計画し、必要は後回しにする	必要に基づいて計画し、欲求は後回しにする
小売価格を支払う	卸売価格を支払う
レシートをもらわない	レシートをもらう
レシートの分類をしない	レシートの分類をする
レシートをファイルしない	レシートをファイルする

$$\$\$\$ 経済的困窮者\ vs\ 経済的繁栄者 \$\$\$$$

第2章　10分間で億万長者！　必須のマネー・スキル

　億万長者は貧乏人に比べ、取引1回につき平均で1～2分余計に時間を使っています。これは1日に換算しても、10分を超えません。しかし結果的には、それがもたらす時間とお金の節約は膨大なものです。

　億万長者は買い物の際、貧乏人に比べて10～20％節約しています。大きな犠牲もなく、年間の出費を20％削減できるとしたらどうですか？

　ほんの数分余計に使って出費を記録し、適切にファイリングすることによって、あなたは膨大な量の情報を手にできるのです。自分の口座の残高を常に把握しているのはもちろん、支出額を先月のそれと比べることにより、支出の傾向がつかめます。自分の出費状況をより詳しく自覚することになります。これにより、あなたは自分の財務状態をよりしっかりコントロールできるようになるのです。

　税金の計算は、数日ではなく、ほんの数分でできてしまいます。計算結果を裏付ける書類は、すぐに用意することができます。議論の必要が出てきた場合も、あなたはいつ、どこで、何にお金を使ったかをレシートで証明することができます。あなたは状況をしっかりとコントロールしているのです。

　このことがもたらす心の安定は、パワーの源ともなります。自信と創造力、そして判断力が高まります。意思決定はより早く、正確になります。これがあなたに、億万長者たちの秘訣を与えることになるのです。

　これからは、お金を使うたびに**「億万長者の数分間」**を実践することにしましょう。

計画を立てて買い物をする
ディスカウントを得る
レシートをもらう
レシートを確認する
レシートを分類する
収支を確認する
レシートをファイルする

　ファイリング・システムをつくるのは簡単です。

熾烈な出世競争（ラットレース）の問題は、たとえ競争に勝っても鼠であることに変わりがないこと。

（リリー・トムリン）

2つ折りのフォルダーを10個用意し、1〜10までの番号をつけます。1日の終わりに、レシートを該当するフォルダーにしまいます。そのレシートが「日常生活」費に属するものだったら5番のフォルダーへ。「娯楽」に属するものだったら7番のフォルダーへしまいます。車にかかったお金のレシートならどこへ入れますか？　ビジネスにかかった費用はどうでしょう……。これを実行することによって、2、3週間もすれば、あなたはすっかり自分の支出をコントロールできるようになっているはずです。

　ではなぜ、こんな面倒なことをやらなければいけないのでしょうか？

　第1章で、私は複利の威力、1日たった1ドルが年月を経て100万ドルに成長する仕組みを説明しました。「億万長者の数分間」を実践することによって、あなたは毎日、自分の投資プログラムの資金となる1〜10ドルのお金を見つけ出すことができるのです。つまり、すでに手元に入ってきているお金をもとに、富を築いていくことができるのです。

　多くの人は、「億万長者の数分間」を実践しません。だから、計画的に買い物をすることもしません。このことだけで、生活費は少なくとも10％増加します。そのうえ、彼らはレシートをもらいません。もらったとしても、なくしてしまいます。おかげで年度末の税金の申告書作成は、うんざりするような作業となってしまいます。時間もかかるし、手に負えなくなって会計士に頼むことにでもなれば、さらに余計な出費が発生します。

　なくしてしまったレシートは、いったいどれぐらいの価値になったでしょう。ペン1本買ったときのレシートを捨ててしまわず、きちんと分類してファイルしておいたとします。これであなたは、自分の在宅ビジネスについて課税控除となる出費の証明ができます。あなたはこの出費を収入総額から差し引いて、税金の算出をすれば良いのです。いったい、いくらの得になるかというと……なんと30％もの還元です！

　あなたが課税率30％の層に入っていれば、課税控除となるすべての支出について、その30％が戻ってくるわけです。

　もしもし？　わかりますか？

　今日、30％のリターンが保証されるものなど、そう他にはありません。レシートをもらい、きちんと保管し、申告の際にそれを控除対象の支出とすれば、自動的に30％が還元されるのです。この30％のリターンなどが、普通の人を

億万長者へと変えていく原動力となります。

「億万長者の数分間」を実践することによって、今日から自分のお金をしっかりとコントロールしましょう。きっと驚くような結果が待っているはずです。

マネー・スキル③　蓄える

　ファイナンシャル・プランニングのカギとなるのは、キャッシュフローの管理です。

　貯水池にキャッシュを流れ込ませるだけでなく、月末にちゃんとお金が残っているよう、漏れ穴を管理しなくてはなりません。この毎月の剰余金が、経済的成長につながっていくのです。剰余金は投資に回しましょう。このマネー・ゲームの目的は、投資を累積させていき、それらの投資から得られる収入が、やがてはあなたの生活を支えるようになることです。

　3つ目のマネー・スキルは、剰余金を「蓄える」ことです（**図2-6**）。

「save」という単語には「節約する」と「蓄える」という2つの意味があります。

　1つは、**①買い物の際、できるだけ少なくお金を支払うこと。**

　例えば、「Safeway saves you more!（セーフウェイなら、もっと節約できます！）」という有名なキャッチコピーに代表される意味です。

　もう1つは、**②剰余金を捻出すること。**

「I need to save some money for retirement.（老後のために蓄えをしなくてはならない）」といったセリフはよく耳にしますよね。

　人によっては、最初の「save」に長けています。しかし2つ目の「save」については散々だったりします。

　それに対して裕福な人々は、両方の「save」に秀でています。

　彼らはお金の「節約」が大好きです。卸売価格で買い物をしたり、特価品や掘り出し物を狙います。

　彼らは小売価格での買い物は大嫌いです。なぜだかもうおわかりですよね。1ドル無駄にするたびに、未来のマネー・ツリーの森が破壊されてしまうからです。

43

図2-6　貯水池と溜め池

第2章　10分間で億万長者！　必須のマネー・スキル

　しかし、ここで終わりではありません。ディスカウント商品を買えば、誰でもお金の節約はできます。しかし、そうして節約したお金を「蓄える」となると、どうでしょう。

　問題はそこなのです。

　煙草をやめた私の友人が、禁煙したことによって月5,000円浮いたと自慢していました。ところが、「その5,000円はどこへいったの？」と私が尋ねると、彼女は首をひねるのです。彼女は「節約」はしたものの、「蓄える」ことはしなかったのです。買い物のパターンを変えることによって節約を達成したら、そのお金を財布から出し、別にしておくことです。貯金箱にでも入れておき、定期的に預金口座に移し替えましょう。そうすることによって初めて、節約した意義が生まれるのです。

　あなたが、いつも同じガソリンスタンドでガソリンを入れているとしましょう。ある日、1ガロンにつき10セント安くガソリンを売っている新しいスタンドを見つけました。10ガロン買えば、約1ドルの節約になります。

　しかしその節約の真の利益を実感するには、2つ目の「蓄える」というステップを完了しなければなりません。ですから、レジでガソリン代を支払ったら、実際にその1ドルを財布から取り出し、貯蓄用の封筒にしまいましょう。その封筒を車のドアのサイドポケットに入れておき、25ドルから50ドルになるまで、そこに貯めていくのです。

　使いたくなる気持ちに負けないでください。

　ある程度まとまった額になったら、そのお金を長期の預金口座に移し替えます。さらにそこから投資用の口座へ移し、さまざまな形の投資（ミューチュアルファンド、株、債券、不動産など）に振り分けていくのです。

　文字通り、あなたはふだん無駄にしているお金をもとに億万長者になることができるのです。お金を節約する方法は山のようにあります。ある有名なミューチュアルファンドの会社が、月に5,000円を節約するための簡単な50の方法をリストアップしました（そのすばらしいリストは、この章の最後に掲載してあります）。しかしその中には、これからご紹介するお金を節約するための2つの重要な方法は含まれていません。

辛抱する木に金がなる。

（日本の諺）

45

メジャー・マネー・セイバー① 長期的に計画を立てる

　成功の秘訣を尋ねられたとき、億万長者のビジネスマン、J・ポール・ゲティ氏はこう言いました。

「私は麦わら帽子を秋に買います」

　彼は麦わら帽子を、日差しが強く、需要も値段も高い春には買いませんでした。需要が下がり、値段も下がった秋に買ったのです。彼はこの哲学をすべての買い物に適用しました。彼の油田も、ビジネスも、ビルも、社用ジェット機も、アートコレクションも、すべてこのマネー哲学に基づいて購入されました。

　彼の頭の中には常に、「卸売価格」という言葉がありました。将来を見据え、いつも一番安い時期にものを購入しました。彼は誰もほしがらないときに買い、需要が高くなったときにそれを売ったのです。

　お買い得品を手に入れるためには、前もって計画を立てなくてはなりません。お金の貯まらない人は、行き当たりばったりの短期的な計画しか立てません。

　いっぽうお金持ちは、組織立った、長期的な計画を立てます。将来に対してきちんと計画が立てられていればいるほど、生活にかかるお金は少なくなっていきます。あなたも、大きな企業のように、自分の生活を組織しなくてはなりません。

　アメリカの平均的な企業は通常、5年周期で計画を立てます。日本の平均的な企業は、10〜15年単位です。日本の企業はどうやって15年先に何が起こるかを予測するのか、あなたは疑問に思うかもしれません。しかし、予測する必要はないのです。忘れないでください。未来とは、「起こる」ものではなく、あなたが「起こす」ものなのです。

　今すぐ、計画の長期化をはかってください。1週間単位で計画を立てているのなら、それを30日単位に拡大してください。通常1ヵ月単位で計画しているのなら、3ヵ月単位に拡大しましょう。1年先まで計画するのが習慣なら、それを5年先まで広げてください。計画が長期的になればなるほど、あなたの生活はお金のかからないものになるのです。

　もちろん、そうした計画があなたの思い描いた通りに実現されることはほとんどありません。ここでの目的は、セメントでがちがちに固定されたような計

すべての進歩は、収入以上の生活がしたいという、あらゆる有機的組織体に共通する本能に基づくものだ。

（エドモンド・バーグ）

第2章　10分間で億万長者！　必須のマネー・スキル

画を立てることではなく、「計画を立てるというプロセスを経る」ことなのです。私は、最低90日単位での計画をおすすめします。以下はその方法です。

多くの人たちは、毎日、数分ほどでその日の計画を立てます。それも結構ですが、もっと良い方法があります。毎日その日1日の活動を決めていく代わりに、カレンダーで今日から90日先を見て、自分にこう問いかけるのです。

「90日後に必要となるものをより賢く買うためには、今日何をすれば良いだろうか？」

この先90日間を見通して、飛行機の切符を買う必要はないかどうか考えます。誰かの誕生日はないだろうか、何か他にプレゼントを買う必要はないだろうか、食料はどうだろうか、事務用品は大丈夫だろうか、と考えていきます。

たったこれだけの習慣で、生活費が劇的に削減されるのです。

お金の管理に長けた人は、1ドルを節約する方が、1ドル余分に稼ぐことに比べてどれだけ簡単かを本能的に知っています。純利益で1ドルを稼ぎ出すためには、従業員、書類の作成、繁雑な手続き、広告、顧客管理と対応、在庫、税金、お役所、リスクなどなど、さまざまな要素を相手に汗水たらさなくてはなりません。これは実にたいへんな仕事です。しかし1ドルを節約することは、瞬く間にできてしまいます。なんといっても、ただ不必要な出費を減らすだけでいいのですから。

稼いで得た1ドルも、節約して得た1ドルも、最終的には同じ1ドルです。しかし、出費をコントロールする方が、収入を増やすことよりはるかに簡単なのです。

お金のない人は、常に「1日遅れで、1ドル不足」という生活を送っているように見受けられます。1日遅れれば、いつも1ドル足りないことになります。

なぜでしょうか？　物事を先送りにすることは、高くつくからです。それは、小売価格での買い物を余儀なくします。

きちんと計画を立てる人は、自動的に財務状態も良くなります。なぜなら、支出のスケジュールを立てる余裕を持てる、つまり、「秋に麦わら帽子を買う」ことができるからです。

別の言い方をすれば、もし自分のお金をコントロールする方法を身につけたいのなら、時間をコントロールする方法を学ばなくてはなりません。「時は金なり」とは、まさにそのことです。

つまり、お金をコントロールするための最初のカギは、時間をコントロールすることなのです。そして時間をコントロールするカギは、できるかぎり長期的に計画を立てるということです。

メジャー・マネー・セイバー② 形成手術を施す

30秒で生活費を20〜30%削減する方法を知りたくないですか？

知りたいでしょう？

わかりました。それならまず、あなたの持っているクレジットカードをすべて取り出し、緊急用の1枚を残して、残りを全部切ってしまってください。

統計によると、この単純な行為が自動的に、ほとんど何の苦労もなく、続く12ヵ月間の生活費を平均30%削減するそうです。

なぜでしょうか？

クレジットカードは、購買へのアクセスを簡単にするからです。簡単にアクセスできなくなれば、お金を使う誘惑にも負けなくなります。したがって、全体的な出費も減るというわけです。

「節約したお金」プラス「収入から〝自分に支払う〟10%のお金」で、あなたは投資プログラムの資金を100万ドル確保していくことができるのです。

あなたの貯水池から漏れ出したお金が流れ込む、一連の溜め池を思い浮かべてください。最初の溜め池は、緊急用の溜め池です。収入からの10%はまずそこへ流し込みましょう。そして、少なくともそこに3ヵ月分の生活費に相当する額が貯まるまで待ちます。この国のどれだけ多くの人々がホームレスと「紙一重」ならぬ、「一文無し」一重のところにいることでしょう。

あなたはその1人にならないでください。

このお金は、もっとも安全な場所、例えば保険つきの銀行口座にでも入れておきましょう。30日以内にお金を引き出せる口座の中で、もっとも利子の高いものを選びます。この溜め池がいっぱいになったら、続く10%の流れは、次の3つの溜め池のいずれかに流し込みます。

3つの溜め池はそれぞれ、

「安全型投資」

「ややリスクのある投資」

最善を尽くす人に対して、物事は最善の展開をする。

（タイ・ボイド）

第 2 章　10 分間で億万長者！　必須のマネー・スキル

「ハイリスクの投資」

と銘打たれています。

あなたの年齢が高ければ高いほど、安全型投資の池に投入するお金の割合が高くなります。若ければ、それだけ高いリスクを踏むことができます。**図2-7**をよく見てください。

では、次の章でお会いしましょう。

図2-7　あなたのお金の全体像

＄＄＄財務健康度チェック＄＄＄

　ここで一時、自分が医者になったと思ってみてください。1人の患者が、毎年恒例の健康診断にやってきました。あなたはいつもの質問をします。あちこちさわったりつついたりしながら、間もなくあなたは、患者の健康状態についてだいたいのところを把握し終えます。

　さて、今度はマネー・ドクターを訪問する番です。体の健康診断の次は、財務体質の健康診断です。

　財務体質の健康とは何でしょうか？　自分のお金を賢く管理することです。お金に関するあなたの成績はどのようなものでしょうか。正直に答えてください。

　あなたは自分の人生にお金を呼び込むのが上手ですか？

　お金が流れ出すのをうまく防げていますか？

　資産を蓄積するのが上手ですか？

　借金を避けるのがうまいですか？

　要するに、お金を稼ぎ、維持するのが上手ですか？

　次ページの財務健康度チェック表に答えて、あなたの経済状況がどんな状態にあるかを明らかにしてみましょう。

第2章 10分間で億万長者！ 必須のマネー・スキル

財務健康度チェック表

月収はおおよそいくらですか？（1つに○をつける）

10万　　20万　　30万　　40万　　50万

60万　　70万　　80万　　90万　　100万　　単位：円

その収入はどのぐらい安定していますか？（1つに○をつける）

1　2　3　4　5　6　7　8　9　10

（1＝非常に不安定　　10＝非常に安定している）

毎月いくら貯蓄していますか？（1つに○をつける）

0～1万　2万　3万　4万　5万　6万　7万　8万　9万　10万　単位：円

昨年、退職金設計に拠出しましたか？　　　　　　　　はい　　いいえ

少なくとも月1回は家計簿の決算をしていますか？　　はい　　いいえ

毎月、支出を確認し、分類していますか？　　　　　　はい　　いいえ

過去90日間に延滞料金を支払ったことはありますか？　はい　　いいえ

あなたの財産のおおよその価値はいくらですか？　　￥

あなたの負債の合計はいくらですか？　　　　　　　￥

負債よりも資産の方が多いですか？　　　　　　　　はい　　いいえ

投資資産のための借金は負債の何％を占めますか？　　　　　　％

（投資資産の価値は一般に上がっていく：不動産、株式、教育等）

消費資産のための借金は負債の何％を占めますか？　　　　　　％

（消費資産の価値は一般に下がっていく：自動車、家具、ステレオ、テレビ等）

クレジットカードによる借金が負債全体の10％を超えますか？

はい　　いいえ

3ヵ月分の生活費に相当する額の現金を持っていますか？　はい　　いいえ

クレジットカードの残高は毎月完済していますか？　　はい　　いいえ

毎月5,000円節約する50の方法※

1. 買い物はショッピングリストをつくって、そのリスト通りに行うこと。
2. 手数料の高いＡＴＭは断固として使わない（現金は前もって計画的に用意する）。
3. 銀行が高い手数料を取る？　すぐに銀行を替えよう。
4. 今残っているクレジットカードの残高をすぐに完済すること！
5. クレジットカードの残高がどうしても繰り越すのであれば、利息の低いカードを探してみよう。
6. 掛け金の低い保険を探すこと。
7. 住宅保険と自動車保険の保険料、もっと控除できるのでは？
8. 個人抵当保険に入っている？　家のエクイティ（所有者持ち分）が20%になったら、解約しよう。
9. 長期にわたって服用する処方薬は、通販薬局を利用すること。
10. 「先生、ジェネリック医薬品の薬で処方してもらえますか？」
11. 薬局や病院のレシートは間違いがないかすべてチェックする。間違いを指摘すると、多くの場合、保険会社から謝礼が支払われる。
12. ２、３回しか使用しないものは、買わずにレンタルすること。
13. 庭でがらくた市を開こう。
14. 長距離電話会社は何度でも替えよう。
15. 電話がよくかかってくる？　そうでもない？　必要のないキャッチフォンサービスはキャンセルしよう。
16. 友達には電話の代わりにＥメールを。
17. 映画はやめて、レンタルビデオにすること。
18. 外食はやめて、内食を。
19. ランチは弁当持参で。
20. その本を買っちゃだめ！　図書館カードを活用しよう。
21. 郵便受けから余計なものを排除しよう。読みもしない雑誌の定期購読は今すぐキャンセル。
22. パレードを見よう。ピクニックをしよう。無料のエンターテイメントは結構楽しいもの。

※著作権は Strong Fund に帰属。同リストは同社の許可のもとに使用。

第2章　10分間で億万長者！　必須のマネー・スキル

23. あなたの車を「おしゃべり空間」に。相乗りを積極活用。

24. バスに乗って、タクシー代と縁を切る。

25. 航空券は前もって購入し、必ず日曜の朝まで滞在すること。その方がずっと楽しいし、ずっと安上がり！

26. そのスポーツクラブはやめて、近所のジムに通おう。

27. 「クーポン」「ダブル・クーポン・デー」……もう、言わなくても、おわかりですね。

28. ブランド名がなんだ。無印良品を買おう。

29. ペーパータオルはやめて、布巾を洗って使うこと。

30. お手軽な「コンビニエンス・フード」に要注意。高いだけでなく体にもあまり良くない。

31. 会員制大幅ディスカウント店の会員になろう。

32. レシートは必ず確認。間違いは起こり得るもの。

33. 高い専門店は避けること。

34. オンラインでライバル店を比較。

35. トランクは持ってる？　一括大量購入でディスカウントを得よう。

36. ガソリンはハイオク？　たいていの車はハイオクじゃなくてもよく走るもの。マニュアルを再確認して。

37. 自動洗車機は使わない。自分で洗って、さわやかな汗をかこう。

38. 総点検には出さずに、近所でオイル交換と潤滑油の注入を頼むこと。

39. サービスや保証期間の延長に余計なお金を払わないこと。メーカーが設定する保証期間で十分。

40. ほとんど見ることのないプレミアムチャンネルはキャンセルすること。あるいはいっそのこと、ケーブルテレビ全部をキャンセルしては？

41. 空調の温度調節ボタンに触れる前に、セーターを1枚着よう。

42. お風呂の代わりにシャワーを。

43. 食洗機はいっぱいになってから回すこと。

44. 家のエネルギー監査をしよう。無料でしてくれる会社もある。

45. レンタカー保険を余分に支払うことのないよう注意。たいていクレジットカードや自家用車の保険ですでにカバーされているはず。

46. 宝くじは買わない。稲妻に打たれる確率の方が、当たる確率よりよっぽど

53

高い。

47. 家のローンの借り替え？　金利に注意して。

48. まず自分自身に支払いを。1日1ドル貯金しよう。

49. ソファの隅などでちょくちょく見つける小銭を貯めておく貯金箱を買おう。

50. 給料が上がったら、その分は使わずに、投資すること。

もしお金がものを言うなら、私には補聴器が必要だ。

（ジョー・L・ウィットレー）

第3章

マネー・ツリー・フォーミュラ
一生続く収入の流れをつくる方法

「稼げるだけ金を稼ぎ、維持できるだけ維持し、与えられるだけ与えるのは、男の義務である」

ジョン・D・ロックフェラー・Jr

　最初の3つのマネー・スキルで土台をしっかり固めたうえで、あなたの貯水池に注ぎ込む収入の流れをもう1本つくるとしましょう。「パートタイムの仕事を得る」という方法もありますが、私がここでいう〝収入〟とは、そういう類のものではありません。あらたに他人の回転ドラムの中に巻き込まれるのはご免です。自分自身で所有できる流れを手に入れましょう。

　私が言いたいのは、「一生型収入」のことです。これは、あなたがそこにいようがいまいが、「繰り返し」入ってくる収入です。

　小さな会社のオーナーたちが「ここ5年間まったく休みが取れない」などと言うのを、実によく耳にします。何かがおかしいと思いませんか？　勤労は大いに結構です。ただ、2、3年一生懸命働いたら、タヒチの郵便受けで入金の知らせを受け取るような自由を持ててもいいと思うのですが、いかがでしょう。

2種類の流れ　「それきり型」と「一生型」

　収入の流れはすべて同じではありません。ある流れは「それきり型」で、またある流れは「一生型」です。次の質問に答えることで、あなたの収入がどちらの型かがわかります。「働いた一定の時間に対し、何回報酬が支払われます

か？」

「1回だけ」という答であれば、あなたの収入はそれきり型です。例えば給料はそれきり型の収入です。1つの努力に対し、報酬が支払われるのは1回だけです。そして職場に行かなければ、給料ももらえません。

　一生型の収入では、一度一生懸命働けば、何ヵ月も、時には何年も安定した収入が入り続けます。ある1つの努力に対して、何度も何度も支払いが受けられるのです。1回の労働が、何百回も報われるなんて、素敵だと思いませんか？

　例えば、私は1980年に『NOTHING DOWN ～ How to Buy Real Estate with Little or No Money Down』という本を書きました。私はこの執筆に1,000時間を超える時間をつぎ込み、その間一銭の収入もありませんでした。

　マクドナルドで働いているティーンエイジャーの方が、私よりもまだ稼いでいたでしょう。しかし、私は、給料を求めてはいませんでした。

　ほしかったのは印税です。ですから、犠牲も苦になりませんでした。お金が入ってくるようになるまで、2年以上かかりました。しかし待ったかいはありました。私の印税収入は何百万ドルにも上りました。そして30年以上を経た今もなお、著者印税報酬の小切手が送られてくるのです！

　これが一生型収入のパワーです。それはいつまでもいつまでも入り続けるのです。

　こんな例もあります。デュラセル社の電池についている小さなバッテリーテスターをご存じですか？　それを発明した人は、初め大手の電池会社にそのアイデアを持ち込んでは、ことごとく却下されたそうです。その中でデュラセル社だけがそのすばらしさを見抜き、電池1パックにつき彼に数セントを支払うことに同意しました。その結果、彼はこれまでに数百万ドルを稼ぎ出しています。

　彼はコンセプトを考案し、形にし、それを売り込むのに、膨大な時間をついやしました。そしてそれが今、一生型収入の大河となって彼とその家族たちに富をもたらしているのです。

　何よりすばらしい点は、彼はビジネスの現場にいる必要がない、ということです。彼がそこにいなくても、お金は彼のもとへやってくるのです。

第3章　マネー・ツリー・フォーミュラ　一生続く収入の流れをつくる方法

「それきり型」vs「一生型」、違いがわかりますか?

　裕福な人たちが裕福であるゆえんは、彼らがより多くのお金を持っているからではなく、「自由になる時間」をより多く持っているからです。彼らの収入の流れの多くは一生型なので、やりたいことをやる時間がたっぷりあるのです。

　一生型収入という観点から見ると、多くの人は見た目ほど裕福ではありません。医者や歯医者の収入は、一生型ではありません。彼らが稼げる額には限度があります。1日に診られる患者の数には限りがありますし、患者1人ひとりに対し、彼らはその場にいなければなりません。これはそれきり型です。

　トップセールスマンやカイロプラクティック療法士、弁護士についても同じことが言えます。彼らのほとんどは、一生型収入のパワーを享受していません。彼らはお金持ちに見えるかもしれませんが、多くの人々と同じように、回転ドラムの中をひたすら走っているに過ぎないのです。

　あなたの収入に占める一生型収入の割合は何%ですか?　もしあなたが賢い人間なら、すぐに収入の流れをそれきり型から一生型へシフトし始めるはずです。そうすることにより、あなたはやりたいことをやりたいときにする時間的自由を手に入れることができるのです。それは、毎年最低1本ずつ新しい一生型収入の流れをつくることから始まります。

一生型収入を得るための新しくエキサイティングな方法

　ウォーレン・バフェットという人物をご存じですか?　彼は株取引において歴史上もっとも優れた銘柄選択眼を持つ、世界でもっとも裕福な投資家です。その純資産は、数百億ドルに上ります。

　もし、このウォーレン・バフェットがあなたに電話をしてきて「絶対買いだ」というホットな銘柄を教えてくれたら、あなたはどうしますか?　彼はあなたに、あり金すべてをある株に投入するようアドバイスします。彼自身その株に2億ドルを投資しており、2倍、3倍になるのは確実だと太鼓判を押すのです。あなたは彼に何と言いますか?

「悪いけど、ウォーレン、僕は自分の株は自分で選ぶことにするよ。『ウォールストリート・ジャーナル』にダーツの矢でも投げてね」

57

あなたは達人の言葉に耳を傾けますか？　それとも自分流のやり方を続けますか？

私はウォーレン・バフェットではありませんが、著書やセミナーを通して、彼が生み出したのと同じぐらい、おそらくは何千人という規模の億万長者を誕生させるのに貢献したと自負しています。そして本書では、ニューミレニアムにふさわしい「ホットな流れ」をすべて紹介します。これは、私が膨大な時間と努力を投入した結果です。過去40年間に私が見てきた中で最高といえる方法を、これからあなたと分かち合いたいと思います。

それらの方法は、今後10年のうちに大勢の「一生型収入億万長者」を生み出すことは間違いないでしょう。

あなたもその1人になれるのです。

マネー・ツリー・フォーミュラ

それが望ましい収入の流れかどうか見極めるための最初のステップは、まず「マネー・ツリー・フォーミュラ」のフィルターにかけてみることです。

理想的な収入の流れには、9つの特性があります。

マネー・ツリーを持っているということは、あなたが現場にいなくても、あるいはほとんどいなくても、苦労せずに得られ、涸れることのないキャッシュフローがあるということです。こうした状態をつくり出すためには、あなた自身がその収入の流れをつくり、コントロールし、所有する立場にあることが必要です。言い方を換えれば、あなたは起業家、ビジネスパーソンにならなければいけないのです。お勤めの方であれば、会社の従業員という立場は維持しつつ、一方で、長期的展望に立って、新たに「複数の収入の流れ」をつくる必要があるのです。もちろん、今すぐに。

先日テレビで、長年勤めた職場を解雇されたという夫婦のインタビューを見ました。奥さんは TV カメラに向かって涙ながらに訴えていました。
「17年間、私たちは自分たちの安定のために一生懸命働いてきました。それが今、冷たい荒野に放り出されてしまったのです。ひどい話です」

私は、TV 画面の向こうの彼女に手を差し伸べて「あなたは17年間、安定の幻想だけを見てきたのですよ」と言ってあげたくなりました。もともと彼女は

節約したお金は、稼いだお金と同じぐらい価値がある。

（デンマークの諺）

第3章　マネー・ツリー・フォーミュラ　一生続く収入の流れをつくる方法

安定などしていなかった。ただそう思い込んでいただけなのです。他人のもとで働くことは、安定とは言えません。それは安定という名の「幻想」に過ぎないのです。

　在宅でビジネスをするのであれば、どんなビジネスが一生続く収入の流れをもたらし、どんなビジネスがいくらか稼いだあとすぐに行き詰まってしまうものかを、しっかり見極めなくてはなりません。私が、ニューミレニアムにぴったりのビジネス方式をお教えしましょう。

　私はそれを「マネー・ツリー・フォーミュラ」と呼んでいます。覚え方はとても簡単です。スペルの順番通り、ＭＯＮＥＹＴＲＥＥと覚えておけば良いのですから。

Moneytree：「Multiple Streams of Income」 （複数の収入の流れ）のM

　在宅ビジネスを始めるに当たっての最初の目標は、その他の収入源が涸れてしまった場合のセーフティネットとして、新たな収入の流れをつくることです。あなたが選ぶ在宅ビジネスは、少なくとも2つ以上の収入の流れをもたらすものであるべきです。それはいずれ、勝手に「複数の収入の流れ」を生み出すものでなければなりません。

　例えば、すでに営業しているあるレストランを買うことにしたとします。ビジネス拡大の見込みはどのようなものでしょうか？

　支店を増やすことはできますか？

　料理の1つを冷凍食品として全国販売することはできるでしょうか？

　他のレストランとライセンス契約して独自のレシピを提供することは可能でしょうか？

　料理本の出版はできるでしょうか？

　レストランオリジナルのソースを瓶詰めで売ることはできるでしょうか？

　わかりましたか？　収入の流れを増やしていける可能性のないビジネスは、最初から考えないことです。

　このフォーミュラの最初のMは、「Multiple Streams of Income」（複数の収入の流れ）という概念をしっかり頭に叩き込んでもらうためのMなのです。

59

mOneytree：「Outstanding」(突出している)のO

あなたの商品、サービス、あるいは情報が、特別に優れていたり、ユニークなものでない場合、それらはやがて競争の餌食となります。マネー・ツリーを育てる目的は「一度努力したら一生お金が入り続ける状態をつくること」です。やがて競争に屈してしまう運命のビジネスを始めることに、どんな意味があるのでしょうか。

あなたの収入源がこの先10回の不況を乗り切るためには（一生のうちにはもっと多くの不況があります）、無期限に有益であり続ける可能性を持つ商品、サービス、あるいは情報を選ばなければなりません。不況になると、人々は値段か質のどちらかを選ぶようになります。ですから、どっちつかずにならないことです。それこそ、破滅への方式です。

そして、このとき重要なのは、価格で世の中と競争しないことです。必ず質で勝負してください。適切な値段で突出した品質を提供するのです。これが、長期にわたる成功を築き上げる秘訣です。

moNeytree：「Nothing Down」(頭金なし)のN

なぜ「頭金なし」なのでしょうか？　まったくのゼロではなくても、自腹を切るのは最小限にとどめるべきだということです。

たいていの人は、ビジネスに投入するからといってすぐさま20万ドルほど用意できる、なんてわけではありません。しかし仮に、十分なキャッシュを持っていたとしたら、どうしますか？　さっそくそれに見合うビジネスを開始するべきでしょうか。

私に言わせれば、新しいビジネスを始めるためのお金を大量に持っていることこそ、あらゆる災いのもとです。

ある好調なフランチャイズを買うと仮定しましょう。それには10万ドルほどかかるとします。しかも、フランチャイズの権利だけにです。その他に、在庫の買い上げ、賃貸店舗の改装工事、新しい設備の購入などをしなくてはなりません。それによって、あなたは何を得るでしょうか。ほとんどの場合、あなたが得るのは、1日12時間仕事に拘束され、意欲もなく教育もされていない

大勢の従業員を管理することにより、自分のために定期的に支払小切手を切るという権利です。

ある意味で、これでは単に、自分で自分に仕事を買い与えただけだとも言えます。何十万ドルもの大金をはたいて、どうして自分に仕事を買い与えなくてはならないのでしょうか。しかも、大きなリスクを抱え込んでまで……。

これからあなたに、頭金なしで（あるいはほとんどなしで）、ほとんどノーリスクで始められるビジネスと、あなたがそこにいようがいまいが入ってくる収入の流れをつくり出す方法についてお教えしましょう。

monEytree：「Employee-Resistant」（従業員不要）のE

そうです。従業員はいりません。従業員は危険です！

彼らはいつの間にか、自分たちが仕事に対して「所有権」を持っていると勘違いする（「私を解雇することなんてできませんよ。その仕事は私のものなんだから」なんて言う）ようになります。労使間の訴訟がこれだけ急増しているのを見れば、できるだけ低い従業員数収益率で、自分だけの在宅ビジネスを目指すことが賢明だ、ということは明らかでしょう。

私はかつて、200人以上の従業員を抱える人材育成会社の社長を務めていました。会社の縮小を図ったとき、従業員の1人が年齢による差別をしたという理由で私を訴えました。その会社で働き始めたとき、彼は60代の後半でした。景気の落ち込みを受けて彼を解雇すると、彼は50万ドルの賠償金を求めて我々を告訴してきたのです。

結局2,000ドルでの示談となりましたが、それがきっかけとなり、私は賢い弁護士を味方につけた1人の不機嫌な従業員に、すべてを持っていかれるような立場には、二度と自分を置くまいと決心したのです。

現在、私には1人の従業員もいません。それでも以前と同じだけのお金を稼いでいます。しかも200分の1の煩わしさで。私にはこの方が合っています。私の収入の流れはすべて、電話さえあれば世界のどこからでも、1日数分でチェックすることができます。

友人のダン・ケネディはこんなふうに言います。「こと従業員に関しては、ゆっくりと雇い、すばやく解雇しろ」。多くの実業家たちはその正反対のこと

ニューヨークのある銀行が、ＡＴＭで株の売買をできるようにするそうだね。こりゃあ、すごい。強盗も自分のポートフォリオを多様にできるってことだ。　　　　　　　　　　（デイヴィッド・レターマン）

をやっています。早まって雇ってしまい、なかなかクビにできないでいるのです。

　私は声を大にして言います。従業員を必要としないマネーツリー・ビジネスを選びましょう！　そうすれば、雇用にも解雇にも頭を悩ませる必要はないのです。人手が必要になったときは、外注すればいいのです。

moneYtree：「Yield」(収益性が高い)のY

　あなたが選ぶ収入の流れは、収益性の高いものでなくてはなりません。

　数年前、友人のコレットはまさにそのような在宅ビジネスを始めました。1年もたたないうちに、彼女は月100万円を稼ぐようになっていました。

　さらにすごいのは、そのビジネスがマネー・ツリー・ビジネスであったということです。彼女が働くのをやめても、それは収入をもたらし続けるものとなりました。しかし、彼女はそのビジネスを大いに楽しんでいるので、やめる理由などありません。今、彼女のビジネスは年間1億円を超える実収入をもたらすまでに成長しました。

　では、どのくらいの収益を目指せば良いのでしょう。……巨大なるもの、金塊の山ほど、それが私の考える収益です。

　本書でのちほど、コレットがどのようにしてそれを達成したかについて、そしてマネー・ツリーの特性を備えたその他のビジネスについて、ご説明したいと思います。

moneyTree：「Trend and Timing」(トレンド&タイミング)のT

　トレンドに逆らってビジネスを始めるのは、川を上流に向かって泳いでいこうとするのと同じことです。ビジネスの経営は、わざわざ流れに逆らって泳がなくても十分にたいへんなことです。トレンドに沿ったビジネスを選ぶことは、流れに乗って川を下るのと似ています。では、トレンドに合ったビジネスを見つけるにはどうしたら良いのでしょうか。

　私が最初にビジネスを始めたのは、大学を卒業してすぐのころでした。当時の私は不動産を買い始めたのですが、運良くタイミングが完璧だったのです。

第3章　マネー・ツリー・フォーミュラ　一生続く収入の流れをつくる方法

ちょうどベビーブーマーたちが不動産を所有したがっていた時代で、需要が価格をどんどん押し上げました。不動産を持っている人は誰もがぼろ儲けをしました。損をすることなど絶対になかったのです。

その後、私は頭金なしで不動産を買う方法を人々に教え始めました。新聞に小さな広告を載せると、すぐさま電話が殺到しました。それはまったくの売り手市場でした。私はトレンドに乗っていたのです。私はセミナーでその後の10年間に1億ドル以上を稼ぎ出しました。

大切なのは、トレンドの最先端でうまく波に乗ることです。私たちの世紀の最大の波は「ベビーブーム」でした。アメリカでは、1946～1964年の間に7,600万人の人が生まれたのです。この世代は、その前の世代の4倍の規模になります。この巨大なグループが、各時代ごとに巨大な需要の波をもたらします。

この時代の波の最先端でビジネスを起こした人が、巨額の富を手にしてきました。あなたの選んだビジネスがトレンドを引っぱるものであって、あとから追いかけるものではないことを、しっかり見極めることが大事です。それがどちらであるかによって、あなたのライフスタイルは大きく違ってくるのです。

moneytRee：「Residual」（一生型）のR

マネー・ツリー・フォーミュラにおけるこの「一生型」の重要性についてはすでに触れましたね。ここで、そのコンセプトをさらにわかりやすくするために、それをエスカレーターにたとえてみましょう。

下りのエスカレーターを上ってみたことはありますか？　下りのエスカレーターを上るときは、すばやく上ってもかろうじて同じ位置にとどまるのがやっとです。上までたどり着くためには、それこそ倍のスピードでかけ上がらなければなりません。もちろん、上りのエスカレーターに乗っている人には、そんな苦労はまったく必要ありません。ただそこに立って手すりにつかまっていれば、エスカレーターが一番上まで運んでいってくれるのです（**図3-1**）。

上りと下りのエスカレーターは、それぞれ2種類の収入の形態を表しています。「それきり型収入」と「一生型収入」です。

私たちの経済は、ちょうど下りのエスカレーターのようなものです。あなたはお金のために一生懸命働きますが、インフレのため、次の年にはさらに3～

63

図3-1　下りのエスカレーターを上る

　5％多く稼がなくては、同じ位置にとどまることができないのです。しかしそうすると今度は、より高い課税率の層に入ってしまうことになります。稼げば稼ぐほど、多く取られてしまうのです。これでは、働いても働いても、ほとんど進歩がありません。

　銀行口座の利息は0.01％未満。一方、クレジットカードの残高には20％の手数料を取られます。1日24時間、常に下へ下へと落ちていくようなものです。あなたは、どうしてちっとも前進できないのだろうと自問します。かといって、足を止めたら、エスカレーターが再び一番下まであなたを連れて行ってしまうのです。

　これが「それきり型収入」の仕組みです。こうした類の収入は、アフリカでのサルの捕獲作戦に似ています。原住民がココナッツの実の片側に、サルの手がかろうじて入る程度の小さな穴を開けます。ココナッツの反対側には長い紐がつけられています。ココナッツの中にピーナッツを入れ、森の空き地にそれを置き、木の後ろに隠れてサルがやってくるのを待ちます。やがてやってきた

考えを蒔いて、行動を収穫する。行動を蒔いて、習慣を収穫する。
習慣を蒔いて、人格を収穫する。人格を蒔いて、運命を収穫する。
　　　　　　　　　　　　　　　　　　（デイビッド・O・マッケイ）

第 3 章　マネー・ツリー・フォーミュラ　一生続く収入の流れをつくる方法

　サルはピーナッツのにおいを嗅ぎつけ、ココナッツの中に片手を突っ込んでピーナッツをつかみます。ところが、ピーナッツをわしづかみにしたこぶしは、穴を抜けることができません。原住民はそこで紐を勢いよく引っぱり、ピーナッツを離そうとしない愚かなサルを捕えるのです。

　あなたはピーナッツのために働いていませんか？　もし下りのエスカレーターを上ろうとしているのなら、あなたは「サルの罠」にはまっています。あなたが本当に手に入れたいのは、上りのエスカレーターです。あなたはどちらのエスカレーターに乗っているでしょうか。

　以下に、さまざまなタイプの「一生型収入」をご紹介しましょう。

定期預金の保有者は利子を得る
ソングライターは書いた歌の印税を得る
私のような著作家は自分の本やDVDの印税を得る
保険代理人は一生型の契約を得る
証券業者は一生型の商品を売る
ネットワークマーケッターは一生型のコミッションを得る
俳優は出演料を得る
起業家はビジネス収益を得る
フランチャイザーは販売権手数料を得る
投資家は配当金、利子、キャピタルゲインを得る
ビジュアルアーティストは作品の使用料を得る
ソフトウエアクリエイターは著作権使用料を得る
ゲームクリエイターは著作権使用料を得る
発明家は特許権使用料を得る
共同経営者は収益の分け前を得る
メーリングリストの所有者はレンタル料を得る
不動産所有者は賃貸収入を得る
年金制度の加入者は年金を受け取ることができる
有名人は商品の推薦料として総利益から一定のパーセンテージを得る
マーケティングコンサルタントは収益あるいは総収入から一定のパーセンテージを得る

今夜寝る前に、自分自身に向かって次の質問をしてみてください。

「今日１日のうちの何％を一生型収入を生み出すことに使っただろうか」

もしその答がゼロだったら、問題ありです。明日の朝起きたら、さっそく行動を起こすべきです。一生型収入については、あとでもっと詳しく勉強します。この段階ではまず、マネー・ツリー・フォーミュラにおいてなぜそれほど一生型収入が重要なのかを理解していただければそれで十分です。

moneytrEe：「Essential to Everybody Every Day」（すべての人にとって毎日必要不可欠なもの）のE

どんな在宅ビジネスを選ぶにしても、社会の意欲ある多数派層に必要不可欠だと見なされる商品やサービスを扱うようにしましょう。

不動産がこれまで常に富を生み出す優れた手段であり、大勢の人々にとって主要な一生型収入源であり続けてきた理由をお教えしましょう。それは、不動産がまさにマネー・ツリー・フォーミュラに適合するものだからです。ご自身で確かめてみれば、それがなぜだかよくわかるでしょう。

ビジネスを始めるときは、人々にとって必要不可欠だと確信できる商品を選びましょう。より多くの人がより頻繁に必要とする商品であればあるほど、あなたのビジネスはより大きく成功するのですから。

moneytreE：「Enthusiasm」（熱意）のE

何より、自分のやっていることを楽しまなくてはいけません。自分の売っている商品を好きになれなければ、うまく売ることなどできないでしょう。史上最強のマーケターの１人であるゲイリー・ハルバートの言葉に、「自分が大好きなものを売ること」というものがあります。確かに、自分の商品を愛せなければ、真の成功を収めることなどできないでしょう。

さて、以上でマネー・ツリー・フォーミュラの９つの特性が出そろいました。これら９つの特性は、生涯自動的にキャッシュフローをもたらす、「煩わしさ知らず」のビジネスには欠かせない要素です。本書では、このフォーミュラに

第3章　マネー・ツリー・フォーミュラ　一生続く収入の流れをつくる方法

完璧にフィットするいくつかのビジネスを、具体的に深く検証していきます。

ところで、給料を得るということについてはどうなのでしょうか。従業員として働くのも、立派な、場合によっては楽しい収入の得方だと言えます。

ただ、マネー・ツリー・フォーミュラには適合しません。

それが24時間キャッシュフローをもたらすことはないのです。本書でこれから学んでいくような特殊な収入の流れを得るためには、従業員のメンタリティではなく、投資家や起業家的な考え方を持つ必要があります。

実際にはあなたが一従業員であったとしても、これからは自分を「フリーエージェント」だと思わなくてはなりません。選手が自分の能力を一定の期間、特定のチームにリースするプロスポーツの世界と同じように、あなたは自分のスキル、つまり知識、経験、肉体をそれを必要とする雇用者に貸し出すのです。ワンマン・コンサルティング・ビジネスの経営者として、一番高い値をつけてくれたチームに、短期契約ベースで自分のサービスを提供するのです。

経済的な安定は、収入の10%を投資することによってもたらされます。そのためには、起業家的な考え方が必要なのです。私たちにとって、これはまったく新しい体験です。

100年前、私たちの先祖の約9割は起業家でした。現在ではそれが、10〜20%にまで減りました。農場から工場へ移動した人々は、自分たちの自由を中央集権型の大組織に委任したのです。私たちはか弱くなり、起業家としての技能を失ってしまいました。

ところが今、世界のパラダイムは再び変わろうとしています。私たちは、いわば農場への回帰（個人責任への回帰）を迫られているのです。世の中全体が、さまざまな形の中央集権から離れていく傾向にあります。企業は規模の縮小化に伴い、事業部門単位に分解され始めています。「動きの鈍い巨大戦艦よりも小さな魚雷艇の方が良い」ということです。

「人員削減」を経験した人々の多くは、雇われの身でいることは、自分で事業を経営しているよりももっとリスキーだということに気づき始めています。

「商品やサービスを売って収益を得る人」──という「起業家」の定義は、ここでは少し広義すぎると言えるでしょう。ほとんどの起業家にとって、その所有するビジネスは、大掛かりなサルの罠に過ぎません。まるでオーナー自身に仕事を提供する労働搾取工場です。彼らには、来たいときに来て、去りたいと

お金で成功する秘訣は、使った残りを貯金するのではなく、貯金した残りを使うことである。

きに去っていく自由はありません。彼らは、自身のワンマンビジネスに縛りつけられているのです。これでは、楽しいわけがありません。

あなたと私がここでつくり上げようとしているのは、もっとずっとパワフルなものです。私たちが求めているのは、一生型収入です。生涯にわたって続く、管理する必要のない収入の流れなのです。

私たちは、かの有名な漫画家、ギャリー・トゥルードーが自身の最終ゴールとしてかかげたものと同じものを目指しています。

「私がそこにいることを必要としないライフスタイルをつくること」

私たちは、自分が現場から離れていても得られる収入の流れを目指しているのです。家族経営の零細ビジネスや街角の食品雑貨店をやろうというのではありません。手にしたいのは、朝起きようが起きまいが、確実に入ってくる「上りのエスカレーター式収入」なのです。

この違いがわかりますか？　これは非常に重要な違いです。この目標を胸にしっかり刻んでスタートすれば、あなたは毎日目の前に飛び込んでくる何千というビジネスチャンスの中から、マネー・ツリー型収入に結びつくものを的確に見抜くことができるはずです。

新聞スタンドで売っているマネー・メイキングに関する雑誌を、どれでもいいから1冊開いてみてください。そこにはカーペットクリーニングから家具の修理、自動車装飾に至るまで、さまざまなビジネスの広告が載っています。きつい仕事です。現場にいることが要求されます。

確かに良い収入が得られるかもしれませんが、果たしてその収入は「それきり型」でしょうか、「一生型」でしょうか。言い換えるならば、「サルの罠型」でしょうか、「マネー・ツリー型」でしょうか。

あなたの努力は、将来その仕事をやめたあとも、一生収入をもたらし続けることになるでしょうか。もしそうでなければ、それは下りのエスカレーターを長い時間をかけて上らなければならないサルの罠型ビジネスです。それをマネー・ツリーに替える方法が思いつかないのであれば、すぐにでも他を探すことです。

第3章　マネー・ツリー・フォーミュラ　一生続く収入の流れをつくる方法

あなたはどのタイプの起業家ですか?

　起業家の中には、特殊な種類の人たちがいます——専門的かつ一生型で、マネー・ツリー型のビジネスを起こす起業家たちです。私は彼らを以下のように名付けました。

組織内起業家
組織外起業家
情報起業家
自動起業家

　あなたはおそらく、このカテゴリーのどれか1つ、場合によっては2つ以上に当てはまるはずです。以下の質問に答えることで、自分が属するタイプがわかります。

　・人の決定に影響を与えるのがうまいか?
　・人はあなたのアドバイスをよく聞くか?
　・あなたは人に何かをすすめるのが好きか?
　・自分が心から信頼している商品やサービスについて優秀なスポークスマンになることができるか?
　・自分のアイデアには他人がお金を出すだけの価値があると思うか?
　・ものを売るのは好きか?
　もしこれらの質問に対する答が肯定的なものなら、あなたは**「組織内起業家」**タイプでしょう。

　・あなたは自分をアーティストだと思うか?
　・ものをつくるのが好きか?
　・人を喜ばすのが好きか?
　・問題の解決策を考え出すのが得意か?
　もしそうなら、あなたはきっと**「組織外起業家」**として、もっとも才能を発

69

揮するでしょう。

・情報を整理したり、単純化したりするのが好きか？
・人に教えるのが好きか？
・複雑なことを簡単に説明することができるか？
・生活の質を向上させるのに貢献することは自分にとって大切なことか？
・自分のことを、問題の解決策を練り出すのが得意な、アイデア人間だと思うか？
・書くことが好きか？
・あなたは優れたコミュニケーターか？
・読むことが好きか？

　もしこれらの質問に対する答が肯定的なものなら、あなたは**「情報起業家」**にもっとも近いでしょう。

・あなたは倹約家か？
・手に入れられる利益は最後のひとしずくまで絞り出すのが好きか？
・寝ている間に自分のお金が増えていくのが好きか？
・数字の分析が好きか？
・取引をするのが好きか？
・お買い得品を探すのが好きか？
・何かを決めるとき、複数のものを比較対照して決めるのが上手か？
・人や資産をまとめるのがうまいか？
・悪い状況を改善するのが好きか？
・ものを所有するのが好きか？

　もしこれらの質問に対する答が肯定的なものなら、あなたは優れた**「自動起業家」**だと言えるでしょう。

電気を発見したのはベンジャミン・フランクリンだが、金を儲けたのはメーターを発明した人だ。

（アール・ウォーレン）

第３章　マネー・ツリー・フォーミュラ　一生続く収入の流れをつくる方法

組織内起業家のスキル＝影響を与える、説得する、導く

　組織内起業家は、企業内にとどまります。ただし従業員としてではなく、コンサルタントやコミッションベースのセールスマン、あるいは共同経営者としてです。チームプレイが好きな人には、これが理想的な選択でしょう。

・保険代理人は一生型の契約を得る
・証券業者は一生型の商品を売る
・ネットワークマーケッターは一生型のコミッションを得る
・企業のマネジャーはストックオプションを得る

組織外起業家のスキル＝クリエイティブである、人を楽しませる

・ソングライターは印税を得る
・俳優は出演料を得る
・ビジュアルアーティストは作品の使用料を得る
・ゲームクリエイターは著作権使用料を得る
・有名人は商品の推薦料として総利益から一定のパーセンテージを得る
・発明家は特許権使用料を得る

情報起業家のスキル＝組織する、単純化する、教える

　情報起業家は、情報を売ることによって収入を得ます。主な商品となるのは、データ、知識、技能、専門情報などです。あなたのアイデア、知識、経験が、キャッシュへと変わる分野です。

・私のような著作家は本やDVDの印税を得る
・マーケティングコンサルタントは収益あるいは総収入から一定のパーセンテージを得る
・フランチャイザーは販売権手数料を得る

71

・ソフトウエアクリエイターは著作権使用料を得る
・インターネットプロバイダーは広告収入と使用料を得る

自動起業家のスキル＝分析する、隠れた価値を見抜く、投資する

（友人の1人が言うような）「固くてかさばる物体」を売るビジネスをつくり出す従来の起業家とは違い、自動起業家は、あくせく働かなくても自動的にもたらされる収入の流れを手にすることを目指します。これについては、あとで詳しく掘り下げます。

・起業家はビジネス収益を生み出す
・定期預金の保有者は利子を得る
・投資家は配当金、利子、キャピタルゲインを得る
・メーリングリストのオーナーはレンタル料を得る
・年金制度の加入者は年金収入を得る
・ベンチャービジネスの共同経営者は収益から一定のパーセンテージを得る
・不動産の所有者は賃貸収入を得る

　あなたはこれから、従業員的考え方ではなく、マネー・ツリー起業家的考え方をしていく必要があります。以上のことをしっかり自覚していただいたうえで、次の章で「マネー・マウンテン」について学んでいきましょう。

第4章
経済的自由を生み出す山脈
3つの巨大なマネー・マウンテン

「我々は無限の可能性を秘めた章の第1ページの第1行である」

ラドヤード・キップリング

　経済的自由をもたらす3つの巨大な山（マウンテン）があります。3つの山はそれぞれ独自の特徴を持っています。そしてそれらは3つとも、あなたの将来の経済的成功にとって非常に重要なものです。この山脈全体へ投資することで、分散投資の安全性が得られると同時に、もっとも有効なマネー・メイキングのチャンスに常時アクセスしていることが可能になるのです。

　3つのマネー・マウンテンからは、それぞれ別々の収入の流れがあります。**図4-1**に描かれているように、収入の流れは全部で7本あります。目標は、各マネー・マウンテンから複数の流れをあなたの富の貯水池に注ぎ込ませることです。

　このあとに続く章で、経済的自由をもたらすこれらの水源の1つひとつにあなたを案内していきます。忘れないでください。これらの流れは、よくある普通の収入の流れではありません。それぞれの流れは、すべて第3章で学んだマネー・ツリー・フォーミュラを使って慎重に選び抜かれたものばかりです。あなたが求めているのは、1日24時間、寝ている間さえも止まることのない収入の流れです。

　これらの特別な流れを、パートタイムベースで、自宅にいながら、元手資金も従業員もほとんど、あるいはまったく必要とせずにつくり上げるシンプルで

上司が部下に電話した。「今日はどうして会社に来ないんだ？」部下は答える。「アメリカンエキスプレスのカードをなくしてしまって、それなしでは出かけられないんですよ」

確実なシステムを、のちほどじっくりと説明していきたいと思います。

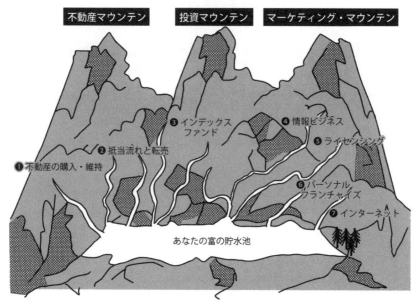

図4-1　経済的自由を生み出す山脈

さて、始める前に1つだけ忠告させてください。これら3つのマネー・マウンテンにはそれぞれ、何百ものマネー・メイキング・テクニックと何十ものマネー・メイキング・フォーミュラを用いた何千もの合法的ビジネス手法が含まれています。1つの山の手法を完全に習得するには、おそらく何年もかかるでしょう。

　本書の目的は、このマネー・マウンテン全体について百科事典的な知識を提供することではありません。あなたも、おそらく多くの人々同様、すでに洪水のように氾濫している情報にうんざりしていることでしょう。

　読まれないまま放置された『ウォールストリート・ジャーナル』紙の束、部屋の隅に積み重ねられたお金に関する雑誌、郵便受けをいっぱいにする資産運用の案内書類、データで溢れたものすごい数のウェブサイト、寝室のランプの

第4章　経済的自由を生み出す山脈　3つの巨大なマネー・マウンテン

横に積み重なった本、我こそはとかしましい大勢のファイナンシャル・アドバイザー。圧倒されても不思議ではありません。そして圧倒されると、人は何もしなくなるものです。昔から言うように、「混乱した頭は、いつもノーとしか言わない」のです。

圧倒されたときはいつでも、80/20の法則（パレートの法則）を思い出してください。「あなたの行うことのほんの20%が、結果の80%をもたらす」のです。

お金について100%知っている必要はありません。20%だけ知っていれば、80%の成果は手にできるのです。いくつかの重要な活動にポイントを絞ることで、格段に効果は上がります。あなたのゴールは、自信を持って、毎年少なくとも1つ、新しい収入の流れを確保していくことです。

そうすることで、周りのほとんどの人が情報に溺れたり怖じ気づいて何もできなくなっている間に、あなたは驚くべき成果を上げていくのです。

不動産マウンテン

まず最初に、不動産マウンテンを見てみましょう。

これは、あなたの生涯にわたる経済的自由獲得計画において非常に重要な要素となります。不動産で儲けることについて書かれた本は数限りなくあります。私も3冊書いています。3冊の本にはいずれも、不動産運用における戦略、テクニック、秘訣がたくさん書かれています。

率直に言って、知っていた方が良いことは多すぎるほどあります。私は不動産についてすでに何十年も勉強してきましたが、それでもすべてを知り尽くすことはないでしょう。

しかし、行動を起こすのに十分なだけの知識を得ることは、誰にでも可能です。どんな種類の不動産投資でも、結局20%の情報が80%の結果をもたらすという方式は同じだからです。では、不動産投資において重要となる要素とは何でしょうか？　それは以下の3つです。

1．見つける
2．資金を調達する
3．運用する

75

不動産投資で成功したければ、買い得の不動産を見つける方法、資金調達の方法、そして獲得した不動産の運用方法、言い換えれば、そこから収益を獲得する方法を知らなくてはなりません。

　あなたの街にも売りに出されている不動産は何千とあるはずです。しかしその99％は、まずお買い得かどうかを判断した時点で振り落とされます。次に、ねらった不動産を手に入れるための資金を調達しなくてはなりません。そして最後に、それを長期的に維持して収益を得るか、短期で利益を獲得するためすぐに転売するかを決定します。

　単純化しすぎているように聞こえるかもしれませんが、率直に言って、不動産投資の世界とはそういうものなのです。「見つける、資金を用意する、運用する」です。

投資マウンテン

　投資マウンテンについても、同じことが言えます。

　株式市場には何千を超える個別銘柄があり、市場で取引が行われています。ほぼ同じだけのミューチュアルファンド（さまざまな個別銘柄を選んで組み合わせたもの）が存在します。株でお金を儲ける方法は、気が遠くなるほどたくさんあります。ファンダメンタル分析を用いるべきか、テクニカル分析を用いるべきか。債券市場についてはどうだろう。さまざまな期間や金利の譲渡性預金は？

　これらは皆、毎営業日、刻一刻、アップデートされ、変わっていきます。すべてを知っておくことなんて不可能なことです！

　しかし、成果の80％をもたらす20％の情報を確保することは可能です。不動産と同じように、株式投資には基本方式があります。

　以下は、あなたが知っておくべきポイントです。

1．選別
2．買うタイミング
3．売るタイミング

多くのオプティミストが、ペシミストから株を買い上げて金持ちになっている。

第 4 章　経済的自由を生み出す山脈　３つの巨大なマネー・マウンテン

　シンプルでわかりやすいフィルターを使って、市場をふるいにかけ、１つ、２つの金塊を探し当てるのです。

　安価な（タダというのはどうでしょう？）道具のパワーを利用して、いつ買って、いつ売るべきかを正確に知ることができます。その結果に、きっとあなたは仰天するでしょう。

　本書を読み終えたとき、おそらくあなたは、市場の全体的なデータについては平均的な投資家ほど詳しくはないかもしれませんが、継続的に利益を上げるための重要なカギとなる知識はしっかり身につけているはずです。

マーケティング・マウンテン

　現在のあなたに最適のビジネスを選ぶにはどうしたら良いでしょうか？「うまい話」は山のように転がっています。まずはそれらをマネー・ツリー・フォーミュラで判断してみることです。そうすれば、失敗の可能性は格段に下がるでしょう。

　しかしそうしたあとでも、選択肢は依然として何百と残っています。そこで私がさらなる選定を行い、あなたのチョイスを４つの新興ビジネスフィールドに絞りました。いずれのフィールドも、無数のサクセスストーリーを生み出す可能性を秘めています。

　さあ、あなたも是非その１つをつくり出してください。

情報ビジネス
インターネット
パーソナルフランチャイズ
ライセンシング

　これらの背後にある基本的な活動は、いずれもマーケティングです。

　私がこれを「起業マウンテン」とか「在宅ビジネス・マウンテン」とは呼ばずに、大きな括りとしてあえてマーケティング・マウンテンと名付けたのはそのためです。

＄＄＄叩く場所はここだ！＄＄＄

　ある工場で機械が故障したため、専門家が修理に呼ばれた。専門家はほんの２、３分、故障の原因を調べたあと、ハンマーを取り出し、２回たたいた。すると機械は、すぐさま作動し始めた。彼は工場長のところへ行き、「500ドルいただきます」と言った。工場長は、ほんのちょっとの作業にそんな高額を請求されたことに怒り、請求の明細を出すよう要求した。翌日、明細付きの請求書が届けられた。それには次のように書かれていた。

ハンマーで叩く作業	＄　　1.00
叩くべき場所の選定	＄499.00
計	＄500.00

　売るものがアイデアであろうが、サービスであろうが、商品であろうが、マーケティングなしでは何も始まりません。マーケティングなしでは、たとえ最高傑作の本でも、倉庫の中でほこりに埋もれることになります。マーケティングなしでは、あなたのウェブサイトも地下室の隅に設置されたマルチメディアの掲示板に過ぎません。マーケティングという酸素がなくては、あなたのビジネスは最初から死んでいるのです。

　マーケティング・マウンテンでは、３つの重要なマーケティング活動を学びます。

1.ターゲットを見つける
2.餌を与える
3.生涯続かせる

　あなたはこれから、この３つの言葉が何を意味するか、自分の選んだビジネスにそれらをどう適用すればよいかを、具体的に学んでいきます。

　もう一度、**図4-1** を見てください。あなたはどのマネー・マウンテンを登りたいですか？　答はもちろん「全部」ですよね。ただし、３つの山はそれぞれ異なるため、当然、必要となるスキルもそれぞれに異なります（**表4-1**）。

突然の富が私にどういう影響を与えるかを調べる実験なら、どんなものでも喜んで実験台になろう。

（アシュレイ・ブリリアント）

第4章　経済的自由を生み出す山脈　3つの巨大なマネー・マウンテン

表4-1　マネー・マウンテンの基本原則

不動産マウンテン	投資マウンテン	マーケティング・マウンテン
「取引」がすべて！ 何を？	「タイミング」がすべて！ いつ？	「カスタマー」がすべて！ 誰に？
見つける	選別する	標的を定める （飢えた魚を見つける）
資金を用意する	買うタイミング	餌をまく （魅力的な餌をつくる）
運用する	売るタイミング	生涯飼い育てる （長期的な関係を築く）

　これらのスキルの中には、あなたがすでに持っているものもありますし、こ
れから磨いていかなければならないものもあるでしょう。では、どこから始め
れば良いのでしょうか？

　マネー・マウンテンの中のもっとも基礎的な山は、「投資マウンテン」です。
それが、あなたが最初に登るべき山です。さあ、行きましょう。私が、どこか
ら登れば良いかをお教えします。

79

第5章
株式市場で成功する
大バカ者のための投資法

*「博打はするな。蓄えのすべてを使って良い株を買い、上がるまで待って
から売れ。もし上がらなかったら、そんな株は買うな」*

ウィル・ロジャース

　第2章で、経済的な成功を収めている人たちの7つのスキルをお話しました。
最初の3つは、（1）**価値を知る**（2）**コントロールする**（3）**蓄える**　です。
　この章では、4つ目のスキルを学びます。
　それは、**「投資する」**です。
　この「投資する」は、5つ目のスキル「稼ぐ」とは大きく異なる行為です。
なぜなら投資とは、どちらかというと受け身のプロセスだからです。商品やサー
ビスを能動的に買ったり売ったりする作業ではありません。それは単に、株、
債券、オプション、譲渡可能ＣＤといった金融商品を売買するという行為です。
　いわゆる一般的な意味での〝ビジネス〟を運営しなくても、優秀な投資家に
なることはできます。また、人を相手に交渉したりする必要もありません。あ
なたは匿名のままでいられます。コンピュータのスクリーンの前に座ったまま、
すべてを行うことができるのです。
　投資はほんの数分でできることですが、その結果は長い時間をかけて蓄積さ
れ、増幅していきます。
　この非常に重要なスキルを、私は「投資マウンテン」として、マネー山脈の
一角に据えました。投資マウンテンが受動的な活動だとすると、他の2つのマ
ネー・マウンテン（「不動産」と「マーケティング」）は明らかに能動的な活動

第５章　株式市場で成功する　大バカ者のための投資法

です。それらは、「創造の山」と言っていいでしょう。それらは、流れを引き起こすために、数カ月、あるいは数年にわたる積極的な活動を必要とします。交渉、説得、マーケティングなど、人との接触も必要となります。（これらのマウンテンについては、またのちほど。まずは、投資マウンテンの制覇に取りかかりましょう）。

　まず、あなたが「貯水池のモデル」通りに、３カ月分の緊急用キャッシュをもしものときのための口座にきちんと確保していると仮定しましょう。そして収入の10％は、投資用の溜め池にコンスタントに流れ込んでいます。

　さあ、市場へ乗り込む準備は整いました！

　まずは、世界の金融市場の神話と現実を見ていきましょう。第４章でお話ししたように、株もミューチュアルファンドも何千という数に上ります。さらに、これらの投資手段のデータは、毎営業日、刻一刻と変わっていきます。

　すべてを知ることはとうてい不可能です。だから努力するまでもありません。気の遠くなるような膨大な量のデータについては、いっさい気にしないでください。例の３つのシンプルなポイントだけに集中しましょう。

「選別」
「買うタイミング」
「売るタイミング」

　この３つのポイントは、あなたに３つの重要な質問を投げかけてきます。株式市場で大きな成功を収めるためには、それらに的確に答えなくてはなりません。

質　問
「どの株を買えば良いか？」　　（良い株の選別）
「いつそれを買えば良いか？」　（買うタイミング）
「いつそれを売れば良いか？」　（売るタイミング）

　この章では、それらの質問に１つひとつ答えていきます。この章を読み終えたとき、あなたは株式市場で成功をつかむべく、自信を持って歩み始めている

やってみないかぎり、成功も１００％あり得ない。

（ウェイン・グレツキー）

81

ことでしょう。

　しかしその前に、まずはあなたの幻想をくじいておきましょう。

　ここでは、「市場に勝つ」方法を学ぶのではありません。「市場に勝つ」とはつまり、「ニューヨーク・ダウ」（アメリカの代表的な30社の株価指数）や「S&P 500」（アメリカの代表的なETF）、「日経225」（日経平均株価）などの、投資の世界における伝統的な指標のパフォーマンスを大きく上回る株や、ミューチュアルファンドを選び当てるということです。

　ニュースを聞いていると、よくこんなセリフを耳にすることでしょう。
「ダウが100ポイント上昇」
「S&P 500は今日、5ポイント下がった」
「株価はまちまちの展開」
「ここ数週間、日経225は下げが続いている」などなど。

　これらの指標には、いったいどんな意味があるのでしょうか？　なぜそんなに気にしなければならないのでしょうか？

「ニューヨーク・ダウ」は、ニューヨーク証券取引所等で扱われる上位30社（P&G、ウォルマート、ディズニーなど）の株価の平均を出したものです。これはよく、1万銘柄を超える市場全体の平均株価を表しているものと誤解されています。

「S&P 500」とは、3つの証券取引所すべてで扱われる上位500社の株価の平均です。S&P 500は、市場全体をもう少し広くとらえたものに過ぎません。市場全体の価値の約75%に相当する会社を対象にしています。

　日経225は、日本における代表的な会社225社の合計です。私は個人的にはニューヨーク・ダウとS&P 500を選択しています

　ニューヨーク・ダウやS&P 500、日経225などのようにいくつもの会社を集めて指数としたインデックスを取引することが可能です。

　世界中のもっとも優秀なファンドマネジャーたちの75%が実は市場における個々の株式投資において継続的に勝ち続けることが出来ていないのです。

　そして残りの25%のうちほとんどが、なんとか市場のペースに食らいついていっているといった状態にあります。

　手数料を引いたら、インデックスよりも悪いパフォーマンスになることが多

82

第 5 章　株式市場で成功する　大バカ者のための投資法

いのです。文字通りほんの一握りの人たちだけが、市場で大きな利益を出しているということになります。

　しかし、毎年毎年、そのような離れ業をやってのけるのは、ウォーレン・バフェットのような一握りの天才だけなのです。

　以下は常に賢明なる投資家であるウォーレン・バフェットのアドバイスです。

　S&P 500 のインデックスファンドを選ぶことで、実質的に手数料の費用のかからない投資となるこの方法が、ほとんどの資産運用のプロよりも優れた成績を収め、こうした方針を取ることにより、あなた方は敬意を払われたうえに、金銭面での見返りも厚遇されると確信しています。

　その秘密は正しい会社を選ぶことではなく、本質的には S&P 500 を通じてすべての大企業を買収し、それを一貫して行い、低コストのインデックスファンドを使えば目標を達成できます。

　歴史を振り返っても、何百万人という挑戦者のうち、ほんの少数のスーパースターだけが、この「市場」という虎を手なずけることに成功したのです。だからこそ、彼らはあれほど有名（そして金持ち）なのです。あなたや私のような平凡な頭脳の持ち主には、最高の中の最高とでもいうべきそうした連中をしのぐことなど無理な話です。そんな考えは早いところ捨ててしまいましょう。そうすれば、いくつもの眠れない夜を過ごしたり、高い投資顧問料を支払ったり、何時間もかけて退屈な株価表とのにらめっこをしたり、株式ニュースレターを 1 つひとつチェックしたりといったことを、すべてしなくて済みます。

　なかには、市場に打ち勝つ才能あふれた、ラッキーな人もいるかもしれません。しかし、あなたや私にとって、その可能性は宝くじに当たる確率に等しいものでしょう。

　もう一度言います。市場に勝つことはできません。そうした夢は、始める前にあきらめることです。

　ただし、注意していただきたいのは、私は市場でお金を稼ぐことはできないとはひと言も言っていないということです。

　それどころか、実際、市場では莫大なお金を稼ぐことが可能です。長期的には、一生のうちに100万ドル、200万ドルというエキストラ・マネーを稼ぐためのもっとも確実な方法だということができるでしょう。

自分の収入の中だけで生活することだ。たとえそのために借金しなくてはならないとしても。

（ジョシュ・ビリングス）

勝利への道

　これから株式市場で勝利を収める方法をお教えしたいと思います。それは、大ばか者のやり方です。不精なアプローチです。もっともシンプルな方法です。
　皮肉なことに、それが最善の方法なのです。
　図5-1を見てください。このグラフは、過去30年間の市場の動きを示しています。コンスタントに勝利を手にし続けるために知っておくべきことは、すべてそこに表れています。このグラフから、3つの鉄則を導き出すことができます。

鉄則①：長期にわたって投資するほど、リスクは小さくなる

　グラフの中で、谷になっているところに注目してください。たとえば、2008年のような大幅な値下がりの直前の高値時に、相続財産のすべてを株に投入したとします。過去の動きから見て、やがて嵐が収まることは明らかですが、まあ、嵐のさなかにあるときは、なかなかそうは感じられないものです。

図5-1　1988年1月1日の株価を100とした場合の過去30年間のS&P500とニューヨーク・ダウの推移

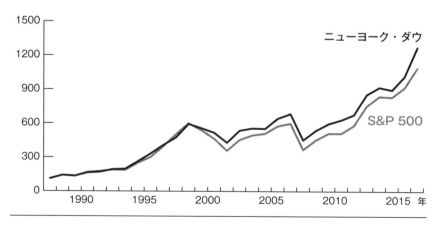

第5章　株式市場で成功する　大バカ者のための投資法

　最善の戦略は、マストにしっかりと体を縛りつけて、強風を耐え抜くことです。そうすれば、株価は再び上昇し始めます。長期間どっしりと腰を据えて構えてさえいれば、必ず勝利を手にすることができるのです。

　この流れは将来も続くのでしょうか？　それは誰にもわかりません。

　最悪の場合、世界中が二度と這い上がれないような暴落が起こるかもしれません（血みどろの前世紀が乗り越えてきたさまざまな試練を思えば、ばかげた考えですが）。

　あるいは、市場が息切れし、10年ほど停滞するかもしれません。この方が、より現実的な可能性として考えられます。しかし、もしそうだとしても、十分に長期的な視野で構えていれば、事態は必ず好転し、さらに向上し続けていくことでしょう。

　図5-1のグラフはまた、投資期間が短いほど、リスクが大きくなることを示しています。株式市場に投資して間もなく、状況が悪化し始めたとしましょう。すっかり怖じ気づいたあなたは、株を持ち続ける代わりに、たった1年で売ってしまいます。

　それは、一番もったいない行動です。

　1988年から2017年まで30年間のニューヨーク・ダウおよび、S&P 500の表を見てみましょう。

表5-1　ニューヨーク・ダウおよびS&P 500の過去30年間のデータ

ニューヨーク・ダウ				S&P500			
1988	11.85%	2003	25.32%	1988	12.40%	2003	26.38%
1989	26.96%	2004	3.15%	1989	27.25%	2004	8.99%
1990	−4.34%	2005	−0.61%	1990	−6.56%	2005	3.00%
1991	20.32%	2006	16.29%	1991	26.31%	2006	13.62%
1992	4.17%	2007	6.43%	1992	4.46%	2007	3.53%
1993	13.72%	2008	−33.84%	1993	7.06%	2008	−38.49%
1994	2.14%	2009	18.82%	1994	−1.54%	2009	23.45%
1995	33.45%	2010	11.02%	1995	34.11%	2010	12.78%
1996	26.01%	2011	5.53%	1996	20.26%	2011	0.00%
1997	22.64%	2012	7.26%	1997	31.01%	2012	13.41%
1998	16.10%	2013	26.50%	1998	26.67%	2013	29.60%
1999	25.22%	2014	7.52%	1999	19.53%	2014	11.39%
2000	-6.18%	2015	−2.23%	2000	−10.14%	2015	−0.73%
2001	−7.10%	2016	13.42%	2001	−13.04%	2016	10.05%
2002	−16.76%	2017	25.08%	2002	−23.37%	2017	18.87%

※年末終値を基準とした対前年増減率。

85

現時点から見れば、ほとんどいつ買っても利益になっていることがわかります。

　この表のような右肩上りの相場が今後も続いていくとすれば10年15年20年と長期間株を持ち続ければ、損失を出す確率がどんどん減っていくことになります。

　短期で売り買いを繰り返すと、多くの人は大衆心理となり、天井で買って底で売ることになり、右肩上りの相場であっても、損失となってしまうのです。

　あなたはリスクを伴わずに投資をしたいですか？

　もしそうなら、今日あなたができるもっとも重要な決断は、株式市場に参入して、そこに最低でも25年間「とどまる」ことです。そう決めたら心にカギをかけ、そのカギを捨ててしまいましょう。史上もっとも優れた株の専門家、ウォーレン・バフェットのアドバイスに耳を傾けてみてください。

「私が一番好きな投資期間は、……永遠です」

　だからこそバフェットは億万長者で、あなたの株式仲介人はただのブローカーなのです。

　株式市場に投資を考えている初心者投資家にとって非常に重要な3つの問のうちの1つに対する答が、今出されました。

問題「いつ売るべきか？」
ドロロロロ（ドラムロール）……ドン！
答！「今から10～25年後です！」

　長期的に行う気持ちがないのであれば、最初から株式投資など始めないことです。そして、いざ老後を迎えたときに手にできるお金がまったくないということを、覚悟するしかありません。

鉄則②：打ち負かすことができないなら、仲間になれ

　この10年間で、プロの運営による6,000以上のミューチュアルファンドのうち、S&P 500の10年間のパフォーマンスを上回るリターン（手数料引き後）を達成しているのは、わずか20ほどのファンドです。それらは敬意を持って

第 5 章　株式市場で成功する　大バカ者のための投資法

インデックスファンド	プロ運用のミューチュアルファンド
販売手数料が低い（0.2%）	販売手数料が高い（2.0%以上）
ポートフォリオの入れ替え率が低い	ポートフォリオの入れ替え率が高い
取引手数料が低い	取引手数料が高い
税金が低い	税金が高い

紹介するに値するものです（ただし、この先もそうだという保証はありません）。

　私がこうした好成績銘柄のリストを挙げるたびに、人々は沸き立ちます。しかし、ここでの教訓は、レースを引っぱる上位20匹のウサギにお金をかけろ、というものではありません。

　教訓は、「残り5,980匹のウサギは、全力で走っているにもかかわらず、ノロマなカメを追い越すことができないでいる」ということです。6,000匹の中から良いウサギを選び出そうとするより、頭を使わずただ単純にカメにかけた方がよほど確実です。株式市場において、この「カメ」が意味するものは何でしょうか……。

　それはS&P 500です。

「インデックスファンド」という言葉を聞いたことがあるでしょう。もっとも人気のあるインデックスファンドの1つが、S&P 500が対象としている500の銘柄すべてで構成された特別なミューチュアルファンドです。

　なんてすばらしいアイデアでしょう。「市場に勝つことができないなら、市場全体を買ってしまえ」ということです。

　長期的に見ていれば、必ずや市場全体は上がり続けていくはずです。インデックスファンドに投資することは、プロ運用の通常のミューチュアルファンドに比べて、実に多くの利点があります。

　一般的な素人投資家にとって無難な方法は、2つか3つ慎重に選んだインデックスファンドを買って、そのまま放っておくことです。

　これで3つの重要な問いのうちの、もう1つの問いに対する答が出ました。

───────────────────────────────

　「ファンドマネジャーたちはどうしてS&P 500に勝てないのかって？やつらは臆病な羊で、羊ってのは、皆潰されることになってるからさ」

　映画『ウォール街』でマイケル・ダグラス扮するゴードン・ゲッコーが言った台詞。

87

問題「どの株を買うべきか？」

ドロロロロ（ドラムロール）……ドン！
答！「すべて！」

表5-2　トップ・インデックスファンド

ETF名	証券コード	リターン
バンガード・S＆P 500ETF	VOO	12.73%
シェアーズ コア S&P 500	IVV	12.72%
SPDR S&P 500ETF	SPY	12.65%
バンガード・トータル・ストック・マーケット ETF	VTI	12.55%
バンガード 米国高配当株式 ETF	VYM	11.29%
バンガード・トータル・ワールド・ストック ETF	VT	9.26%
シェアーズ・コア 米国高配当株 ETF	HDV	8.42%
バンガード・FTSE・エマージング・マーケッツ ETF	VWO	4.36%
シェアーズ 米国優先株式 ETF	PFF	5.31%
バンガード・米国トータル債券市場 ETF	BND	1.70%

証券会社リスト	
企業名	ウェブサイト
野村證券	http://www.nomura.co.jp/retail/etf/fetf/lineup/america.html
楽天証券	https://www.rakuten-sec.co.jp/web/foreign/etf/
SMBC 日興証券	http://www.smbcnikko.co.jp/products/stock/etf/foreign/index.html
みずほ証券	https://www.mizuho-sc.com/product/stock/etf/kaigai_list.html
マネックス証券	https://info.monex.co.jp/us-stock/etf.html

※データはマネックス証券の保有口座数（海外 ETF）ランキングを参考にしています。

第5章　株式市場で成功する　大バカ者のための投資法

口座開設に必要なもの

自身のEメールアドレス
出金用の金融機関口座番号
本人確認書類・印鑑（マイナンバー含む）

ネット口座、店舗口座ともリサーチのうえ、自己責任による選択が必要

　市場に出ている株すべてで構成されたインデックスファンドを買いましょう。**表5-2**にいくつかのインデックスファンドが紹介されています。

　この方法なら、あなたは大多数のファンドマネジャーと同じぐらい、あるいはそれ以上の成績を上げることができるでしょう。どの株をいつ買うべきかで何カ月も悩む必要はありません。表の中から1つ選んで、10年から25年ただ放っておけばいいのです。

　さて、最後にこの問いが残りました。「いつ買うべきか？」です。

　図5-1をもう一度見てみましょう。答は明らかです。「今すぐに！」

鉄則③：買うのが早ければ早いほど、より金持ちになる

　買うのが早ければ早いほど、投資期間が長くなります。毎月の貯金の50%をインデックスファンドに回します。これを毎月欠かさず、一生続けていくのです。

　もしこれを続けていけば、本書で紹介する他の方法をいっさいやらなくても、富の水門はやがて扉を開くことになるでしょう。

　万一、「ウサギ的」短期戦略のすべてが失敗に終わったとしても、この「カメ」作戦はゆっくりと着実に、豊かな未来へとあなたを導いていくのです。

　あなたがごく普通の人であれば、寝かせたままの大金など持ってはいないでしょう。必然的に、支払方法は積立型にならざるを得ません。しかし、毎月一定額を長期にわたって積み立てていくことで、実際のところ、あなたは「ドルコスト平均法」という洗練された戦略を実行していることになります。**図5-2**

89

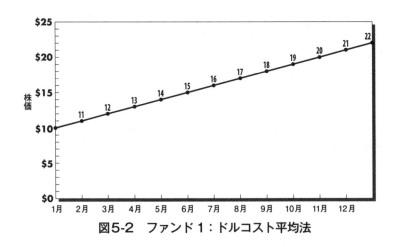

図5-2　ファンド1：ドルコスト平均法

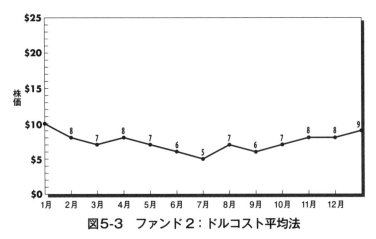

図5-3　ファンド2：ドルコスト平均法

と**図5-3**を見てください。どちらのミューチュアルファンドの方がマネー・メイキングの手段としてより優れていると思いますか。

　ファンド2はファンド1を大きく上回るパフォーマンスをしています。どうしてそう言えるのでしょうか。一見、そうは見えません。ですが答は簡単です。価格が下がると、定額100ドルの投資で購入できる口数は多くなります。価格

第5章　株式市場で成功する　大バカ者のための投資法

表5-3　1年後の状況※

	ファンド1	ファンド2
投資総額	$1,200	$1,200
購入総口数	71.3	160.09
単価	$22	$9.0
時価	$1,426	$1,521.81
リターン率	18.83%	26.81%

※毎月100ドルずつ12カ月間継続投資した場合。

が年頭の水準に回復しないまま終わっても、価格が低いときに買われた口数の
おかげで、ポートフォリオのトータルな価値は大幅に上がっているのです。

　これはもちろん、仮定に過ぎません。しかし、やがて回復すると見込まれる
場合、株価の下落にも価値があることが、ここにはっきり見てとれると思いま
す。むしろドルコスト平均法では、ときどき株価が下がってくれた方が良いの
です。なにしろ、より安価でより多くの口数を買うことができるわけですから。

　長期的な投資ビジョンで見た場合、一時的な株価の値下がりはポジティブな
要素となるのです。

　ドルコスト平均法は、そのファンドを買い続けたときのみ、特に市場が低迷
しているときにもがまんして買い続け、再び価格が上がるときまで持ち続けて
こそ、効果を発揮します。株価が下がっているときに買うのをやめてしまうと、
状況が上向いたときに、その利益を手にできなくなってしまいます。

　ドルコスト平均法の最大の利点は、いつ買うべきかは問題ではないというこ
とです。すなわち「マーケット・タイミング」をまったく考慮する必要がない
のです。

　さて、その「マーケット・タイミング」とは何でしょうか？

　もしあなたがとても頭の切れる人（あるいは時間がたっぷりある人）だった
ら、市場の最高値と最安値を予想してみることができるでしょう。市場が最高
値に達して再び下がり始める寸前のピーク時に、株を売ってリスクフリーの預
金口座に預けます。そして市場が底を打って反発し始めたら、そのときこそご
っそり株を買うときです。簡単に聞こえますが、これをやってのける投資家は、

成功の80％は、人を出し抜いた結果だ。

（ウディ・アレン）

91

ほんの一握りに過ぎません。

　ドルコスト平均法を利用すれば、あなたは別に頭の切れる人である必要はありません。たとえ大ばか者でも、勝利を手にすることができます。ただ毎月、毎月、買い続ければいいのです。良いときも、悪いときも、買い続けるのです。新聞の見出しが何と言っていようが、耳を貸す必要はありません。TVの専門家の意見も無視します。ある銘柄がその日、3倍になったと聞いても、うらやましがる必要はありません。多くの投資家がその同じ日に3分の2も下落した銘柄を買っているのです。

　あなたはただ、よそ見をせず、何も気にせずに、それまでやってきたことをこれからもやり続ければ良いのです。ひたすら買い続けるのです。買い続けていくことでもたらされる平均購入価格は、やがてすばらしい長期的平均リターンに結び付いていくのです。

　これはもちろん、過去50年の株式市場における年率11％の値上がりが、今後50年間も続くという仮定のうえでの話です。だから、必ずしも絶対確実な賭けではありません。自分にとって安全な賭けかどうかを、あなた自身で判断してください。

　さあここで、これまで学んだことを復習してみましょう。

■あなたの投資プログラムをただちに開始すること
■株式市場に投資するときは、インデックスファンドがもっとも
　安全で簡単な方法である
■ドルコスト平均法は、便利で賢い方法である
■長期投資は、短期投資に比べてはるかにリスクが低い

■究極の長期投資iDeCo（イデコ）

　株式のインデックスを毎月一定額、長期に購入することが最善であるわけですが、日本では最近iDeCo（イデコ）という個人年金商品が売り出されました。これは究極の長期投資と言える内容です。

第 5 章　株式市場で成功する　大バカ者のための投資法

iDeCo は個人型の確定拠出年金でありアメリカでは 401K と呼ばれるものです。

毎月、掛金額は 5,000 円以上、1,000 円単位での設定が可能で、自分で運用方法を選び、掛金と運用益との合計額を 60 歳以上になってたら給付を受けるという仕組みです。

一番の特徴は掛金全額を所得控除できるということです。

さらに給付を受け取るときにも税制上の優遇措置が講じられています。

また、運用先は毎月選択することができるので、インデックス投資を選択し続けることが可能です。所得控除されることから、節税効果分、実質の運用のパフォーマンスを向上させることが可能です。デメリットは 60 歳まで引き出せないということですが、強制的に長期投資をすることになるという意味ではむしろメリットといえます。

iDeCo（イデコ）は、証券会社各社で扱っていますので、調べてみてください。

■純金積立

金（ゴールド）も長期投資に向いていると考えられます。

毎月、現物や ETF を買うのは面倒な人は、純金積み立てが向いています。

純金積立とは、毎月一定額の金額を積み立てて、少しずつ金を購入する金投資の手法の 1 つです。

何社か積み立てを扱っている会社はありますが、田中貴金属工業の純金積立が安心感があります。最低、毎月 1,000 円から 1,000 円単位で積み立てが可能です。

毎月決まった金額が口座から引き落とされ、その分だけ金を購入していくことができます。

保管は自宅でするのではなく、田中貴金属工業の金庫に保管されます。

田中貴金属工業の積み立ては、毎月の積立金額をさらに営業日数で日割りして、毎日少しずつ購入していく「ドルコスト平均法」を採用しています。

毎月特定の日の価格というわけではなく、毎日の価格で、価格の高い日には少なく、価格の低い日に多く買うことで購入単価を下げることが可能です。

93

S&P 500指数／またはニューヨーク・ダウ指数、および金と多様化すること
により、長期投資はリスクを回避し、将来の繁栄の可能性を高めます。

　これまで述べてきたように、株式市場は正しい指針を持てば、強力な投資手
段です。株式市場投資のための新しくてエキサイティングな戦略が絶えず生み
出されています。 www.millionaireclub.jp にアクセスすると、株式市場で富を
生み出すための最新かつ有益な戦略に関する特別レポートを無料ダウンロード
できます。

効率的市場派の本	市場に勝てる派の本
『A RANDOM WALK DOWN Wall Street』 BURTON G. MMALKIEL (New York: W.W. Norton & Co., 1999) 『COMMON ENSE on MUTUAL FUNDS』 ※2 John C. Bogle (New York: John Wiley & Sons, 1999)	『ONE UP ON Wall Street』 ※1 Peter Lynch and John Rothchild (New York: Simon & Schuster, 1994) 『BUFFETTOLOGY』 ※3 Mary Buffett (New York: Fireside, 1997)

※１　邦版タイトル『ピーター・リンチの株で勝つ』（ダイヤモンド社）
※２　邦版タイトル『インデックス・ファンドの時代』（東洋経済新報社）
※３　邦版タイトル『億万長者をめざすバフェットの銘柄選択術』（日本経済新聞社）

第6章

不動産で大きく稼ぐ
頭金なしでもできる大富豪への道

「偉業を達成した男たちは、突然の跳躍でその高みに到達したわけではない。それは、仲間が夜眠っている間に、懸命に上を目指して努力した結果である」

ヘンリー・ワズワース・ロングフェロー

　ラッセル・H・コンウェルの有名な物語『Acres of Diamonds』をご存じですか？　ダイヤモンド鉱床を手に入れることを夢見た1人の男が、自分の農場を売り払い、空しい探求の旅に出る……という話です。

　彼の農場を買った男が母屋の裏の小川の底に、光り輝く石を発見します。そう、それはダイヤモンドでした。こうして、かの有名なダイヤモンド鉱床は発見され、ヨーロッパのさまざまな戴冠用の宝石がここから採掘されていくことになります。皮肉にもその農場は、ダイヤモンド鉱山の真上に位置していたのでした！

　これは実話なのです。

　私たちの多くは、ダイヤモンドを求めて旅に出ていった男と似ているのかもしれません。私たちは、終わることのないマネー・メイキングのもくろみの中で、時間も、お金も、エネルギーも無駄にしているのです。富の偉大な源泉がすぐ足元にあるのに気づきもせずに……。

　それが何のことかわかりますか？

　そう、不動産です！

　第2章で、私は7つの重要なマネー・スキルをご紹介しました。

　　①価値を知る　　②コントロールする　　③蓄える　　④投資する

⑤稼ぐ　　⑥守る　　⑦分かち合う

前章で、私たちは第4のマネー・スキル、「投資する」を学びました。

ここからは、より積極的な第5のマネー・スキル、「稼ぐ」を見ていきます。

まとまったお金を稼ぐためのもっとも有効な方法の1つが不動産であることは、誰もが知っていることでしょう。長期的展望で見たとき、ほとんどの人にとって、定年退職時に手にしているもっとも大きな資産は「自分たちの持ち家」です。

図6-1は、日本の中級レベルの住宅価格が過去31年間でどのように変化したかを示すものです。しかし、たとえ不動産の価格が上昇を続けなくても、私が市場価格をはるかに下回る値段で不動産を購入するテクニックをお教えしますので、あなたの町の不動産が今後値上がりするかどうかを心配する必要はありません。

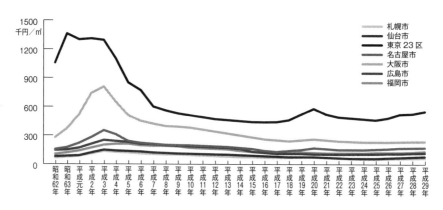

図6-1　過去31年間の住宅価格の推移

この章では、次のことを学びます。

不動産で大きく稼ぐために押さえておくべき基本概念は、以下の3つのポイントに集約されます。

1．見つける　　2．資金を調達する　　3．運用する

第6章　不動産で大きく稼ぐ　頭金なしでもできる大富豪への道

　もし、あなたが本屋の不動産書籍コーナーに行ったとしたら、実に難解で複雑そうな不動産関連書籍の多さに圧倒されてしまうでしょう。しかし、不動産でお金を稼ぐうえで押さえるべきポイントは、この3つに集約されるのです。詳しくは、のちほど丁寧に解説していきますが、実にシンプルなものですから安心して読み進めてください。

　たいへん重要なエッセンスですので、繰り返します。
● 「見つける」Find it
● 「資金を集める」Fund it
● 「運用する」Flip or Farm

　この3つのポイントが肝です。少しだけ補足すると、「運用する」Flip or Farm とは、すなわち、転売 (Flip) または、賃貸 (Farm) のことで、不動産における主な利益戦略を示します。

■頭金がほとんどない、あるいはゼロの状態から不動産で富を築くにはどうすれば良いか
■超格安不動産を見つける9つの方法
■頭金ゼロを可能にする5つのテクニック

　まずは、頭金がほとんど、あるいはまったくないのに、本当に不動産で利益を上げることなどできるのだろうか……と懐疑的になっている読者のために、ちょっとしたお話をしましょう。
　私の最初のベストセラー『NOTHING DOWN』が出版されてから、かれこれ40年近く、私は頭金なし、あるいはほとんどなしで不動産を購入したという何千人もの人々と話をしてきました。
　しかし、不動産業界の人々（ローン会社、銀行、不動産会社など）に「頭金なしで不動産を買うことは可能だと思いますか？」と尋ねると、彼らプロたちはたいてい「そんなのは深夜のインフォマーシャル（TVショッピング）が吹聴している作り話に過ぎないよ」と答えるのです。そうした頭金なしの取引が世界のあらゆる主要都市で毎日のように行われていることは、販売記録を調べ

97

れば、一目瞭然であるにもかかわらず、です。

　今この段階では、その万能性や威力においては、不動産に代わる投資法は他にない、ということだけ、読者の方に理解していただければ十分です。不動産を買うのに最適な時は……今日です。そしてそれは、今後しばらく変わることはないでしょう。あなたの家、マンション、アパートはあなたの城であるだけでなく、あなたの銀行であり、キャッシュマシンであり、強制的な定期預金口座であり、早期の退職と夢のライフスタイルへ続く一本道でもあるのです。

　自分の家を持つことは、あなたの帝国を築くための最初の一歩となります。それは、あなたにとって、もっとも大きく、もっとも重要な、最初の投資となることでしょう。

　しかし、私がここで言おうとしているのは、高い頭金、苦労の多い銀行からの資金調達、不愉快な信用調査が必要な従来の不動産購入ではありません。「ロバート・アレン式不動産購入法」なのです。現金と信用のかわりに独創性を、財力のかわりに柔軟性を活用する術を学んでいきましょう。

　もちろん、明日すぐに夢のマイホームに引っ越すというわけにはいきません。いくつかの家を住み替えながら、それぞれにおいて利益を上げ、増えていく資産でより大きな不動産を手に入れていくのです。やがて、不動産譲渡証書を手に（もちろんすべて現金で払います）、夢のマイホームへと帰路につく日が来るまで……。

　繁栄の列車が通りすぎるのをただ見ているだけではだめです。まずは最後尾に飛び乗って、ファーストクラス車両へと歩いていきましょう。

　頭金ゼロ方式は、独創的なテクニックを用いるシステムであるだけでなく、１つの姿勢、ものの考え方でもあります。私たちの誰にでも備わる、創造性豊かな精神を信じることです。不動産を所有したければ、それを実現する方法はあるのです。誰かの否定的な意見に耳を傾けさえしなければ！

　クリエイティブな不動産投資の基本原理はこれです。

「大多数の売り手が価格や条件について融通が利かない一方で、ごく一部の売り手は売ることに非常に高いモチベーションを持っている」

Ｗ・Ｃ・フィールズは、友人に「金を貸してほしい」と言われてこう答えた。「私の弁護士が何て言うか聞いてみるよ。もしイエスと言ったら、別の弁護士を雇うことにする」

第6章　不動産で大きく稼ぐ　頭金なしでもできる大富豪への道

　私はそうした高いモチベーションを持った売り手を「いらない族（Don't-Wanters）」と呼んでいます。彼らには、自分たちの不動産がむしろじゃまなのです。そして、それを手放すためには一見無謀なことでもやってのけます。

　クリエイティブな不動産購入を行う秘訣は、そんな「いらない族」を見つけることです。物件をどうしても手放したがっている１％の売り手たちを見つけるのです。融通の利かない他の99％の売り手たちによって、やる気をくじかれないようにしてください。そのプロセスは、単なる格安物件ハントではありません。まずは適切な売り手を見つけて、それからその物件がお買い得かどうかを判断するのです。

　このプロセスは、非常に重要な３つの活動で構成されています。

　１．見つける　　　　２．資金を調達する　　　　３．運用する

重要な活動その１　見つける
（高いモチベーションを持った売り手を見つける方法）

　何としても物件を売りたいと思わせる要因にはどんなものがあるのでしょうか？

　理由を挙げてみましょう。

・離婚（両者が手放すケース）
・建物の老朽化──大規模な修繕が必要
・負のキャッシュフロー
・移転（引っ越し）
・間違った運用方法
・支払いの延滞
・場所の悪さ（誰か亡くなったりするケース）
・税金
・遺産（死亡による）
・定年退職に伴う移動等
・近隣物件との競争

99

・地域外オーナー（距離）

・神経症的恐怖心（経済的影響による）

・借金

・家族からの反対

・投資原理および市場の状態に対する無知

・時間的制約

・投資用資金捻出の必要性（別の投資のために資金が必要）

・共同経営の物件管理に問題が起きた場合

・賃貸経営が面倒になった場合（老齢化）

・ステータスシンボル（中古より新築）

・中古物件への変換

・病気

・地震保険や修繕費用の過多

　このリストを見ればわかるように、売りたい理由の大半は売り手の個人的な問題にあり、物件そのものの問題というのは少数です。あなたの目標は、個人的な問題を抱えた売主が所有するすばらしい物件を見つけることです。あなたは、売り手の個人的な問題をクリエイティブな方法で解決するお手伝いをするのです。その際、その解決法があなたに高額な頭金を要求しないものであれば理想的、というわけです。

　では、個人的な問題を抱えた人はどのぐらいいるものでしょうか？　例えばロサンゼルスのような大都市を例にとってみましょう。

　ロサンゼルスを囲む4つの主要な郡には、100万を優に超える数の物件があります。約4万人のオーナーたちが、毎年、ローンの返済が滞って、ローン会社から抵当流れを示唆する警告状を受け取っています。そして約5,000件の物件が実際に抵当流れになり、それよりずっと多くの物件が、抵当流れになる前に破格の値段で売られているのです。

　しかもこれは、融通の利く売り手の一部に過ぎません。毎年約7万人がロサンゼルスから出ていきます。彼らの多くは家を所有しており、すでに売ったか、いまだ買い手を探しているかのどちらかなのです。毎年、離婚する夫婦は約5万組、破産件数は1万件、そして死亡する人は7万5000人です。言い換え

第6章　不動産で大きく稼ぐ　頭金なしでもできる大富豪への道

れば、探す場所さえ決まっていれば、チャンスはたくさんあるということです。

　ここで倫理の話を少し。こんなふうに他人のさまざまな不幸ばかりをリストアップすれば、読者の中には人の不幸につけ込むなんていやだと思う方もいるかもしれません……。ところが実際は、その逆なのです。この人たちは、あなたを必要としているのです。彼らは、もうその不動産を必要としていないのです。彼らにとっては、その不動産は今や重荷となっています。いわば頭痛の種なのです。彼らは一刻も早くそれを手放すために、あなたの助けを必要としているのです。どんな形の手助けでも、あなたは感謝されることでしょう。

　誰かを助けながら、自分をも助けることができるなんて、これ以上のいいことがあるでしょうか。諺にもあります。「兄弟の船を助けよ、されば汝の船も岸にたどり着く。」

　しかし、皆さんが喜びすぎないよう、釘を刺しておかなければなりません。このように深刻な問題を抱える売り手は、20人に1人です。そして、そのうち買うに値する物件を所有している人は、半分以下となります。ですから、「見つけられる確率は少ない」と言わざるを得ません。しかし、不可能でもないのです。

　不動産の広告は融通の利くものではありません。95％の売り手は、あなたのクリエイティブな提案に興味を示さないでしょう。不動産業者の共同斡旋リストに載っている物件も、ほとんどすべて融通が利きません。それらの売り手は、不動産業者から最高限度額をものにすることを約束されていますから。

　しかし、少なくとも1年に1件優良物件を見つけられるぐらいには、高い意欲を持った売り手は存在するのです。それでは、どうやって彼らを発見すればよいのかを、これからご説明しましょう。

お買い得物件の発見法

「一生に一度」の物件を見つけるすばらしい方法が、実は9つあります。
　不動産という名のマネー・マシンを想像してみてください。
　マシンの一番上の容器に、ベルトコンベヤーで運ばれてきた鉱石が落とされます。鉱石はその容器の中で精製され、下にある次の精製容器に落とされます。

101

そこでさらに精製されたあと、また次の容器に落とされます。こうして最後の精製容器から、最終的な産物、光り輝くダイヤモンドが出てくるのです。

　マシンの一番上には原石。一番下には宝石。物件の見つけ方も同じようなプロセスをたどります。マシンの一番上にたくさんの鉱石を入れ、それらを精製して（ふるいにかけて）いき、最終的に自分の希望に添った格安物件を手に入れるのです。（**図6-2**）

　高いモチベーションを持った売り手を見つけるための情報源は9つあります（マネー・マシンのたとえで言うと、マシンに鉱石を運んでくる9本のベルトコンベヤーです）。

1．インターネット
2．不動産業者
3．自分の身の回り
4．自ら歩いて探し回る（地域性を鑑みる）
5．銀行やその他の融資機関
6．自分で広告を出す（SNS）
7．ダイレクトメール・Eメール
8．投資クラブ、情報交換グループ
9．その他の専門家（機関）

　これらの9つの情報源はいずれも、あなたの精製マシンに鉱石を供給することができます。また、精製には4つのステップがあります。以下はその一例です。

ステップ1：鉱石を見つける
　インターネットで希望の条件を入れて、良さそうな物件が目にとまったとします。業者にその物件を問い合わせしてみます。
　これが精製マシンにかけるべき「原石」です。

ステップ2：バーゲン・ファインダーに記入する
　その広告主に連絡をし、「バーゲン・ファインダー」のフォームを埋めていきます。これは空欄を埋めていく形式の簡単な1ページのフォームです。詳し

光を与えれば、人は自ずと道を見つける。

（ダンテ）

くはあとで説明します。

　バーゲン・ファインダーを使って、その物件に点数をつけます。もし結果が11点以下だったら、その物件は捨てましょう。

　12点以上だった場合は、進める価値ありです。

　広告主に電話をしたところ、案の定、一刻も早く売りたがっていて、市場よりも安い値段で売る用意があることがわかったとしましょう。バーゲン・ファインダーの点数は12点でした。物件を見に行ったところ、なかなか良さそうです。

　これで、次のステップへ進む準備は整いました。

ステップ3：オファーを出す

　あなたのニーズに添った物件の購入条件を提示します。売り手はその条件をのむかもしれないし、拒否するかもしれません。あるいは別の提案を持ちかけてくる可能性もあります。仮に、売り手があなたのオファーを受け入れたとしましょう。鉱石はマシンの精製過程をすべて経て、ダイヤモンドとなって出てきました。

ステップ4：物件を買う

　これで完了です！

金で幸せは買えないと言うけれど、私はそれを自分自身で確かめてみたい。

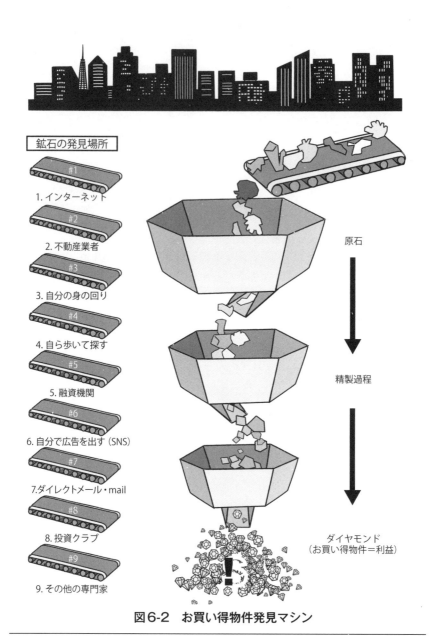

図6-2　お買い得物件発見マシン

第6章　不動産で大きく稼ぐ　頭金なしでもできる大富豪への道

　プロセスはきわめてシンプルですが、簡単ではありません。精製の過程に難しさがあります。ダイヤモンドとして生まれ変わる原石は決して多くないからです。しかし、たくさんの鉱石を絶えず精製し続けていれば、やがて当たりが出るものです。まさにダイヤモンドの鉱床を掘り当てるのと同じように、これは数の勝負です。光り輝くダイヤモンドを手に入れるためには、大量の砂利を精製マシンに投入しなければならないのです。

　なかには、早々と意欲をなくして諦めてしまう人もいます。ここで、私がどのようにやる気を維持しているかをご紹介しましょう。

　例えば、これだと思える物件が見つかるまでに100時間のリサーチが必要だったとしましょう。あなたは結局、その物件を市場より200万円安い値段で買うことができました。時間当たりいくら稼いだことになるでしょうか。200万円の利益を100時間で割ると、時給2万円の計算になります。

　時給2万円の仕事を蹴るほど忙しいと言うのなら、あなたは本当にどうしようもなく忙しいのでしょう！

　他にもこんな考え方があります。

　例えば100個の鉱石を精製したところ、あなたのテストに合格したのはたったの10個だったとします。あなたはもっとも良い条件を探して、その10個すべてについてオファーを出します。そのうちの1つが受け入れられ、あなたは市場より200万円有利に取引を行うことができました。あなたが出したすべてのオファーは、それぞれいくら稼ぎ出したことになるでしょうか。

　200万円を10個のオファーで割ると、1つのオファーにつき20万円ということになります。そのうち9個は拒否されているにもかかわらず……。つまり、オファーが1つ拒否されるたびに、20万円の小切手が空から降ってきて、あなたの手のひらに収まったという計算です。

　あるいは、こんな考え方はどうでしょう。

　100件電話をかけて、やっと200万円得をする取引を見つけました。電話を1回かけるたびに、あなたはいくら稼いだことになるでしょうか。なんと2万円です！　電話をかけるのは気後れすると言う人もいると思います。でも1回かけるごとに2万円もらえるとなったら、やる気になれるのではないでしょうか。

　もし明日、日の出から日の入りまでにあなたがかけたすべての電話に対し、

105

1万円札を2枚ずつあげると言ったら、あなたは昼食にどのくらい時間をかけるでしょうか？

　もちろん、ここでいう電話には、不動産取引の可能性をしっかり分析するという作業が含まれます。そして、1回につき2万円の報酬も、実際に物件を見つけて、資金を調達して、運用を成功させて初めて、手にできるものです。しかしこれで、少なくともモチベーションを維持する方法は見つかったのではないでしょうか。

　それではさっそく、マネー・マシンのスイッチを入れて、モチベーションの高い売り手を見つける9つの情報源から得た鉱石の精製に取りかかりましょう。

情報源1　インターネット

　インターネットで物件を検索する場合、ここで見つけたいのは、売り手の柔軟性を示す手がかりです。以下は、見つけたい言葉や文章の例です。各不動産会社に下記の手がかりをつかめないか是非問い合わせをしてみてください。

「オーナー移転により」
「わずかな頭金」
「頭金なし」
「県外在住オーナー」
「資産との交換可」
「要返済義務引き継ぎ」
「リースオプション」
「買い受け特約付賃貸借」
「至急売りたし」
「FSBO」(For Sale By Owner＝所有者による直接販売)
「どうしても売りたし　　オファー待つ」

　12点以上のスコアを出す物件が出てくるまで、広告主に電話をし、バーゲン・ファインダーを埋める作業を繰り返しましょう。

情報源2　不動産業者

　公認不動産仲介業者のほとんどに、不動産業者のみが閲覧可能な REINS と

第6章　不動産で大きく稼ぐ　頭金なしでもできる大富豪への道

いうものが存在します。これは地域のすべての売却物件を一覧できるようにしたもので、言うまでもなく、非常に便利な情報源です。

しかし、このリストからめぼしい物件を探し出そうというのは、気の遠くなるような作業です。中以下の価格範囲、つまりごく平凡な家に的を絞りましょう。それから売り手の柔軟性を示唆するヒントを探します。

普通、各リストには「摘要」、「コメント」、「その他の情報」といった欄があります。まずこれらの欄を見て、売り手が通常以上の柔軟性を提供する構えでいることを示唆する次のような言葉があるかどうかを調べてもらいましょう。

「売主移転のため」

「早期売却のため値引済」

「資産との交換も考慮」

「資産の一部を頭金にするのも可能」

「リースオプションも考慮」

これらの手がかりは、売り手が交渉に応じる構えでいることを示唆するものです。売り手は頭金とローンという従来的な支払方法でなくても受け入れるかもしれない。そして、それはまた、柔軟な取引に応じる不動産仲介業者へつながる道である可能性でもあります。

「クリエイティブな業者」を見つけるのは、「柔軟な売り手」を見つけるのと似たような作業です。ほとんどの不動産仲介業者は、独創的な支払方法、特に「頭金なし」といった類のものは好みません。なぜなら彼らは、現金が絡まなければ手数料が得られないという間違った認識を持っているからです。「頭金なし」というのは、現金がいっさい動かないということを意味するものではありません。実際には、多くの現金がやり取りされます。ただ、それが「買い手」のお金ではないというだけです。

もし非常にクリエイティブな不動産業者と取引できたら、そのプロセスはとても簡単なものになるでしょう。彼らはあなたが求めているものを理解し、あなたの提案にいちいち抵抗するのではなく、力になってくれようとするからです。

私は、クリエイティブな支払方法に対する抵抗感は無知からくるものであって、ポリシーによるものではないと考えています。彼らはただ単に、どうすれば良いかわからないから、それはできないと言うだけなのです。ですから、も

しあなたが不動産仲介業者を使おうと考えているなら、クリエイティブな業者を選ぶよう心がけ、モチベーションの高い売り手を見つけたいというあなたの希望に抵抗を示すような業者は避けることです。

では、クリエイティブな不動産業者はどうやって見つければ良いのでしょうか。

それはオンラインにどのような広告を出しているかで、ある程度判断できます。もし売却に対する高いモチベーションを示すような文句が書かれていれば、あなたがやろうとしている方法を理解してくれる可能性は高いでしょう。

おすすめの仲介人は誰なのかを聞いてみることです。不動産業者に電話したときに、秘書にそのオフィスでもっともクリエイティブな仲介人はだれかと尋ねてみましょう。

情報源3　身の回り

お買い得物件の物色を開始したらすぐに、まわりの人たちにもそのことを知らせましょう。友人、同僚、家族、まったく見知らぬ人——だれがダイヤモンドの鉱石を運んでくるかわかりません。自分が物件を求めていることを、あらゆる人に伝えましょう。

情報源4　歩いて探す（地域の状況を鑑みる）

物件を買いたいと思う地域を選びます。まずは週1回のペースでその地域を車で回ります。「For Sale」の看板があったらそのつど止まり、販売価格とその価格に至った経緯を尋ねましょう（日本では少ないケースですが、探すこともチャンスにつながります）。そして不動産業者を回りましょう。

もし可能なら、売り手に柔軟性があるかどうかも探ってみましょう。相手が好意的であったら、いっきに「バーゲン・ファインダー」の質問事項も尋ねてしまいます。たいていの場合、このやり方で高い柔軟性を見いだすのは難しいことですが、よい練習になります。

質問をすることを恥ずかしがってはいけません。それほど売る気がなければ、彼らはきっとあなたを門前払いするでしょう。それはそれで、結構です。近所にもっと切実に売りたがっている人がいないか聞いてみましょう。

未来を予言する最も良い方法は、未来をつくってしまうことである。
（アラン・ケイ）

第6章　不動産で大きく稼ぐ　頭金なしでもできる大富豪への道

情報源5　銀行および融資機関

　不動産を担保に融資を行うとき、銀行はきちんと返済されることを期待しています。しかし時として返済が不履行になり、銀行は担保権を行使して、不動産を抵当流れにせざるを得なくなります。つまり必要でない不動産を抱え込むことになるわけで、銀行はこれをできるだけ早く処分したがります。

　そこにあなたが入っていくわけです。地域の大手銀行に電話をして、抵当流れ、不動産回収の担当者を尋ねましょう。これは、お買い得物件が見つかる可能性のとても高い情報源です。不動産業者にも尋ねてみましょう。

情報源6　自分で広告を出す（SNS）

　　本当にクリエイティブになりたければ、広告を出す際に、SNS（フェイスブック、ライン、ツイッター ）、ブログ、メルマガを活用することが現代社会においては利点につながる可能性があります。

　第1に、時間の節約です。時間よりもお金の方に余裕があると言う人なら、広告を使って売り手を引き寄せるのも手です。

　第2の利点は、交渉が有利になることです。彼らが先にコンタクトをしてくる側になることで、あなたは交渉をリードすることができるのです。

　第3の利点は、あなたの広告を見て、不動産を売ることをまだ具体的に考えていなかった人にまでその気にさせる可能性がある、ということです。つまり、他の買い手との競争を避けることができるわけです。

情報源7　裁判所ダイレクトメール方式

　モチベーションの高い売り手がもっとも集中して見つかるところはどこでしょうか？

　答は、地元の裁判所です。

　交通違反の罰金を支払いに行く以外には裁判所へ行ったことがないという人は、昼休みにでもぜひ立ち寄ってみてください。そこは情報の宝庫です。

　案内係に以下の情報の集め方を教えてもらいましょう。

109

1．県外に住む所有者
2．破産
3．債務不履行
4．抵当流れによる競売
5．告訴された場合

　これらの状況はいずれも、機の熟した情報ばかりです。

　これらのモチベーションの非常に高い売り手の情報源を活用するには、8つのステップがあります。

1．状況の種類を選ぶ（破産、債務不履行など）
2．住所 氏名を調べる
3．次のサンプルのような手紙を作成する

　○○○○様

　貴殿が近々、不動産を売却することをお考えであることを知りました。不動産仲介業者を通す前に、私にご連絡いただければ幸いです。私は個人的に貴殿の不動産の購入を申し出たいと思っている者です。数十万円の手数料を節約するお手伝いができるかもしれません。物件がすでに売りに出されているとしても、価格と支払条件さえ合えばすぐにでも契約したいと真剣に考えています。
　もしご興味をお持ちでしたら、電話または、メールでご連絡ください。

_____

　どうぞよろしくお願い申し上げます。

（あなたの氏名）_____

　P．S．　お電話から48時間以内に、書面での購入申込書を作成いたします。

4．手紙をプリントアウトする

賢く買って、しっかり持つ。

（ジョン・C・ボーグル）

110

第6章　不動産で大きく稼ぐ　頭金なしでもできる大富豪への道

5．署名をして投函する
6．反応を待つ
7．候補物件をバーゲン・ファインダーでチェックする
8．次の候補者に手紙を出す

　仮に、1カ月間に100通の手紙を出したとしましょう。調査にある程度の時間と、郵送代に約1万円がかかります。返答はどのぐらい得られるでしょうか？ 100通のうち、せいぜい2、3件といったところでしょう。ついていれば5件です。

　そのうち良い返事はいくつ必要でしょう？

　1つです！

　ここでちょっと、悲観的な予想をしてみましょう。

　仮に、すばらしい物件を見つけるために1年かけるとします。1カ月の郵便代を1万円として、先に紹介した情報源（破産、債務不履行など）を使って月に100通ずつ手紙を出します。1年で1,200通です。返事はどのぐらい来るでしょうか。

　私の予想では、悪くて20通、良くて50通といったところでしょう。そのうちの1人が非常にモチベーションの高い売り手で、あなたが納得できるだけの柔軟な取引に応じてくれる可能性はどのぐらいでしょうか。これは数のゲームです。ただ、宝くじより高い確率であることは確かです。

情報源8　投資クラブ、アパートメント協会等の情報交換グループ

　投資家仲間たちとの交流やネットワークは、良いアイデアや投資情報、契約のチャンスを得るための絶好の場となるでしょう。

情報源9　その他の専門家たち

　ある種の専門家たちは、クライアントの問題を、それが公式の記録として世に出るよりもずっと前に知ることになります。

　弁護士（離婚、財産、遺言検認）、税理士、会計士、不動産管理会社、債権取立会社などです。

　これらの業界に知人がいるなら、あなたが不動産の購入を計画している投資

111

家だということを、彼らの耳に入れておきましょう。彼らのクライアントの中に不動産を早急に売りたがっている人がいるかもしれません。

これら９つの情報源をくまなく調べていくことで、すばらしいお買い得物件の原石を見つけることができるでしょう。

いざ原石を見つけたあとは、次に何をすれば良いのでしょうか。それが本当にお買い得であるかどうかを、どうやって確かめれば良いのでしょうか。

不動産を買うときもっとも重要なポイントは、何をおいても「ロケーション」であるというのが一般的です。しかし実際のところ、分析すべきポイントは５つあります。

１．売り手のモチベーション
２．良いロケーション
３．良い支払条件
４．良い価格
５．良いコンディション

その物件が本当にお買い得であるためには、これらの５つがそろわなければなりません。

私は、お買い得物件ハンティングから感情的な要素を排除するための、シンプルなスコアリング・システムをつくりました。上の５つの条件について、それぞれ１〜３の点数をつけるのです。１点が最低で、３点が最高です。合計得点が12点に満たないときは、私はその物件をパスして、新たな候補を探します。**図6-3**の不動産選別シートと、**図6-4**の不動産評価ワークシート＆立入調査用チェックリストを見てください。

例えば、オーナーが別の町に住んでいる、ある家を見つけたとします。オーナーはかなり切羽詰まった状態で、一刻も早く物件を売却したいと思っています。あなたはオーナーに電話をして、５つの点について質問をします。

仮にこの物件のスコアが、売り手のモチベーションにおいて３点、ロケーションにおいて２点、支払条件において３点（売り手は頭金を必要とせず、自らローンを提供する用意がある）、コンディションにおいて１点（物件はかなり

第６章　不動産で大きく稼ぐ　頭金なしでもできる大富豪への道

荒廃した状態）、そして価格においては２点の、合計11点だったとしましょう。
　でも、ここで思い出してください。スコアは最低12点必要なのです。この
スコアリング・システムはまた、どのように交渉を進めるかのヒントにもなり
ます。
　このケースでは、価格を下げてもらうか、売却前にオーナーが物件の修繕を
行うかのいずれかになります。
　このシステムを用いる際、従うべきガイドラインが４つあります。

１　まずはスコアを出すこと
　スコアを出し、良い買い物になる可能性を確認するまでは、決して物件を見
てはいけません。たいして売る気のない売り手やクリエイティブではない不動
産仲介人を相手に無駄な時間を過ごす余裕はないのです。

２　物件に恋をしないこと
　いずれはあなたもその物件を売らなくてはならないということを忘れないで
ください。無理をせず、当初の予算内で買いましょう。

３　物件について、売り手に質問することを恐れないこと
　たとえ、質問が尋問のように聞こえたとしても、です。
　例えば、売り手に「もし良ければ、この物件を売却して得た収益で何をする
ご予定か、お聞かせいただけますか？」と聞いてみましょう。つまり、売った
お金をどうするのか、ということです。
　クリエイティブな問題解決者としては、その答を知っておくことは非常に大
事です。

４　最初に数字を口にした方が負け
　電話で売り手に質問をするとき、あなたの方から数字を提示することは避け
ましょう。必ず売り手の方に、数字を言わせます。そうすることによって、何
十万円も有利に話を進められることもあるのです。

　電話での質問でその物件がよいスコアをつけたら、今度は実際に物件を見に

113

不動産選別シート

	悪い	普通	非常に良い
1. 売り手の モチベーションと 柔軟性	**① POINT** 価格、支払い条件とも売り手側に譲歩の見込みなし。「いやなら結構」という態度。必要に迫られた売りではない。売り手がハンドルを握っている状態。	**② POINTS** 若干の値引きが得られそう。新しい家もしくは不動産の購入、あるいは何らかの支払いにキャッシュが必要な様子。少額の第2モーゲージを提供してくれるかもしれないが、あまり一般的ではない取引には慎重な姿勢。	**③ POINTS** ローンの滞納などがあり、緊急にキャッシュを必要としている。あるいはキャッシュはまったく必要としていないが、税金、維持管理、時間、転勤などの問題を抱えている。もしくは、特にキャッシュが必要ではないが、何らかの形で売却したいと考えている離婚、定年退職者、投資家など、価格、支払い条件について柔軟な姿勢。
2. 良いロケーション	**⓪ NEVER** 所有者としてのプライドが持てない物件。周囲はあばら家ばかり。高い犯罪率、近所に適当なショッピングエリアがない。荒廃が進んでいる地区。無人のビル、板でふさがれた物件が多い。幹線道路、工業地帯、あるいは商業地区が近い（通りをはさんですぐ）。通勤の便が悪い。	**② POINTS** 古いがこぎれいな地区。ショッピングエリア、教会、学校などは近いが、あまり魅力的とは言えない。賃借人は定職のあるきちんとした労働階級に。ロケーションは良いとは言えないが、修繕転売できそうな家が多く、今後急発展する可能性もある。インナーシティとしては比較的悪くない。	**③ POINTS** 必要なすべての施設や交通機関へのアクセスが容易。中産階級者が住む郊外の住宅地。静かな通りに所在。理想的な袋小路。近所の物件も同様の価格。最新の分譲地以外は、緑が多く、景観も良い。
3. 良い支払い条件	**① POINT** 頭金15%以上。売り手は多額のキャッシュを必要としており、値引きするつもりはない。あるいは、物件は2年以上にわたって、キャッシュフローが大幅にマイナスになる見込み。あるいは、購入後3年以内に多額のバルーン型返済がある。価格が非常に安い場合のみ、考慮する。	**② POINTS** 頭金15%以下。融資機関からの融資が必要。信用調査あり。頭金の一部に融資機関からの担保付貸付（高い利率、高い月々の返済可）。売り手が少額の融資を提供。描いてはキャッシュを用意する必要がある。5年以内にバルーン型返済あり。	**③ POINTS** 頭金5%以上。売り手が価格の大部分を市場より安い利率で融資。最低7年間はバルーン型返済なし。2年目以降、キャッシュフローはプラスになる見込み。契約販売。信用調査なし。
4. 良い価格	**① POINT** 市場価格より10%以上高い。支払い条件が非常に良い場合のみ、考慮する。	**② POINTS** 市場価格の上下5%以内。	**③ POINTS** 市場価格より10%以上安い。
5. 良いコンディション	**① POINT** 価格が非常に安い場合のみ、考える。 体力、構造上ともに、大幅な修繕が必要。賃貸可能にするために、購入価格の少なくとも10%をただちに費やす必要がある。賃借人およびロケーションの質ゆえに、修繕しても家賃はさほど値上げできない。修繕後の不動産価値は、せいぜい購入価格の10%高にとどまる見込み。ロケーションの悪さによるものだが、たとえ好ましいロケーションにあったとしても、今度は価値そのものが非常に高いので、賃貸用に修繕したところでやはり不動産価値は上がらないだろう。多くの頭金を払って（修繕費用を含めて）、平均的な価格の物件を手に入れるようなもの。	**② POINTS** 修繕によって高く転売できる、まさに買い得物件！ 体裁の改善もするに越したことはないが、ただちに必要ではない。修繕用に、購入価格の5%以内。体裁の改善を行えば、ただちに不動産価値が上がり、物件はより魅力的に、売りやすくなるだろう。構造上の修繕は、あったとしても小規模なもの。塗装、庭の手入れ、カーテン、その他の簡単な修繕のみ。この種の物件は、買い手が余裕を監督する時間的、精神的余裕がない場合、買うべきではない。この物件は、修繕によって短期間に非常に大きな利益を生む可能性を持つ。いわゆる、両校のエリアにある最悪の物件。	**③ POINTS** 比較的新しい物件、あるいは最近修繕を施したばかりの古い物件。外観も内装もきれいで、周囲の景観も良く、問題なし。「いらない族」が転売用に修繕した後、バーゲン価格で売りに出し物件かもしれない。何の修繕もせずに、そのまま賃貸に出せる状態。頭を悩ますものは何もない。しっかりした物件。即座の契約、即座の賃貸、即座のキャッシュフロー。

- 当該物件について、各ポイントを分析し、点数をつける。
- 点数に迷ったら、常に低い方を選ぶ。
- 点数の合計を出す。
- 15点満点。考慮に値する最低ラインは9点。
- 愚かな人は常に9〜11点の物件を買ってしまう。
- 賢い投資家は常に12〜15点の物件を買う。

合計 | **点**

図6-3 分析すべき5つのポイント

第 6 章 不動産で大きく稼ぐ 頭金なしでもできる大富豪への道

不動産評価ワークシート＆立入調査用チェックリスト

不動産評価

見つける

名前 _____ □所有者 □仲介業者
住所 _____
市区町村・郵便番号 _____
地域 _____
電話番号 _____

面積 _____ 築年数 _____
ベッドルーム _____ バスルーム _____
□駐車場 □車庫 □なし
□レンガ □フレーム
その他 _____

なぜ売りたいのか _____
売れなかった場合どうするのか _____
何かオファーはあるか _____ 売りに出してどのくらいか _____

不動産価値 _____
価格 _____
ローン _____
所有者持分 _____
頭金 _____
差引残高 _____

賃貸関連情報

家賃	
モーゲージ返済額	
月額税額	
月額保険料	
ユーティリティ	
雑費	
キャッシュフロー プラス／マイナス	

資金を用意する
ただちに購入する場合、
価格と支払い条件は
どこまで譲歩してくれるか？

ローン	金額	％	返済額	期間	提供者	バルーン型返済
第1						
第2						

頭金の出所

10の可能性		
売り手	短期ローン	
買い手	長期ローン	
不動産業者	パートナー	
不動産の分割	投資家	
賃借人	オプション	

合計スコア
利益：（この物件からどのように
利益が得られるか？）

売却	維持	リファレンス	交換

運用する

すぐに売却して手っ取り早く利益が得られるか？	修繕して賃貸し、長期間プラスのキャッシュフローを得られるか？	この物件に融資するメリットは？	別の有価物と交換できるだけの純資産価値があるか？

ロケーション
2
03
コンディション
2
13
価格
2
13
支払条件
2
13
柔軟性
2
13

メ　モ

図6-4　ロバート・アレンの不動産バーゲン・ファインダー

115

いきます。物件を見るときは、電話で集めたデータが本当かどうか、1つずつ確認していきます。物件の周囲の環境、価格、物件の状態、支払方法の詳細、そして売り手の柔軟性を確認します。電話での採点と、実際に自分の目で物件を見ることとは、それぞれ別のものだと考えましょう。

ところで、私は常々、物件を買う前に不動産監査会社を探して、物件の綿密な調査をしてもらうことをおすすめしています。

監査会社は、配管や電気、屋根、土台、そのほか、あなたが見過ごしがちなさまざまな点を細部にわたってチェックしてくれます。多少の費用がかかりますが、それだけの価値はあると言えます。

しかし、まずは必ず売主が支払うという方向で交渉しましょう。交渉に入る前に調査をしてもらう必要はありませんが、少なくともその結果によってオファーの内容を決定するようにしましょう。調査の結果、多くの問題が露呈した場合は、その時点で購入を中止することもあり得ます。

実際の調査を経た段階で、依然としてその物件がバーゲン・ファインダー・フォームで良いスコアを出した場合、次のステップへと進みます。

重要な活動その2　資金を調達する
（お買い得物件購入のための資金調達法）

どうすれば最大限に有利な取引ができるでしょうか？

実は、交渉はあなたが最初に売り手とコンタクトをとった時点からもうすでに始まっていて、物件があなたのものになるまで終わることはありません。

交渉は、基本的な3つの活動で成り立っています。

情報収集
信用構築
問題解決

交渉の達人を形容する言葉は次の3つの「F」です。
「フレンドリー」「フェア」「フレキシブル」

多くの人は、ビジネスとはこれと正反対のものだ、と思いがちです。つまり

腐食したり塗り替えが必要になるものには、決してお金をかけてはいけない。

（ビリー・ローズ）

116

第6章　不動産で大きく稼ぐ　頭金なしでもできる大富豪への道

交渉とは、一方が勝ち、他方が負ける戦場のようなものである、と。彼らは、相手を圧倒することで優位に立とうとします。「私のやり方がいやなら、それまでの話だ！」というニュアンスです。短期的にはそれでうまくいくかもしれませんが、長期的には「フレンドリー、フェア、フレキシブル」戦法が常に勝つのです。

　売り手が昔ながらの「威圧、競争、頑固」戦法できたとしても、こちらは常に「フレンドリー、フェア、フレキシブル」でいきましょう。

　下の物語の要約を読めば、なるほどと納得していただけるのではないでしょうか。

　イソップ物語

　北風と太陽が口論を始めました。お互いに自分の方が強いと言い張って引きません。とうとう、どちらが旅人の上着を脱がせることができるか、勝負しようということになりました。まずは北風が先に挑戦します。北風はひと吹きで旅人の上着をはぎ取ろうと、ありったけの力をこめて風を吹きつけました。しかし強く吹けば吹くほど、旅人は上着をしっかりつかんで離しません。次は太陽の番です。太陽はまず、旅人の上に暖かい光を降り注ぎました。すると旅人は固くつかんでいた手を離し、上着を肩に軽くかけて歩き続けました。太陽は、今度は力いっぱい照りつけました。すると旅人はついに上着を脱ぎ、そのまま旅を続けていたのです。

　優しい説得は、力での交渉に勝るのです。

　交渉にはコツがあります。駆け引きが強引であればあるほど、抵抗は激しくなります。相手の抵抗を和らげる一番の早道は、親しい関係を築くことです。そうすれば、というより、そうすることで初めて、相手に影響力を発揮することができるのです。

　友人は友人が前進することをサポートするものです。敵ではそういうわけにはいきません。前進したければ、友人になることです。

　ここでの哲学は、両者が勝つというものです。

　両方の陣営が、それぞれ妥当な成果を得たと感じることが大切なのです。

117

頭金なしを達成するもっとも強力な5つのテクニック

　私が不動産本のベストセラー記録を打ち立てた『NOTHING DOWN』を書いた当初は、実際に頭金なしで不動産を買えると信じてくれる人はほとんどいませんでした。そこで私は、『ロサンゼルス・タイムズ』紙に、今でも語り草になっている次のような"挑戦状"を出して、それを証明することにしたのです。
「私をどこかの町に連れて行き、財布を取り上げ、生活費として100ドルだけ持たせてください。72時間以内に、持ち金を一銭も使わずに、すばらしい物件を1つ買ってみせましょう」

　『ロサンゼルス・タイムズ』紙の記者を同行させ、私は57時間で、合わせて72万2,715ドル相当の7つの物件を購入しました。その時点で、手元にはまだ20ドル残っていました。
　新聞には次のような見出しが載りました。
「キャッシュなしで家を買う：自信満々の投資家がタイムズ紙に挑戦？　そして見事に勝利」
　そうです、このテクニックは本当に有効なのです。これからの数ページで、私は皆さんに、50のもっとも強力でクリエイティブな資金調達テクニックのうちの5つをご紹介したいと思います。
　実は、クリエイティブな資金調達法は、なにも私が初めて考案したわけではありません。1483～1491年の間、コロンブスは何人ものパートナーや政府に、新世界への旅の資金提供をことごとく断られ続けました。しかし、やがてコロンブスは、スペインの王フェルナンドと女王イザベラという投資パートナーを見つけます。
　なんとアメリカは、「頭金なし」で獲得されたものだったのです！
　先にも述べたように、「頭金なし」とは、「現金をまったく必要としない取引」を意味するわけではありません。ただ、それが「あなたの現金ではない」ということです。それに、現金を必要としない柔軟な不動産購入の方法は他にもあります。私は皆さんに、銀行と不動産仲介業者の結婚という方法以外にも、解決策が存在するということに、気づいてほしいのです。

成功への方程式？　早く起きて、遅くまで働き、油田を掘り当てることだ。

（J・ポール・ゲティ）

第 6 章　不動産で大きく稼ぐ　頭金なしでもできる大富豪への道

　これから紹介するテクニックのすべてが、常に機能するというわけではありません。状況に応じて使い分けてこそ、パワーを発揮するのです。
　まず、クリエイティブな不動産投資家の考え方とはどんなものかを見ていきましょう。売りに出されている不動産を見つけたとき、私は多くの買い手とは異なる点に注目します。私は、柔軟性について注目するのです。購入ドラマの出演者となるいくつかの要素が、パズルを完成するカギとなります。

・あなたとあなたの資産
・不動産の所有者とそのニーズおよび目的
・物件自体
・将来の買い手
・現在あるいは将来の借り手
・不動産仲介業者
・現在のモーゲージ※の提供者（抵当権者）
・将来のモーゲージの提供者（抵当権者）
・現在あるいは将来のパートナー
・現在あるいは将来の投資家

　物件の中を歩きながら、私は自分に問いかけます。
「この取引の中に柔軟性はあるだろうか？」
「このドラマのどの要素を交渉の武器として使えるだろう？」
「売り手の問題を解決するために、私にお金を、あるいは何らかの資産を貸してくれる可能性のあるのはどの要素だろうか？」

頭金なしテクニック①　究極の頭金なしテクニック

　多くの売り手は、モーゲージのないクリアな状態で不動産を所有しており、自ら銀行の役割をすることを望んでいます。自ら不動産の買い手に資金供給（融資）を行うことで、売り手は銀行が提供する利子よりも高いリターン率を獲得することができるというわけです。
　当然、このような「個人」の貸し手は、従来の金融機関よりもずっと寛大で

※モーゲージ……譲渡抵当。不動産をはじめとした物的財産の担保権を指す。

119

す。本来なら必要となる、詳しい財務状況説明書や安定した月収、高い信用などは要求されません。

　売り手がすべての資金提供を行う場合、私はこれを「究極のペーパーなしテクニック」と呼んでいます。キャッシュの持ち主がまったく変わらない、ということです。買い手は月々の支払いを開始し、売り手は銀行と同じように利子と元金支払いを受け始めるのです。

　このような取引は、どのぐらいの頻度で実現するものでしょうか……。めったにありません。100件に1件といったところでしょう。運と、ずうずうしさと、すばやい行動が必要となります。

　しかし、こうした取引は実際に存在します。

　売り手がこのような頭金なしの契約を受け入れたがらない大きな理由は、恐怖心です。売り手は、買い手が約束通りにきちんと支払いをするという安心感がほしいのです。もし買い手が支払いを滞らせれば、売り手の資産は危機的状態に陥ります。売り手は面倒な手続きを経てコンディションの悪い不動産を買い戻さざるを得なくなるかもしれません。

　クリエイティブな投資家としてのあなたの仕事は、売り手の不安を軽減すること、つまりキャッシュを必要としないやり方で支払いに関する不安を解消するということです。

　それには3つの選択肢があります。

1　総括的モーゲージ（一括抵当）

　売り手があなたの〝頭金なしのオファー〟に難色を示すのは、おそらく、一銭も投資していないあなたの側には、失うものがない、ということが気になるからでしょう。この場合、契約の履行を怠った場合はあなたも何かを失うようにするということで、相手の信用を高めましょう。あなたが購入しようとしている不動産およびその他の財産を担保とする総括的モーゲージの設定を、売り手に提案しましょう。所有している別の不動産、山に持っている空き地、あるいは自分の車でもかまいません。

　契約には、一定の条件が満たされた場合に売り手は追加の担保物件をモーゲージから免除するということを、必ず盛り込みましょう。例えば、12カ月連続で落度なく支払いを行った場合、あるいは新たな鑑定で物件に大幅な価値の

労働【名詞】：AがBのために資産をつくるプロセスの一つ。

（アンブローズ・ビアース）

第6章　不動産で大きく稼ぐ　頭金なしでもできる大富豪への道

上昇が見られた場合、あるいはあなたの側で一定額の「修繕」投資を行った場合です。

　たいてい、総括的モーゲージを提案することで、売り手側にあなたの「クリエイティブ」なオファーを受け入れるだけの安心感を与えることができます。

2　売り手を受取人とした定期生命保険

　売り手に支払うべき金額分の保険金が保証される定期生命保険に入ることを提案しましょう。これによって売り手側は、あなたに売り手の不安を解消しようという姿勢があることを確認できます。大した出費ではありません。そしてそれによって買える売り手の安心感は大きなものです。

3　クリエイション・オブ・ペーパー

　売り手は、あなたが支払いを履行しなかった場合に、物件を買い戻さなくてはならなくなることを恐れています。彼らにとっては、それだけは避けたいことです。

　その場合、総括的モーゲージではなく、彼らが売ろうとしている物件の代わりに、あなたが所有する他の不動産を担保とすることを提案してみましょう。売り手は、これから手放そうとしている不動産を担保とするより、他の不動産を担保とすることを望むかもしれません。例えば、あなたは2,500万円のローンが残っている5,000万円相当の家を所有しているとします。これを、これから買おうとしている不動産の担保とすることを提案するのです。

　私はこれを「クリエイション・オブ・ペーパー」と呼んでいます。あなたが所有する別の財産に対して「手形を作成する」からです。

　信用面に対する不安が軽減されても、売主がまだ「頭金なし」という点に二の足を踏んでいるようなら、彼らの欲を刺激してみましょう。

　以下は、価格を上げながら、条件を下げるテクニックです。

　価格の交渉は常に低い数字から始め、売り手が条件を下げることに同意すれば、上げていくという姿勢を見せます。例えばこんな感じです……。

「私の頭金なしのオファーを受け入れたら、そちらにどんな利益があるかをご説明しましょう。あなたの資産は100万円です。私が頭金で100万円を支払っ

121

たとしたら、あなたはそれをどこに投資しますか？　おそらく、0.05％かそれ以下の利率の銀行口座に入れることになるでしょう。私は5％の利子がつく105万円の手形を作成しましょう。つまりあなたは直ちに5万円余分に利益を得るわけです。銀行に預けていれば、10万円稼ぐのに10年はかかります。しかも手形には5％の利子がつくのです。どんな融資機関に比べても高い利率です」

　一度「教育」されると、売り手はたいてい、自ら進んで、よりクリエイティブになろうとするものです。

頭金なしテクニック②　リースオプション

　これから皆さんに、今の倍の価値がある家を半分の値段で買う方法をお教えしたいと思います。楽しみでしょう？

　さて、どこから始めれば良いでしょうか。まずはオンラインで「貸家」のセクションを見て、次の言葉を探してください。

「rent to own（所有前提の賃貸）」
「lease to buy（購入前提のリース）」
「option to buy（購入オプションあり）」
「lease option（リースオプション）」

　ここであなたが探すのは、一方が売れる前に別の物件を購入したため2つの家に対して支払いをしなければならなくなって、切羽詰まっている売り手です。「オプションつきで貸します」と言うことで、この売主は、キャッシュは必要ではなく、ただ将来的に購入を希望するかもしれない借り手を求めているということを明言しているのです。それこそがあなたです。さっそく、例を挙げて見ていきましょう。

　3,000万円のローンがついた5,000万円相当の家があります。ローンに対する支払いは月々30万円です。売主は新聞やオンライン広告で、ローンの返済額に見合う家賃を支払ってくれる借り手を募集しました。なぜこれがあなたにとってお得なのでしょうか。

　それには3つの理由があります。

（1）頭金が必要ない。

第6章　不動産で大きく稼ぐ　頭金なしでもできる大富豪への道

（2）まともに買うよりも月々の支払額が少なくて済む。
（3）オプションの決済期日が来るまでに不動産価値が急騰することを期待して、現時点で価格を固定することができる。

　条件をさらに有利にするために、次の3つの事項を実行しましょう。

1．現時点の値段で価格を固定するよう交渉し、もし売主が将来のインフレ率に合わせた価格を要求してきたら、その物件はただ借りるだけにする……というだけでは十分ではありません。少しでも安い値段になるよう交渉しましょう。

2．オプションの決済期日ができるだけ先になるよう交渉しましょう。最低でも2年、できれば3年はほしいものです。5年というのはめったにありませんが、一応聞いてみましょう。

3．月々の家賃の一部が将来の購入価格から差し引かれるよう交渉しましょう。「私が模範的な借り手として毎月きちんと家賃を支払った場合、家賃のうちの10万円を将来の購入価格から差し引いてもらえますか？」

リースオプションの例

　この例の売主が、家賃8万円、3年後の購入価格5,500万円、そして家賃のうちの1万円を購入代金に組み込むことに合意したとしましょう。
　あなたは、月々の支払い（買うより安い金額です）をしながら、3年間待ちます。物件の見栄えを良くするためにちょっとした修繕を施したところ、評価額が6,500万円に上がりました。あなたの購入価格は5,500万円です。そこから毎月の家賃から回すことになっていた1万円、合計36万円が差し引かれます。最終的な購入価格は、したがって5,464万円となります。つまり、あなたは、6,500万円－5,464万円＝1,036万円の純資産を手にしたわけです。借家人として上出来ではないでしょうか。
　ここであなたには2つの選択肢があります。
　自分でその物件を購入するか、あるいは第三者に売るか、です。
　もし物件を購入したいのであれば、ローンを設定します。売り手に支払う代金と契約費用を賄うのに十分な額です。これで、あなたはオーナーとなります。

思うに、人類の不幸の大半は、物事の価値を計り間違えることによってもたらされる。

（ベンジャミン・フランクリン）

もし物件を所有したくないのであれば、オプションの決済期日の6カ月前から売り物件の広告を出し始め、キャッシュで物件を購入してくれる人を見つけます。現金はあなたのポケットに入ります。

頭金なしテクニック③　ＡＢＣ
（Anything But Cash＝キャッシュ以外なら何でも）

　売り手はしばしば、不動産価値の一部をキャッシュ以外の有価アイテムと交換する場合があります。

　私のセミナーの受講生の1人は、オートバイを頭金の代わりにしました。また別の生徒は、弁護士業務を引き受けることで、それに充てました。頭金の一部あるいは全部として提供できるものを挙げていけば、きりがないほどです。セミナーの卒業生たちは、他にも以下のアイテムを提供することで、契約に成功しています。

・大工仕事
・将来の相続財産
・個人的な無担保の手形
・レクリエーション用の空き地
・自動車

　コロラドスプリングズで講演をしたとき、あごひげの男性が私に近づいてきました。彼は、ラジオ局での仕事を解雇された翌日に、ガレージセールで私の著書、『NOTHING DOWN』を買ったと言いました。彼はその内容に刺激を受けて、さっそく本に書かれていたテクニックを実践し始めたそうです。

　最初に手に入れた物件は、隣の州に転属になった軍人が売りに出していた2世帯住宅でした。売り手は非常に高いモチベーションを持っていました。必要は発明の母とはよく言ったものです。お金のないこの失業中の買い手は、アパート購入の頭金の代わりに引っ越し費用を払うことを申し出たのです。彼は友人のクレジットカードを借りてトラックをレンタルし、売り手の家具を積み込み、軍人を乗せて引っ越し先の町まで運転していったのです。

　ちなみに、この物件は、彼がその後の12カ月間に購入することになる17戸

の不動産の最初の１つでした。

まさにＡＢＣ！「キャッシュ以外なら何でもあり」ということです。

頭金なしテクニック④　分散してゲットする
売主の責任を引き受ける

　頭金のためのまとまった額のキャッシュがない場合、あまり知られていないいくつかのテクニックを駆使することで、契約に必要なお金に匹敵するだけのクレジットと現金を集めることができます。

　例えば、不動産屋のリストで２世帯住宅が売りに出されているのを見つけたとします。価格は2,100万円ですが、注釈の欄に売主が小額の頭金で自ら融資を行うと書いてありました。売り手のモチベーションはとても高いようです。そして、あなたはそこに住みたいと考えていました。

　不動産ブローカーは売主の友人で、３％の手数料しか求めていないことがわかりました。売主はなるべく早く物件を処分したいと思っています。その物件が最低でも2,100万円の価値があることを十分に承知しながら、100万円のキャッシュを手に入れて、さっさと手放したいと考えているのです。

　もし100万円を用意できたら、あなたは市場より250万円も安くこの物件を手に入れることができます。しかしあなたは100万円の現金を持っていません。さて、どうすれば良いでしょうか。

　契約に当たって売主が払わなければならないものに、不動産仲介業者への手数料があります。通常、売却価格の６％です。

　この例では、売主は友人である不動産仲介業者に３％の手数料を支払うことになっています。1,850万円の３％、つまり55.5万円です。

　あなたはここで、その不動産仲介業者に、「55.5万円のキャッシュでの手数料の代わりに、65.5万円の手形ではどうか」と打診してみます。仲介業者は「20.5万円をキャッシュで、35万円を手形でなら、受け入れる」と言ってきました。まあ、すべてキャッシュというよりはいいでしょう。

　これで35万円のキャッシュは工面しなくても良くなりました。不動産仲介業者への手数料を利用することで、この時点で100万円の頭金は65万円まで軽

125

減されたことになります。

さあ、まだ先はあります。

売主がこの物件を売りたがっている理由の1つが、「借金を支払うため」だということがわかりました。緊急の手術に要した20万円を病院に返済しなくてはならないのです。

そこであなたは売主に、契約に当たってキャッシュを支払う代わりに、その借金をあなたが肩代りすることは可能かどうか、丁寧に尋ねます。売主は、「自分には借金返済の義務がなくなった、という証明がほしい」と言っています。あなたは病院と交渉し、売主の返済義務を解除することを文書で証明するよう、依頼します。

そして、あなたと病院とで、返済方法を取り決めます。こうして借金の問題は解決し、あなたが用意しなければならないキャッシュの額はさらに20万円減ることになりました。さあ、あと45万円です。

頭金なしテクニック⑤　ＯＰＲ

"ＯＰＭ"という言葉を聞いたことがありますか？

「Other People's Money」（他人のお金＝借金）のことです。

私はそのコンセプトをさらに広げて、"ＯＰＲ"を提案したいと思います。

「Other People's Resources」つまり、「他人の資産」です。

次のセリフを今すぐ声に出して言ってみましょう。

「私が持っていなくても、誰かが持っている」

もしあなたがキャッシュも、クレジットも、きちんとした財務状況説明書も、あるいは仕事さえ持っていなかったとしても、他の誰かが持っているはず。そして、適切な条件下であれば、それを貸してくれるかもしれないのです。

例えば、ある人が次のような話をあなたに持ちかけたとします。

「少なくとも3,000万円の市場価値がある、すばらしい物件を見つけましたよ。それが、50万円の頭金でわずか2,500万円で買えるのです。ただし、『72時間以内に契約する』という条件つきです。

ところが今、私には十分なキャッシュがありません。

もう二度と結婚はしない。せいぜい、好きでもない女を見つけて、そいつに家をやるぐらいにするよ。

（ルイス・グリザード）

第6章　不動産で大きく稼ぐ　頭金なしでもできる大富豪への道

　そこで、パートナーになってくれる人を探しています。利益の半分を渡すので、私のパートナーになってくれませんか？　不動産の管理や売りに出すために必要な修繕、販売にかかる細々とした作業など、すべての仕事は私がやります。

　私は6カ月以内にこの物件を転売して500万円の利益を上げられると考えています。利益の50％、つまり250万円を手にするわけです。

　6カ月で50％のリターンです。興味はありますか？」

　この提案を読みながら、あなたはどんな気分になりましたか？　それと同じ気分を、あなたのパートナーが感じるわけです。

　みんな、お金を儲けるのが大好きなのです。

　あなたとどう組むのかをきちんと説明することができれば、あなたが必要とするものを貸してくれる人は必ずいるはずです。

　もしその人が「50万円のキャッシュなんて持っていない」と言ったら、あなたはこう言います。

「借りることはできるかい？　どこから借りるのかって？　例えば君の生命保険、クレジットカード、退職金設計、銀行、君の家、なんでもいいよ」

　72時間以内に用意することさえできれば、お金がどこから来るかは問題ではないのです。

　また、必ずしもキャッシュが必要になるとは限りません。長期のローンを組むために、誰かの助けが必要になることもあります。

　私は、最初の大きなアパートメントビルを頭金なしで買いました。しかしその際は、第1モーゲージを設定する必要がありました。

　私は当時、高額のローンを受けるだけの資格を持っていなかったので、利益の半分を見返りに、パートナーに新しいローンの設定者になってもらいました。彼は単に、自分の署名と財務状況説明書を提供したに過ぎません。

　それだけです。

　それだけで彼は、1棟のすばらしいアパートメントビルの「50％パートナー」になったのです。

「あなたが持っていなければ、他の誰かが持っている」……とは、こういうことなのです。要は、あなたがその人を説得できるかどうかです。

127

各国にはそれぞれ、投資家からお金を借りる際の独自のルールがあります。

まずは、あなたの資金づくりの方法が合法的であるかどうか、地元の弁護士に確認するべきです。それを怠ると、思わぬトラブルに巻き込まれる恐れがあります。刑務所行きということにだってなりかねません。

また、地元の不動産専門の弁護士に、パートナーシップの契約書を作成してもらうこともおすすめします。

多くのケースにおいて、パートナーシップを結ぶことは、双方にとって有益なことです。例えば、サンフランシスコに住む私の生徒の１人は、あるとき不動産仲介業者からこんな電話をもらいました。

数カ月前、ベイ・エリアに住むある企業の重役が転勤の辞令を受けました。そのため彼と彼の妻は、住んでいた家を売らなくてはならなくなりました。転勤が突然だったことから、会社が彼の家を買ってくれることになりました。評価額は32万2,000ドルでした。会社は全額を支払い、家を子会社に引き渡して、売りに出すことにしました。ところが、あまり積極的な宣伝活動をしなかったため、半年たっても家は売れませんでした。会社は、とうとうその家を安く手放すことにしたのです。

私の生徒は、新たな融資を受けて24万2,000ドルをキャッシュで払う代わりに、「会社が契約手数料とローンの手数料に5,000ドルを支払う」というオファーを出しました。それに対し、会社側は「24万5,000ドルなら、手数料分5,000ドルを支払ってもいい」と言ってきました。

物件は専門家によって調査され、これ以上ないほどの良いコンディションだということがわかりました。

さてこれで、新たなローンの設定が必要となりました。買い手である私の生徒は、90％まで融資を受けられることになりました。

残り、あと２万5,000ドルを工面しなくてはなりません。

彼は自分の退職金設計から１万5,000ドルを借りることができました。

これであと１万ドルです。

彼はパートナーを探すことにしましたが、幸いにも家族の１人が１万ドルを貸してくれることになりました。

忘れないでください。あなたが持っていなければ、他の誰かが持っているのです。初心者というものは、たいてい誰かから何かを借りることでスタートす

一見してバカげていないアイデアは、見込みがない。

（アルバート・アインシュタイン）

第6章　不動産で大きく稼ぐ　頭金なしでもできる大富豪への道

るのです。恥ずかしがっていてはだめです。夢のためなら、そのくらいの勇気
は惜しくないでしょう？

重要な活動その3　運用する
（利益を得る方法）

　あらためて、不動産で成功するための3つの重要な活動を挙げてみましょう。

「見つける」Find it
「資金を集める」Fund it
「運用する」Flip or Farm

「運用する」という言葉ですが、これは「利益を収穫する」という意味で用い
ています。もしそれが良くない話、つまり利益が見込めないものだったら、た
とえ「頭金なし」であったとしても、絶対に買わないことです。
　クリエイティブな資金調達法は「悪い話」を「良い話」に変えるために用い
るものではありません。
「良い話」を「すばらしく良い話」にするために用いるべきものです。
　私は以前、2年前に「一銭も頭金を払わずに」1,500万円で家を買ったと自
慢するある男性に会いました。彼は私が感心すると思ったようです。しかし私
はそこで、次のような厳しい質問を投げかけました。

Ｑ：キャッシュフローはどんな状態でしょうか？
Ａ：返済が14万円で、家賃収入が10万円。この24カ月間、月4万円の赤字です。
　　総額100万円の持ち出しですね。
Ｑ：不動産の価値は上がっているでしょうか？
Ａ：いいえ。実際の価値よりも高く買わされています。物件は、支払った金額
　　より安いものだったのです。
Ｑ：この買い物で得をしたことは？
Ａ：……ありません。もともと利益など見込めなかったのです。これは決して
　　買ってはいけない物件でした……。

129

彼は購入に踏み切る前に、これらの厳しい質問を自分自身にするべきでした。不動産を買う前には、その不動産でどのように利益を上げるかを考えなくてはなりません。運用には、以下の2つの基本的方法があります。

1. 買って維持する（Farm）

あなたの目的は、不動産を買って、家主になることですか？

2. 転売する（Flip）

あなたの目的は、不動産を市場価格より安く買って、すばやく転売し利益を得ることですか？

買って維持するということは、キャッシュフローによる利益を目指すということです。

転売は、純資産額による利益です。

私は生徒たちに、その両方を行うことをすすめています。

少なくとも1年に1つ、長期的に保持する物件を買い、少なくとも1年に1つ、短期的な収益のために物件を転売する。

これら2つの方法は、それぞれに異なるスキルを必要とします。

＜方法＞	＜スキル＞
購入・維持	管理能力……長期の優良な借家人を見つけること
転売	良い物件を買うスキルとマーケティングのスキル……すばやく売ること

以降では、お買い得物件から大きな利益を得る方法をさらにご紹介していきます。

過去40年にわたって、私は何十万人もの人たちに「頭金なし」を実現する方法を教えてきました。

私はすばらしい家政婦よ。男と別れるたびに、彼の家をキープするんだから。

（ザ・ザ・ガボール）

第6章　不動産で大きく稼ぐ　頭金なしでもできる大富豪への道

抵当流れと転売で稼ぐ

　短期的な転売についての説明を始める前に、長期的な購入・維持のアプローチが持つパワーについて、もう一度確認しておきたいと思います。それはウォーレン・バフェットの株式市場における購入・維持のアプローチに非常に近いものと言えます。

　長期間にわたって不動産を所有していれば、自ずと不動産価格の大きな値動きを経験することになるでしょう。例えば、1980年に私の最初の本が出版されて以来、不動産市場には何度も価格のアップダウンがありました。

　そして価格が上がったり下がったりするたびに、多くの不動産投資家たちが、株式投資家たちと同じ過ちを犯してきました。つまり、皆がエキサイトしているときに（高く）買い、皆が血を流しているときに（安く）売るのです。そして図々しくも、こう言ってのけるのです。

「不動産はやってみたけれど、私向きじゃないね」

　高く買って安く売っていたのでは、儲けられるはずがありません。株式市場と同じように、臆病者が売っているときに買い、臆病者が買っているときに売ることが必要なのです。

　最初の本に書いた次の言葉は、今も真実を語っています。

「不動産を買うのを待つのではなく、不動産を買ってから待て」

短期的取引を成功させるものは何か？

　不動産とは、非流動的な資産です。つまり、すぐに売ることが難しいということです。

　株式市場は流動的です。たった今買った株を、30秒後に売ることも可能です。

　不動産は売るのに時間がかかるため、賢い不動産投資家は非流動性のリスクをあえて負うことで大きな利益を上げることができるのです。

　十分な時間をかければ、今日、市場価値を下回る価格で購入した不動産が将来の売却時に利益をもたらすことは、誰でも知っています。しかし、それまで

「男にとって人生における成功の秘訣とは、チャンスが訪れたときにそれを活かせるよう準備を整えておくことである」

（ベンジャミン・ディズレーリ）

131

の間、月々の支払いをし、借家人の確保に努め、建物の修繕を行い、またその他の山のような問題をそのつど解決していかなければなりません。

言い換えれば、問題を解決する代わりに、お金を手にするわけです。問題を多く解決すればするほど、入ってくるお金も多くなります。

人々が不動産を売らざるを得なくなる問題を20ほど挙げました。問題が切羽詰まったものであればあるほど、早期の売却が必要になり、売主の柔軟性も高くなります。

売却を早める方法は次の2つしかありません。価格を下げるか、魅力的な支払条件（例えば、頭金を小額にするなど）を提供することです。

お買い得物件ハンターとしては、価格か条件のどちらか、願わくばその両方を手にしたいものです。そうでなければ、買わないことです。

不動産業界でもっとも多くのお買い得物件が存在するのは、抵当流れの分野です。

お買い得チャンス1　抵当流れ物件

「非の打ちどころのない不動産を手放す理由」とは何でしょうか？　彼らはなぜ信用格付を損なうようなリスクを冒したのでしょうか？　自分の家から追い出されるという事態を招いたのはいったい何だったのでしょうか？

理由が何であれ、世界的に見ると毎年何百万という数の家が抵当流れになっているのです。

現在の年収と同じか、それを超える利益を上げるためには、あなたはこれらのうち何件を購入すれば良いのでしょうか。

答は「たった1件」です。

良い物件であれば、たった1回買って転売するだけで、年収に相当する利益を上げることができるのです！　さらに、じっくり時間をかけて探せば、一生食べていけるだけの利益をもたらしてくれるお買い得物件を最低1つは見つけられます。

しかし、まだ皆さんはそれを信じられる段階には来ていないでしょう。では、もう少し望みを低くして、これから継続的に物件探しを行い、5年以内に、市場価格を20％下回る価格ですばらしい物件を1つ購入することに成功すると

銀行家というのは、太陽が照っているときに自分の傘を差し出して、雨が降り始めるやいなや、それを返せと言うようなやつだ。

（マーク・トウェイン）

第6章　不動産で大きく稼ぐ　頭金なしでもできる大富豪への道

いうのではどうでしょう。これなら現実的ですか？

抵当流れの中からお買い得物件を見つけ出す

　格安物件を見つけるもっとも効率的な方法の1つが、抵当流れの物件を探すことです。

　不動産の所有者が月々の返済ができなくなると、そのローンは債務不履行となります。債務不履行の扱いは、各融資機関によって異なります。

　通常、初めは契約通りの返済を促す丁寧な手紙が郵送されてきます。その後、だんだんと脅し口調が強くなる一連の手紙が続いたあと、正式な債務不履行の通知書が届きます。

　地域によって幅がありますが、債務不履行の通知が届いてから実際に抵当流れとなって売りに出されるまでの期間は、90〜365日といったところです。

　以下は、抵当流れのプロセスの4つの主要なステップです。

■モーゲージの提供者が裁判所に債務不履行の届け出をする前のプレセール
■モーゲージの提供者が裁判所に債務不履行の届け出をしたあとのプレセール
■抵当流れによる競売
■ショートセール（ポストセール）

プレセール　債務不履行通知提出の前

　各段階にはそれぞれ、利点と不利な点があります。

　例えば、もっとも競争が少ないのは、銀行が裁判所に債務不履行通知を提出する前です。返済が滞ったことを知っているのは、基本的に貸し手と不動産の所有者だけです。

　ただ残念なことに、そのような状況にある人を見つけ出すのは至難の業です。オンラインに広告を出してそのような人に呼びかけたり、丹念に聞き込み調査を行うしかないでしょう。

人生とは、「ルールを学ぶこと」が目的になっている唯一のゲームである。

（アシュレイ・ブリリアント）

133

プレセール　債務不履行通知提出のあと

　いったん債務不履行の通知が裁判所に提出されれば、それは公の記録となります。抵当流れ物件を扱うサービス会社が提出された債務不履行通知を随時調査しており、情報を求めている人に有料で提供しています。

　通常、売主は抵当流れの期日が近づいてくるにつれ、いっそう柔軟になるものです。

　しかし当然、ここでは他にも購入を希望する競争相手が存在します。

抵当流れによる競売

　不動産が競売にかけられることになれば、買い手であるあなたに残された選択肢は1つだけです。

「モーゲージの提供者に全額を支払う」ということです。

　したがって、抵当流れによる競売で入札するには、多額のキャッシュが必要となります。落札できた場合、支払いまでの時間はわずかしかありません。

　地元の裁判所に出向いて次の競売の日程を調べ、是非見学に行ってみてください。その日競売にかけられる予定だった物件の多くが、何らかの理由で取り下げられているのがわかるでしょう。残った物件についても、その大半がほとんど純資産価値がない（ローンや法手続きの手数料が不動産価値を相殺するか、それを上回る）ものであるため、誰も入札せず、融資機関が再度引き取るという形になります。

　入札するだけの価値がある物件は、本当にわずかしかありません。そういう中にも時折、例外的にすばらしいお買い得物件が見つかります。

　そんなときは、投資家同士の激しい競り合いとなることもあります。

　私の生徒の1人が、あるベテランの投資家との競り合いになり、最終的にその生徒が落札しました。落札後、ベテラン投資家は彼に近づいてきて「2,000ドルの現金を即座に払うから購入権利を譲ってほしい」と申し出ました。彼はそれを受け入れ、たった15分間の「働き」に2,000ドルの報酬を得ることになったのでした。

　競売で不動産を買うことはおすすめしませんが、実際に見学して、どのようなことが行われているかを見ることはためになると思います。

心が優しいだけだったら、誰も良きサマリア人のことなど覚えていなかったでしょう。彼にはお金もあったのです。

（マーガレット・サッチャー）

第6章　不動産で大きく稼ぐ　頭金なしでもできる大富豪への道

ショートセール（ポストセール）

いったん物件を抵当流れにしてしまうと、融資機関は非常にフレキシブルになります。もはやそれは彼らにとって〝お荷物〟となったわけで、早々に処分したいからです。

実際に、彼らは「ほしくない症候群」のさまざまな症状を見せます。

場合によっては、モーゲージの額を下回る価格で売る承諾をすることさえあります。業界ではこれを「ショートセール」と呼んでいます。

例えば、貸し手が950万円のモーゲージを設定した1,000万円の家を抵当流れにしたとします。競売で誰も入札しなかった場合、貸し手はその家を引き取ることになります。そうなると、貸し手は損をしてでも処分することを優先し、多くの場合950万円を下回るオファーでも受け入れるのです。

抵当流れの物件は、プレセールかポストセールのいずれかで買うことがコツです。

お買い得チャンス2　転売

不動産取引の場合、「何日以内にいくらでその不動産を購入する」というオファーを出すときは、必ず書類にサインをします。これを「購入申込」と言います。実質的に、購入申込は短期のオプションと言えます。それは、一定期間内にあなたに不動産を売ることを売り手に義務づける合意書です。

例えば、あなたが2,000万円の家を60日以内に購入契約を結ぶ約束で買うというオファーを出したとしましょう。これはつまり、その不動産を2,000万円という固定価格で60日後に購入するというオプションです。

その60日の間に、もし別の人が2,200万円であなたの権利を譲ってほしいと言ってきたらどうなるでしょう。その人にあなたの「権利」を売って、200万円の利益を得ることは可能でしょうか？

答は、「たぶん」です（こうした事柄は、必ず不動産専門の有能な弁護士に相談してから判断するべきです）。

理論上は（あえて「理論上」という言葉を強調しますが）、あなたに代わって購入契約を履行する個人にあなたの権利を売ることはできるはずです。

たいていの場合、経済を勉強して明らかになるのは、何を買うにしても去年買うべきだったということだ。

（マーティ・アレン）

135

法律的な立場を強くするために、購入申込を作成するときは必ず、「および、または譲受人」という言葉を付け加えることをおすすめします。

例えば、私が自分の名前で不動産を購入するとき、私は次のように書きます。「ロバート・G・アレンおよび、または譲受人」

これにより、理論上、私はこの契約を第三者に「転売」することができます。購入申込にサインするときは常に、自分の氏名のあとにこの魔法の言葉を付け加えるようにしてください。

私が初めて転売した不動産は、12戸からなるアパートメントビルでした。オーナーは市場価格を大きく下回る値段でこの不動産を売ることを考えていましたが、残念なことに私にはとても払えない高額な頭金を要求していました。

この時点で、私はすばらしいお買い得物件をみすみす諦めなくてはならない自分の力不足にうなだれながら立ち去ることもできました。しかし私はすぐさま、彼らの希望通りのオファーを出しました。7週間後にキャッシュで購入するという契約です。

手付金として、私は小切手で500ドルを支払いました。もちろん、最低限の自衛策として、購入申込には次の文章も書き添えました。「契約時あるいは、それに先だって行われる、私のパートナーによる物件の立ち入り調査の結果による」

この一文を入れることで、もし私のパートナーが購入に反対した場合は購入を中止できるという逃げ道を確保できるのです（ところで、パートナーとは誰でしょうか。妻でも、兄弟でも、私の指定する人なら誰でもよいのです）。

では、ここで状況を分析してみましょう。

売主は私に、彼らの不動産の価格をコントロールする権利を与えてくれました。私はその権利に対し、500ドルを支払いました。もし私が購入の契約を果たさなければ、その500ドルは没収されます。

しかし、「私のパートナーによる立ち入り調査の結果による」という一文によって、私は手付金を失うリスクをも回避できることになりました。つまり、私は、このすばらしい物件を7週間の間、まったくのノーリスクで固定することができるわけです。

人には3つのタイプがある。数えることのできる人と、そうでない人だ。

第6章　不動産で大きく稼ぐ　頭金なしでもできる大富豪への道

　私はさっそく、このめったにないお買い得物件をキャッシュで手に入れたいという友人を探し回りました。するとある友人が名乗りを上げ、私は彼に、すばらしい物件を見つけたのに契約するためのキャッシュがないという自分のジレンマを説明しました。その友人がキャッシュを用意できれば、契約後すぐに物件を彼に転売するという手はずです。

　7週間後、私は彼のキャッシュを使って契約を締結し、その直後、彼に物件を転売しました。彼は物件を見つけた手数料として、私に7,000ドルを支払いました。

　おわかりになったでしょうか。自分では買えない不動産に対し購入申込をするという機転を働かせたために、私は7週間で7,000ドルの利益を手にしたのです。

　契約に際しては、すべての側が目的を果たしました。売主は求めていたキャッシュを得ました。友人はお買い得物件を手に入れました。そして私は、物件の発見者として悪くない手数料を手にしたのです。

　これは私が初めて行った転売だったため、当時はまだ、例の魔法の言葉「および、または譲受人」を書き加えて、実際に自ら契約を結ぶ必要を排除できるということを知りませんでした。それを知っていれば、単に紙面上の権利を友人に売ることで、友人が私に代わって購入契約を履行するということができたのです。

　こんな転売の成功事例もあります。

　私の生徒の1人は、転売で大きな利益を上げました。彼は奥さんと一緒に、コロラドの有名なスキーリゾートでバカンスを楽しんでいました。

　彼は、スキー旅行にかかる費用の一部を経費として控除できるようにするため、何時間かを不動産の売り物件リストの調査に費やしました。そして、私の言う「最高のエリアにある最悪の物件」を発見したのです。その物件には125万ドルの値がついていました。周辺の物件はだいたい200万～500万ドルといった範囲です。

　私の生徒は当初、自分たちで個人的に使用するためにその物件を買おうと考えていました。彼が出した、キャッシュで80万ドルで買うというオファーに対して、売り手側は90万ドルなら売ると回答してきました。結局、後者の価

137

格で、60日後の購入が合意されました。

　その間、私の生徒は不動産仲介業者に、契約日に先立って物件を転売する可能性があることを知らせました。すると間もなくして、彼は115万ドルのオファーを受け取りました。彼が契約した価格より25万ドルも高い値段です。

　彼は「および、または譲受人」という言葉を購入申込に書いていたので、新たな買い手に物件を転売し、手数料を引いてもなお膨大な利益を上げることができました。

　注目していただきたいのは、私の生徒はその不動産を一度も所有せず、新しいローンを設定することもなく、信用状態を調査されることもなく、収入や頭金の信頼性を立証する必要もなかったということです。

　彼はただ、その不動産を買う権利を第三者に譲渡しただけです。彼は不動産を一度も所有することなく、多額のお金を稼ぎ出したのです。

　これこそが、転売の利点です。

　ここからは、日本での不動産取引の成功事例を具体的に見ていきます。きっと、これから不動産投資を本格的に始めていきたいあなたにとって、特に有意義な内容であり、インスピレーションを与えてくれることでしょう。

＊＊＊＊＊＊＊＊＊＊＊＊＊＊＊＊＊＊＊＊＊＊＊＊＊＊＊＊＊＊＊

【日本での不動産取引の成功事例】

ケーススタディ1
■ 佐藤さんの事例 ■

　私は不動産購入のために販売物件情報が掲載されているウェブサイトを毎日毎日、検索していました。毎日、閲覧していたサイトは15サイト程度で、毎日検索していると、新着情報が出たらすぐにわかるようになっていました。

　ある日、LIFULL HOME'S というサイトの新着情報で、かなり割安な物件が掲載されていることに気づきました。

そうです。今これを読んでいる瞬間にも、世界はあなたをこの上なく幸せで、健康で、成功を極めた人物にしようと企んでいるのです。そしてあなたには、それを止めることなどできないのです。

（スティーブ・バイアマン）

第6章　不動産で大きく稼ぐ　頭金なしでもできる大富豪への道

　その物件は1R10部屋。埼玉県内にあり、入居付けが容易ではないエリアで、物件も築25年と古いことから、1,300万円で売られていました。

　当時は、1,700万円の価値があり、利回りは27％という驚異の数値を誇っていたため、かなりの収益性が見込めると判断し、また、将来的に高く売れるとも考え、購入しようと決意しました。

　もし、なかなか売れなくても満室経営さえ続けていけば、約4年で資金が回収できるのも購入の1つの理由です。

　そして、ネットに出ているということはすでに情報が出回っていると思い、すぐに販売先の不動産会社に電話をして、翌日見にいくとアポイントを取りました。

　翌日、物件を見にいったところ、高額なリフォームがかかるところがなかったため、さっそく、不動産会社の担当者に、「他に買い手（ライバル）はいるのか？」、「売主はどういう人か？」、「売主はなぜ売りたいのか？」、「売り急いでいるのか？」などを尋ねました。

　そうしたところ、担当者からは、「まだサイトに掲載したばかりで買いたいと申し出ている人はいない。売主はすでに定年退職しており、高齢の方である。高齢のため、賃貸経営が面倒になり、早く処分したいと言っている」ということがわかりました。

　そこで私は、980万円という値段に値引きした買付け証明書とともに、売主にこちらの気持ちが伝わるように手紙を書いて、担当者経由で渡してもらいました。

　なぜ手紙を書いたのかと言うと、売主の情報を聞いていくうちに「高く買ってくれる人を優先するのではなく、物件を大事に使ってくれるような人に売りたい」という思いを感じたからです。

　ですので、値段だけではない、気持ちを伝えることが重要だと考えました。

139

【実際に売主に渡した手紙】

売主様へ

　物件を見学させていただき、売主様が「●●●アパート」を長年大切にしていらっしゃることが十分に伝わりました。

　私としましては、このようなすばらしい物件をお譲りいただき、しっかりと管理させていただきたいと考えております。

　また、不動産賃貸業に否定的な妻も「●●●アパート」であれば、是非とも購入したいと申しており、夫婦そろって本物件をたいへん気に入っています！

　ですが、1つ問題があります。

　それは、本物件は築25年の木造アパートであるゆえ、法定耐用年数（木造アパートは22年）を超えており、融資が難しく、現金での購入以外方法はないと考えております。

　そして、本物件を再生するためには、諸々設備等の交換が必要となるため、修繕に結構費用がかかります。

　しかし、お恥ずかしい話ではありますが、私には手持ちの現金がほとんどなく、修繕費用がまかなえません。

　そこでご相談ですが、お値引きにご協力していただけないでしょうか？
　本当に心苦しいお願いなのですが、本アパートを980万円でお譲りいただけたらと思っております。

　私には小さい子供がおりまして、お金がかかり、金銭的に苦しい状況です。
　その補てんとして、「●●●アパート」から少しでもまかなえたらという気

第6章　不動産で大きく稼ぐ　頭金なしでもできる大富豪への道

持ちでいます。

どうか前向きにご検討いただけたら幸いです。
よろしくお願いいたします。

───────────────────────────

　なお、購入資金についてですが、当時退職したばかりで、退職金があったため、その資金とコツコツ貯めた貯金を全額投入することにしました。

　かなりいい物件だったので、躊躇（ちゅうちょ）していると、すぐに他の人に買われてしまうということもあり、何よりも早く買うことを優先しました。
　利益が出る物件さえ手に入れば、「キャッシュが積み上がっていく。さらに現金で購入すれば、次の物件購入のための担保にもなり得る」と考え、購入に踏み切りました。

　売主からは、5日程度たってから、「980万円という価格は無理だが、1,100万円ならいい」という返事がきました。

　物件がサイトに掲載されてから5日程度たっていたため、すでに物件を購入したいという希望者が3名程度いて、これ以上時間をかけて交渉を続ければ、売主の気持ちも変わる恐れがあり、また人から買われる可能性もあると思い、1,100万円で購入することに決めました。

　なお、リフォームしなければいけない状態であったため、200万円程度かけてリフォームを行い、早期満室を目指しました。
　満室にするまで、4ヵ月程度はかかりましたが、毎月約29万円のキャッシュが得られるようになりました。

　私が満室に向けて実行したことは、以下になります。

───────────────────────────

141

1、ターゲットに適したリフォーム
　物件周辺の客付業者に、私の物件に住む見込みのあるターゲット層をヒアリングし、そのターゲット層が好む設備やリフォームを行いました。

2、他の物件にはない、オンリーワンの部屋造り
　部屋を探している人は、複数の部屋を見て、最終的にどの部屋にするのかを決めます。部屋を探すその日のうちに見て決めるため、記憶に残ること、一目惚れさせる工夫が必要です。
　例えば、デコ壁というおしゃれな壁紙や木製の便座・ペーパーホルダーなどの他の物件にはないオンリーワンのオリジナルアイテム等を設置することは、記憶に残り、アイテムを気に入った人からすると、この物件にしかないため、この部屋を選ばざるを得ないのです。
　ただし、オリジナルアイテムについても当然、ターゲットに合うものを選ばなくてはいけません。

デコ壁

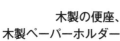
木製の便座、木製ペーパーホルダー

第6章 不動産で大きく稼ぐ 頭金なしでもできる大富豪への道

3 デメリットをうまく活用する

この物件は、バストイレが一緒の部屋が1つだけあり、その部屋は埋まりづらかったのですが、逆にこの部屋を入居促進に利用することにしました。

この部屋だけ家賃を数千円下げてお得感を出し、募集サイトに掲載しました。

そうしたところ、家賃が相場よりも安いということで内覧者が一気に増えました。

ただここで取った作戦として、この部屋を見に来た人には他の部屋もついでに見てもらうことにしたのです。

他の部屋はというと、設備等をより良くし、バストイレも別ということで、内覧に来た人は、家賃が少々高くても他の部屋を選んでくれました。

家賃が安い部屋で内覧者を増やし、家賃が高い他の部屋で入居を決める。この方法で入居付けのスピードが高まりました。

そして、この物件は4年程度、保有した時点で売却にかけました。

なぜならば、このときは、金融機関の融資情勢が活発で、買い手が多くいて高く売れる市況だったからです。

佐藤さん事例

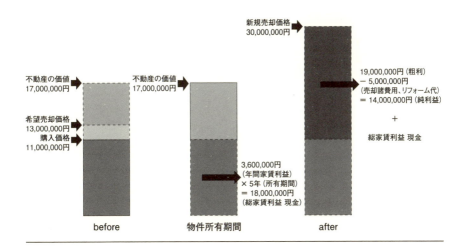

売却する際は、金融機関の評価や買主の印象を良くするため、120万円程度かけて、全面塗装しました。

　その結果、売却まで1年程度かかったものの、最終的には3,020万円で売却が決まり、売却時の諸費用200万円を除いても約1,400万円程度の利益を残すことに成功しました。

ケーススタディ2
■ A・Sさんの事例 ■

　私は不動産を探すためにサラリーマンをやりながら、毎日不動産サイトを5〜6サイト1時間程度見ていました。

　また、不動産投資の知識を向上させるために、トイレなどの空き時間をうまく利用して、不動産投資の書籍を読み漁り、毎日少しずつ知識を増やしていきました。

　そんなある日、富山県の物件で、1988年築、間取りは2K、12室、価格は3,500万円、利回り21％の物件を見つけました。

　かなりの高利回り物件で、不動産の価値は5,500万円程度ありました。

　そんな良い物件が誰もが閲覧できるネット上で、なぜ売れ残っていたかというと、なかなか融資付けが難しい物件のため、地元の信用組合や地方銀行に融資をお願いした人がことごとく融資がおりず買えない状況でした。

　そこで、私は当時、利用する人が比較的少なかった、日本政策金融公庫という政府系の金融機関に目をつけ、融資をお願いしました。

　他の人が目を向けない金融機関を活用した結果、融資付けに成功しました。

　融資額は、3,000万円になります。

　そして、買える人がなかなか出てこない物件だったため、売主からしたら買える人がやっと現れたということで、もともと安く出ていた物件をさらに指値をし、700万円引きで購入できました。

　この時点で、利回りはなんと25％にもなる高収益物件になりました。

　家賃は毎月60万円程度です。

第 6 章　不動産で大きく稼ぐ　頭金なしでもできる大富豪への道

　買った当時は 12 室中の半分しか埋まっていなかったのですが、4 ヵ月程度で満室になりました。
　埋めることができたポイントとしては、物件が地方ということで、都心部のような積極的な入居促進策を実施するような人はほとんどなく、その中で勝てる戦略をきちんと取っていけば勝てる状況でした。
　例えば、ネットを無料化にしたり、ペット可物件にしたり、マンション名をおしゃれな名前に変えるなどを行いました。
　コストパフォーマンスを意識してお金をかけないリフォームにも心がけたため、リフォームでかかった費用は 100 万円程度で済みました。

　なお、毎年かかる経費は、年間約 300 万円（固定資産税、返済等）であり、年間家賃収入の約 720 万円から差し引いたら、毎年 420 万円の利益が残りました。

　そして、所有してから 5 年後に売却に出しました。

A・Sさん事例

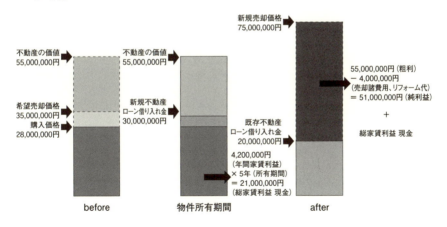

売却に出した理由は、税金が長期譲渡税になるタイミングであり、税金が安くなるということ、そして、銀行融資が積極的な市況であったため、買い手が多くいて高く買ってもらえる状況であったためです。

やはり買い手が多くいる市況という読みは当たり、7,500万円で売却することに成功しました。

売却に伴う諸費用の約300万円を差し引き、7,200万円の利益が残り、返済が2,000万円まで減っていたので、キャピタルゲインが5,200万円になりました。

ケーススタディ3
■ 齋藤一郎さんの事例 ■

平成26年、私は不動産を購入するために、毎日、不動産サイトをチェックしていました。

毎日5サイト程度見ていたと思います。

そんな中である日、ネットで売れ残っている物件を見つけました。

それは、秋田県の物件で、RC3階建て、築37年、間取りは3Kが15部屋、テナントが2つある物件でした。

価格は5,000万円で、利回りが15％と比較的高く、面白い物件だと思いました。

ただ、問題として、ボロボロの状態で、3階すべてが雨漏りをし、外階段なども使えない状況でした。

それでも、価値として、7,000万円程度あったため、ボロボロだけれども手直しをして満室にして売れば、利益がかなり上げられると思い、購入に踏み切りました。

ボロボロであるという点と、空室が7部屋もあったということで、売れ残っていた物件でしたので、3,500万円への値引き交渉がうまくいきました。

第6章　不動産で大きく稼ぐ　頭金なしでもできる大富豪への道

　ただ、資金確保の点では苦労しました。

　自己資金だけで購入できなかったため、融資を利用するしか手はなく、秋田県内の金融機関に相談することにしました。

　自分の居住地付近にある金融機関は、すでに複数から借り入れをしていたため、借り入れが難しい状況でした。

　私は秋田県に居住しているわけではなかったのですが、信用保証協会※が銀行の代わりに代位弁済してくれる信用保証制度を活用し、困難と思われていた銀行融資を通すことに成功しました。

　そのときに、銀行から借りたのは、物件の購入費3,500万円とリフォーム代1,700万円を合わせた5,200万円でした。

　購入に伴う諸費用は300万円程度かかりましたが、そこは自己資金を使いました。

　リフォーム代1,700万円といってもボロボロだったため、かなりの費用がかかるということで、過度なリフォームはせずに、普通レベルにとどめました。

　購入当時は、物件がボロボロということで、居住スペース1部屋とテナントをそれぞれ5万円で貸しており、中には1部屋1万円で貸している部屋もありました。

　ですが、リフォームをして綺麗にした結果、居住スペース1室あたり6万円、テナントは退去後ですが10万円、1万円で貸していた部屋は退去してもらい、4万円に家賃を上げて貸すことができ、年間家賃は1,200万円になりました。

　購入当初、月2万円のゴミ収集費用がかかっていました。駐車場を1つ潰すのに6万円程度はかかりましたが、ゴミ置場を造り、毎月発生していたゴミ収集費用が発生しないように工夫しました。

※信用保証協会：中小企業・小規模事業者などの資金調達を支援する公的機関。

そして、私はこの物件を1年半程度持ったのち、6,700万円という価格で、売却にかけました。
　大規模なリフォームをして家賃をあげた結果、6,700万円という高めの売却価格でも利回りは18％になり、その利回りの魅力から、その値段でも購入希望者が複数いました。

　そのため、6,700万円で売ることに成功したのです。
　売却に伴う諸費用は不動産取得税も含めて400万円程度かかりましたが、6,700万円で売って、800万円の利益が残りました。

　さらに、別の物件ですが、6,000万円で買った物件を9,000万円で売ったことも過去にはあります。
　そして、自己資金が一時的に不足し厳しい状況の中、どうしても物件が買いたかったときには、売買のお手伝いをしてくれた不動産会社の担当から一時的にお金を借りたこともあります。

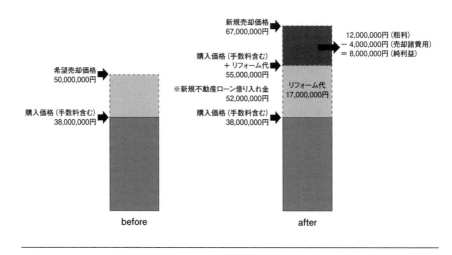

第6章 不動産で大きく稼ぐ 頭金なしでもできる大富豪への道

今回のケースも、普通の人が手間を惜しんでやらないことを愚直にやっただけです。

成功するためには、できない理由をあれこれ考えるのではなく、とにかく行動することが大事です。まずは行動に移して、微修正しながらやっていくくらいがちょうど良いかと私は思います。

ケーススタディ4
■ 鈴木コウジさんの事例 ■

私が物件購入を考え始めたときは、リフォーム業を営んでいたため、不動産会社との付き合いがあり、知り合いの不動産会社の担当に私の物件の希望条件を伝え、常日頃から物件がほしいと言っていました。

そんな中、平成25年1月、物件情報がほしいということで、知り合いの不動産会社に足を運んだ際、そこで働いている従業員の1人から、かなり利益が上げられる物件を紹介してもらいました。

その物件は茨城県にあり、RC構造、築21年、3LDK、15部屋で、価格は、8,500万円でした。

利回りは13%で、銀行評価も高く、1億2,000万円もの価値があり、購入を急ぎました。

そこで、不動産会社の担当に、売主はどういう人かを確認したところ、売主は、夫が持っていた不動産を引き継いで、その使い道に困り、早く処分したいと考えている90歳くらいになるお婆さんであるということでした。

そのため、価格交渉は期待できるものと思い、700万円引きの7,800万円で譲ってもらえるようお願いしました。

売主自体、自分が運営していた物件ではなかったということもあり、早く手放したいと考えていたため、7,800万円の価格で了承してくれました。

7,800万円になったおかげで利回りは14%という高いものになりました。

そして、この物件は、売りに出されたばかりで、購入希望者が自分以外にい

149

ない状況だったので、どうしても手に入れたいという強い思いで、「絶対に私が購入するので、他の人には紹介しないでほしい」とお願いをしました。

業者は知り合いでしたし、そもそも売買に力を入れているわけではなく、仲介業務（管理業務）に力を入れている会社だったので、そのお願いは了解してもらいました。

なんとかこの物件を手に入れるため、紹介してくれた担当者に金融機関の紹介までお願いしました。

なお、私が購入したいと考えた理由の1つに、この物件は銀行評価が高く、複数の金融機関に融資相談すればそのうち融資はおりるだろうという考えがありました。

ただ、急ぎたいという思いがあったため、紹介してもらったところから片っ端に融資相談に行こうと思っていました。

やはり私の予想は当たり、不動産会社が紹介してくれた金融機関で、8,000万円の融資がおりました。

諸費用は500万円程度（自分が投入した資金は300万円）かかりましたが、その金額を除けば、満額以上で融資が出たことになります。

なお、その後のリフォームは私がリフォーム屋ということを活かし、ほとんど費用をかけずにリフォームをしました。

なお、銀行からの融資は満額以上出たものの、融資期間が短かったため、年間の返済額は約640万円にのぼっていました。それに加え、その他の清掃費等の経費は350万円程度かかったため、満室時の家賃年収1,300万円から差し引くと、年間の収入は、310万円にしかなりませんでした。

この物件は1室空きの状態で購入し、その後、2室空いて、なんとかまた2室埋めたものの入居付けには苦しみました。

月々のキャッシュフローが少ないということも重なり、徐々に売却を考え始めました。

第6章　不動産で大きく稼ぐ　頭金なしでもできる大富豪への道

　価値が1億2,000万円もある物件だったため、売却すればかなりの利益が上げられると思ったのです。

　そんな矢先、知り合いの不動産会社から別の物件の紹介がありました。
　その物件は栃木県にあり、築13年のRC、1LDK25部屋で、価格は1億4,000万円でした。
　そして、利回りは12%、価値は1億8,000万円もあり、築年数が比較的新しく、入居付けはこちらの方が茨城県の物件よりも楽だろうということで、この物件の購入を考えました。

　もともとこの物件は、私が購入する前に別の買主が融資の内諾を銀行からもらっていたにもかかわらず、突然、購入をキャンセルし、私のところに舞い込んできたものです。

　融資の内諾がおりていた金融機関の融資条件は、融資額1億1,000万円。3,000万円の自己資金が必要であり、現金を持っている人でないと買えない代物でした。

　そこで、どうしてもこの物件がほしかった私は茨城県の物件を売って現金化し、この物件購入の資金に充てようと考えました。

　茨城県の物件が高く売れるように、売却前に300万円程度、屋上防水工事等を行いました。
　そもそも1億2,000万円の価値があった物件だったので、売却は労せずに、購入から7ヵ月後、1億2,000万円で売れました（売却に伴う諸費用は500万円）。

　売却益は金融機関に返済しても3,200万円残ったため、栃木県の物件の融資不足金3,000万円に充当できました。
　これで晴れて栃木県の物件を購入することができました。

　私は、この1億8,000万円もの価値のある物件を300万円程度の自己資金（茨

151

城物件購入時）で手に入れることができました。

売却を間に挟むことにより、より良い物件に乗り換えることができたのです。まさにわらしべ長者戦略ということになります。

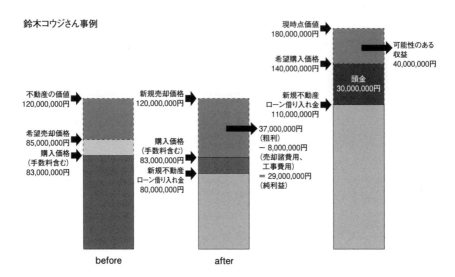

ケーススタディ5
■ 稲村徹也さんの事例 ■

　不動産を購入することは優れた長期退職戦略の1つです。　私の友人でビジネスパートナーの稲村徹也さんは約10年前に家を購入しました。

　彼は経済的な困難を経験していたにもかかわらず、彼と彼の家族が住む家を買うことができました。

　それは約8,000万円の評価価値のある家でしたが、彼はそれを7,000万円で購入することができました。

　彼らはその後7年間その物件に住み、この間に彼らは住宅ローンを完済することができました。

　その後、彼は、より大きくて良い家に移ることに決めました。

第6章　不動産で大きく稼ぐ　頭金なしでもできる大富豪への道

しかし、彼は住んでいた家の所有を継続し、賃貸に出しました。
現在この物件は約1億円の価値があり、賃貸収入としての現金収入は年間約500万円です。
不動産の価値がこれ以上に上がらないとしても、退職を支える安定した毎月の現金収入を望むことができます。

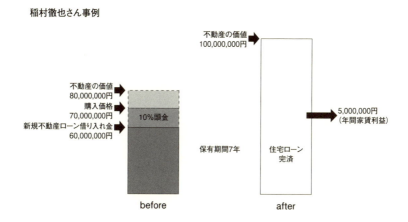

ケーススタディ6
■ K・Mさんの事例 ■

私の日本の友人の1人であるK・Mさんの事例を紹介しましょう。彼は投資収入を得るためにインターネットサイトを検索してあるアパートを見つけました。
www.kenbiya.com
それは最寄りのJRの駅から徒歩7分圏内の物件で、1987年に建てられた30平米の部屋が15部屋ある単身用アパートでした。

彼が2010年にそれを買ったときの価値は8,000万円でした。

彼はこの物件を、税金、仲介手数料、諸費用等500万円を加味したうえで、7,400万円に値下げ交渉することができました。

彼は年利3.2%、借入期間30年の7,400万円の住宅ローンを取得しました。

すべての部屋を賃貸に出し、毎月25万円の純益キャッシュフローを生み出しました。

彼は2017年に4棟の賃貸住宅と新しいアパートを購入できるように2016年にこの不動産を売却しました。

売却による純利益は6年間のキャッシュフローを含め3,474万円でした。

これは、賢明な不動産投資家が日本において成し遂げたすばらしい事例です。

ケーススタディ7
■ K・Kさんの事例 ■

私の日本の友人の1人であるK・Kさんの事例を紹介しましょう。

彼はここ数年、不動産を購入し成功を収めています。

彼の今までの成功物件の中で、もっとも魅力的だったものは、彼が25歳のときに大分市で購入した28部屋のアパートです。

彼がそれを発見したとき、約1億円の価値がありました。

彼は交渉によりその物件を7,800万円で購入することができました。

彼は頭金を払わずに、7,800万円の住宅ローンを取得することができました。

現在、その物件は毎月36.3万円の純益キャッシュフローを生み出しています。

＊＊＊＊＊＊＊＊＊＊＊＊＊＊＊＊＊＊＊＊＊＊＊＊＊＊＊＊＊＊＊

私は、日本の不動産市場の現在の動向についてアドバイスしてもらうために、知識、経験共に豊かな日本のビジネスパートナーを選びました。私はあなたのために、次の12ヶ月間に最も収益性の高い不動産戦略に関する非常に価値ある特別レポートを無料で用意するよう依頼しました。この貴重な情報を受け取るには www.millionaireclub.jp にアクセスしてください。

無料で資料のダウンロードが可能です。

第6章　不動産で大きく稼ぐ　頭金なしでもできる大富豪への道

　次の章では、また別のマネー・メイキングの方法をご紹介しましょう。

　最後に資料として近年の不動産価格の推移をまとめた各種グラフを添付しますので、ぜひ参考にしてみてくださいね。

三大都市圏の中古一戸建て住宅の平均価格推移

東京カンティ プレスリリース／中古一戸建て住宅平均価格 (2017年2月7日)

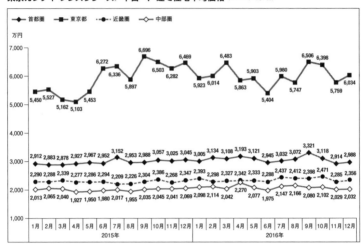

東京カンティ プレスリリース／中古一戸建て住宅平均価格 (2018年1月10日)

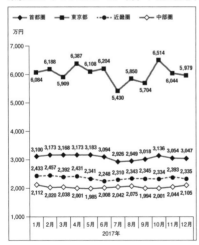

第6章 不動産で大きく稼ぐ 頭金なしでもできる大富豪への道

三大都市圏＆福岡県の新築一戸建て住宅の平均価格推移

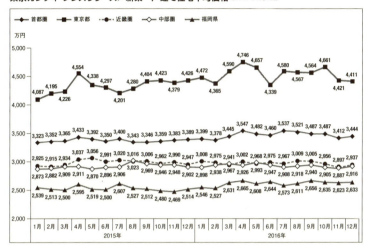

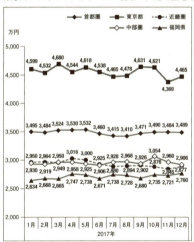

首都圏のみの中古一戸建住宅の平均価格推移

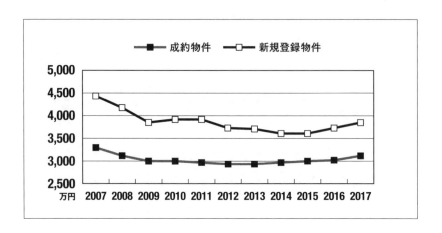

首都圏のみの新築一戸建住宅の平均価格推移

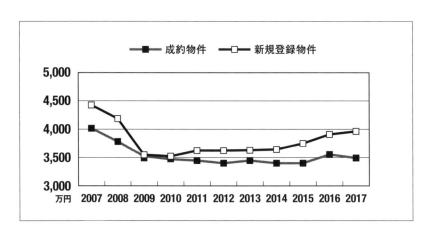

第6章　不動産で大きく稼ぐ　頭金なしでもできる大富豪への道

首都圏のみの中古マンション平均価格推移

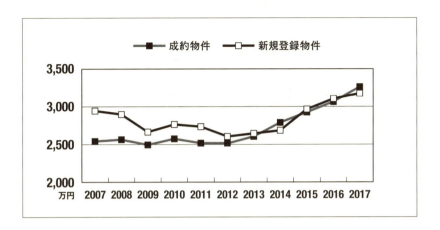

第7章

情報ビジネス
小さな案内広告から巨大な富を築く

「あなたは今、巨額の富まで、案内広告たった１つ分の距離にいる」

ロバート・G・アレン

マーケティング・マウンテンにようこそ。

この山では、４つの21世紀型収入の流れについてお話します。この４つ以上にニューミレニアムを象徴するビジネスは他に思いつきません。

それらは、

「インフォメーション・マーケティング」

「インターネット・マーケティング」

「パーソナルフランチャイズ」

そして「ライセンシング」です。

これらはいずれも、マーケティングに革命を起こしました。それはビジネスの世界を大きく様変わりさせ、今後も変え続けていくに違いありません。この４つは、その１つひとつが、今後あなたの生活に大きな影響を与えていくものです。だからこそ、これらの大きな潮流にあなた自身が参加し、各流れ独自のダイナミズムを実感して、それぞれがもたらすユニークな形の収益を体験するべきなのです。

第６章で、私は物的財産の大きな可能性についてご説明しました。実は、知的財産にはさらに大きなお金を生み出す可能性が秘められています。それは、

第 7 章　情報ビジネス　小さな案内広告から巨大な富を築く

より早く手に入り、一生続く収入の流れにつながり得るお金です。
「なら、お金を見せてみろ！」と言われたら、私は「じゃあ、手押し車を持っ
てきてください！」と答えるでしょう。

　この章では、21世紀が贈るもっともエキサイティングなビジネスチャンス
だと私が確信する、「インフォメーション・マーケティング」をご紹介しましょ
う。「情報」を主な商品とする起業家を、「情報起業家」と呼びます。情報は
今、もっとも注目を集めている分野です。

　知的財産は、21世紀における真の富です。その象徴として、ウィリアム・
ゲイツ3世（ビル・ゲイツ）の名を挙げておきましょう。この地球上でもっと
もお金持ちであり、情報ビジネスの奇才です。

情報をマーケティングする

「知的財産」という言葉に、惑わされないようにしてください。情報ビジネス
で大成功するためには、高い知性やＩＱが必要だというわけではありません。
あなたが売る情報は、必ずしもあなたの情報でなくてもかまいません。
　では2つの例をご紹介しましょう。

ケーススタディ①　まったくの空白で大金を稼ぐ

　シンディ・キャッシュマンは、古い考え方にちょっとひねりを加えて、情報
ビジネスで巨額のお金を稼ぎ出しました。シンディは現在、テキサス州の湖の
ほとりにある大邸宅に住んでいます。

　彼女は自分の書いた専門書を、出版社を通さず、すべて彼女1人で売って
100万ドルを稼ぎました。皆さんの中にも彼女の本を目にしたことのある方が
いると思います。ドクター・リチャード・ハリソン著（彼女のペンネーム）の
『男は何もわかっちゃいない（EVERYTHING MEN KNOW ABOUT
WOMEN）』です。驚くべきは、シンディの本は中身が真っ白だということで
す！　そのペーパーバックの全96ページには、たったのひと言も印刷されて
いません！　それなのに、女性たちはその本を大量にまとめて購入するのです。
友人に配るために一度に100冊という単位で！

ウェイター：金は盆の上で増えると信じている人

161

シンディはこれで、引退生活を送るのに十分なだけのお金を稼ぎました。もう、まったく働く必要がなくなったのです。

これは実話です。シンディはこれまで何度か、私の主催する情報起業家トレーニング・セッションのゲストスピーカーを務めてくれています。彼女は今、テキサスで本をビデオ化する作業をしています。ビデオテープの中身は、もちろん空です。

ケーススタディ②　秘書のミスが100万ドルの収入の流れを生み出す！

スタン・ミラーは、さまざまな人の言葉の引用を集めるのが趣味でした。16歳のころから結婚するまで、引用のコレクションを続けました。

クリスマスを控えたある日、スタンと新婚の妻シャロンは、彼が集めてきた引用や逸話をすべて1冊の本にまとめたら、素敵なクリスマスプレゼントになるのではないか、と思いつきました。彼は印刷所へ行き、100部印刷して製本するといくらになるかを尋ねました。印刷所は1,000部つくった方が安くなると言いました。1,000部で1,000ドルだということだったので、スタンは悪くないと思い、1,000部注文しました。ところが、請求書が届くと、1,000ドルではなく、1万ドル（1万部分）が請求されていました。発注の際、秘書が間違えてゼロを1つ多く書いてしまったのです！

スタンとシャロンは途方に暮れました。わらにもすがる気持ちで、何冊かを地元の大学内の書店に持っていきましたが、いらないと断られました。ただし、委託販売として数十冊置いていくことは了承してくれました。

1週間後、スタンが書店に行ってみると、本はすべて売り切れていました。これには誰もが驚きました。本はまるで羽が生えたように売れ、現在までに何種類かの異なるバージョンを含めて100万部を売り尽くしました。

これは25年以上も前のことです。そして彼らのもとには今でも印税が入ってくるのです。秘書の犯したつまらない間違いが、100万ドルの天からの贈り物と化したのです。

ちなみに、スタンの本のタイトルは、『Especially for Buddhists（仏教徒のために）』です。現在、人の心を癒す引用、逸話、考え方を集めたこのシリー

ズは全部で6巻発行されています。

　私はスタンに何度も、このアイデアでまだ何百万ドルも稼げると言っています。まったく同じ引用、逸話、考え方を集めたものに、他のグループを対象としたタイトルをつければいいのです。例えば、「聖公会信者のために」、「カトリック教徒のために」、「不可知論者のために」などというのは、どうでしょう？

　このアイデア、どこかで聞いたことはありませんか？　そうです。私の2人の偉大な友人、ジャック・キャンフィールドとマーク・ビクター・ハンセンが、大人気シリーズ『Chicken Soup for the Soul』※に、この方法を利用しています。

　各巻はそれぞれ、無料で提供された101の心温まる話で構成されています。ジャックとマークは自らはひと言も文章を書いていません。しかし、情報起業家として、今後一生収入の流れを手にし続けるのです。今では、数十巻のチキンスープ・シリーズが発行されており（『Chicken Soup for the Pet Lover's Soul』『Chicken Soup for the Teenage Soul』等々）、さらに数十パターンが企画段階にあります。

　彼らの目標は、世界中で10億部を売ることです。彼らは彼らの設定したゴールの半分のところまでもうすでに到達しています。2人のことをよく知っている私は、彼らがそれをやってのけることを確信しています。

あなたの専門・情熱・趣味を
一生続く収入の流れへと結び付ける

「これだけ多くの人に先を越されてしまって、今さら自分のアイデアなど売れるだろうか」と、あなたは思うかもしれません。しかし、良いアイデアと良い計画、そして粘り強さと少しの知恵があれば、誰でも情報を売ることによって生涯続く収入の流れを手に入れることができるのです。

あなたの中に存在する本（誰でも1冊は持っている）

　誰でも（あなたもです）自分の中に〝1冊の優れた本〟を抱えているというのが、私の持論です。あなたの頭の中には今、すでに一生続く収入の流れに変

※邦版タイトル『こころのチキンスープ』（ダイヤモンド社など）

えるだけの十分な情報と経験が存在しています。適切な宣伝さえ行えば、あなたの本は情報帝国への礎石となるはずです。情報帝国が大げさなら、最低でも、あなたとあなたの家族を支えるだけの収入の流れとでも言っておきましょうか。

ケーススタディ③　1冊だけの書店

　ウォルター・スワンは70代のとき、兄弟のヘンリーとともに育ったアリゾナでの子ども時代のことを本にまとめました。彼はその本に『Me and Henry（僕とヘンリー）』というタイトルをつけました。

　その本を出してくれる出版社が見つからなかったので、彼は自費出版をすることにしました。しかし、どこの書店も本を買ってくれません。それでも彼はくじけることなく、地元のある大手書店のすぐ隣にあった空きスペースを借りて、自分の店を開いたのです。

　彼の書店はとてもユニークでした。たった1種類の本しか売っていないのです。彼はその店を「ワン・ブック・ブックストア」と命名しました。ここで買える本は、ただ1つ、『僕とヘンリー』だけです。

　バカなアイデアだと思いますか？

　とんでもない！　彼はこのシンプルな方法で、月に何千部も売り（それも世界中に）、何千ドルも稼いだのです。このビジネスは大評判となり、彼はＴＶの人気トーク番組「レイト・ショー・ウィズ・デイヴィッド・レターマン」にまで出演しました。

　この大成功に勇気づけられて、彼はもう1冊本を書きました。今度のタイトルは『僕と母さん』です。それはワン・ブック・ブックストアの中に設けられた特別コーナーで売られました。そこは、「ジ・アザー・ブック・ブックストア（もう1冊のための本屋）」と呼ばれました。

　ウォルターができるのなら、あなたにできないはずがありません。あなたの人生の物語、あるいは人生を通じての経験は、ユニークな方法で提供されさえすれば、市場価値を持つのです。一生あなたを支えるだけの価値を持つ可能性すらあります。

第 7 章　情報ビジネス　小さな案内広告から巨大な富を築く

あなたの人生の物語をお金に変える。
たとえあなたが惨めな敗け犬だったとしても

　売れている本のほとんどは、個人的な不幸を書いたものです。著者は、自分がいかに太っていたか、貧乏であったか、醜かったか、不幸せだったか、孤独だったか、依存症に苦しんだか、あるいは死人同然だったか、そして何らかの奇跡、意志の力、あるいは新たに知った知識によって、それを克服し、成功の極みに立ったことを語るのです。

　いくつかの成功例を挙げてみましょう。

アンソニー・ロビンズ	『無限のパワー』	成功
スーザン・ポーター	『愚かなことはやめなさい！』	ダイエット
ジョン・ブラッドショー	『家路』	自己尊厳
ベティ・J・イーディ	『光に包まれて』	臨死体験

　まだまだ挙げれば切りがありません。これらの情報起業家たちは皆、不幸のどん底（中には死の淵！）から這い上がった自らの体験を利用して、情報"帝国"とまではいかなくても、新たに大きな収入の流れをつくったのです。

　彼らの多くは現在、本、セミナー、ニュースレター、CD プログラム、ビデオコース、スピーチ、コンサルティング、インフォマーシャルなどの制作に携わっています。彼らは、不幸のどん底から成功を勝ち取った自らの物語を巨額の富へと変えたのです。

　ダイエットコマーシャルに出ているあの有名なスターたちは、どうやって体重を落とし、それを維持しているのか、考えたことはありますか？

　彼らはどうしてダイエットを成功させることができたのでしょうか？

　考えてみてください！　もし誰かが50ポンド体重を落としたら50万ドルくれると言ったら、やる気も起きるでしょう？

　では、ここから論理的な結論を導き出してみましょう。

　もし誰かが、今すぐ人生を変えれば1,000万ドル出そうと言ってきたら、あなたはどうしますか？　いくらもらえれば、人間関係を改善したり、体を鍛え

人々が皆幸せで、金も十分にあった時代など、かつてあっただろうか？

（ラルフ・ウォルド・エマーソン　１８７０年）

165

上げたり、経済状態を立て直したりする意欲が湧くでしょうか。

あなた自身が、そのどん底からのサクセスストーリーそのものになる、というのはどうでしょうか。

実は、今のあなたは、「成功前」の姿なのです。成功前の姿が悪ければ悪いほど、「成功後」の姿は輝いて見えます。自分の人生を何とかしようというモチベーションさえ見つけられれば、あなたもいずれ、自分の発見したノウハウを売ることができるのです。

ケーススタディ④　肥満、鬱、酒びたり　成功への必勝フォーミュラ

ここで、1990年代初めにに、金髪のクルーカットで彗星のごとく現れた、スーザン・ポーターの例を挙げたいと思います。大人気を博したインフォマーシャルとベストセラー『Stop the Insanity!（愚かなことはやめなさい！）』で一躍、超有名人となった女性です。

以下は、彼女の本の宣伝文句です。

「スーザンは、鬱によって自分がどのように120キロの肥満に陥っていったか、そしてどのようにダイエットおよびフィットネス産業の狂気から抜け出し、独自の健康プランをつくりあげたかを語る。」

失敗は恥ではなく、かえって彼女の信頼性を高める役割を果たしています。それは彼女にとって、成功を生み出す種子となったのです。彼女はこれと同じ方式を、1997年に出したもう１つのベストセラー『Sober...And Staying That Way: The Missing Link in the Cure for Alcoholism（しらふを維持する：アルコール依存症の治療におけるミッシングリンク）』でも使っています。

以下はその本の宣伝文句です。

「自分の肥満を理解し、それを克服する旅へと自らを駆り立てたように、強い意志を持って、スーザンは今回、アルコール依存症への答を求めて旅に出た。スーザン・ポーターは本書で初めて、私たちにその旅の物語を語る。

第 7 章　情報ビジネス　小さな案内広告から巨大な富を築く

　そこで彼女が見つけたのは、アルコール依存症の治療におけるミッシングリンクだった。ポーターは自分のアルコール依存症を治し、また他の大勢の人々のそれをも治療するであろうあるプログラムを考案した」

　この本にも、前作と同じ、「不幸のどん底から勝利を勝ち取る」型のフォーミュラが用いられているのがおわかりでしょうか？　おそらく、あなたが今すぐ人生を変えるために必要なのは、「自分がそれをどのように成し遂げたかを教えれば、人々は大金を払うのだ」ということに気づくことだけでしょう。
　では、もう 1 人の成功のエキスパート、アンソニー・ロビンズについて検証してみましょう。トニーによると、彼はまさしく「敗け犬」でした。一部屋しかないアパートに住み、バスタブで皿を洗っていました（彼の「成功前」の姿です）。
　そんなとき彼は、神経言語プログラミング（ＮＬＰ）という新しい自己開発のシステムを発見し、それを自ら試してみます。間もなく彼は、人生のどん底から這い上がり、自信と成功を手にするようになるのです（彼の「成功後」の姿です）。
　彼は自分のアイデアを、火の上を歩く有名なセミナー「恐れを力に」を通して売り始めます（私も 1986 年にセミナーに参加し、火の上を歩きました。強烈な体験でしたよ）。そして、あの大成功を収めた本『Unlimited power（無限のパワー）』を出版するに至ります。
　さらにその後、インフォマーシャルを利用して、同じタイトルのオーディオプログラムを何百万本も売ります。彼は現在、会社社長や金メダル選手、企業のトップたちの指導を行っています。
　あなたは必ずしも、ここまで大きなスケールでやらなくてはいけないわけではありません。私は世界の各地で、もうちょっと小規模な成功を収めている情報起業家たちに会っています。
　フロリダである講演を行ったとき、1 人の女性が、自費出版の本を全国の健康食品店に売って何十万ドルも稼いだという体験を話してくれました。それは、マージー・ギャリソン著の『I CURED MY ARTHRITIS. You Can Too（私は自分の関節炎を治しました〜あなたにも治せます）』という本です。
　彼女にできたのなら、あなたにもできるはずです。あなたの人生におけるす

167

べての物事には、価値があります。失敗にも、成功にも。すべてが方程式の一部なのです。平凡なアイデアでも良いマーケティングを行えば、一生続く収入の流れをつくることができます。運が良ければ、何百万ドルもの大金に化けることすらあるでしょう。

さあ、今すぐ自分の人生を変える方法を考え出しましょう。そして後日、どのようにそれを成し遂げたかを、私たちに教えてください。

ケーススタディ⑤　あなたは今、巨額の富まで、案内広告たった1つ分の距離にいる!

私は1974年に、ブリガムヤング大学でMBAを取得して卒業しました。「すごーい!」などと思わないでください。私はクラスでは上位3分の1に入る成績で卒業しましたが、全体では上から3分の2に入るか入らないか、というところでした。

当時、アメリカは不景気の真っただ中で、仕事を見つけるのは容易ではありませんでした。私はアメリカのトップ企業30社に履歴書を送りました。ゼネラル・フーズ、ゼネラル・エレクトリック、ゼネラル・モーターズなど、要するに思いつく会社すべてに、です。その結果、30通の断りの手紙を受け取りました。仕事の当てがないまま、お金が底をつき始め、私は途方に暮れていました（ヒント：これは私の「成功前」の姿です）。

当時の私は、ニッカーソンの名著『How I Turned $1,000 into a Million in Real Estate in My Spare Time』を読んで以来、常に不動産投資に興味を持っていました。安定した収入を求めることはやめて（そんなものを提供してくれる人は誰もいませんでした）、私は地元の大金持ちの不動産業者に、自分を雇って仕事を教えてくれるよう頼みました。私は当時独身で、収入は最低限でかまいませんでした。私は彼に言われることをすべてやりました。彼は私に、レクリエーション用の不動産を売るコミッションベースの仕事をくれました。

彼のもとで働きながら、私は自分にとって最初の不動産を購入しました。ユタ州プロボにある小さなメゾネット型アパートです。頭金の1,500ドルに私はあり金のすべてを使い果たしました。これを出発点に、私は成功と失敗を繰り返しながら、ほんの2、3年で書類上は億万長者となったのです。

第 7 章　情報ビジネス　小さな案内広告から巨大な富を築く

　私は自分のこのシステムを少数の親しい同僚に教え、彼らもまたそれで利益
を上げました。私は、他にも興味を持つ人がいるかもしれないと思い、地元の
新聞に小さな案内広告を出しました。広告には、「『少ない頭金あるいは頭金な
しで不動産を買う方法』を教える」と書きました。翌日、私の電話はひっきり
なしに鳴り続けました。

　数週間のうちに、私はこの情報ビジネスで 1 日最高 1 万ドルを稼ぐようにな
り、数カ月後には月 6 桁のお金を稼いでいました。まったくすごい状況でした！

　私は、ある全国規模の人材育成会社とライセンス契約を交わし、会社が私の
アイデアを使って受講者をトレーニングする代わりに、私は生徒 1 人につきア
イデアの使用料を受け取ることになりました。

　まさにタイミングは完璧でした。1 年以内に、使用料として私が受け取る額
は、週 2 万 5,000 〜 5 万ドルにまで膨らんでいました！　そしてこの状態が 6
年間ずっと続いたのです！

　この一生型収入のおかげで、私は 2 冊のベストセラーを書き、それを宣伝す
るという時間を持つことができました。

　1985 年にライセンス契約による使用料が入ってこなくなったのを受けて、私
は新しいトレーニング・ビジネスを始めました。そして、まったく同じ情報を用
いて、多くの同じ人たちを含む受講者から、新たに 1 億ドルを稼いだのです。

　不動産投資のコンセプトはとても古いものです。私がやったのは、昔ながら
のテクニックに、ある 1 つの魅力的なスローガンをくっつけたことだけです。
すなわち「頭金なし」というスローガンを、です。

　結果は以下の通りです。

1 冊 20 ドルの本の購入者が 250 万人	50,000,000 ドル
500 ドルのセミナーの受講者が 10 万人	50,000,000 ドル
5,000 ドルのトレーニング講座の受講者が 2 万人	100,000,000 ドル
計	200,000,000 ドル

　もちろん、これは総売上の数字であって、純利益ではありません。それでも、
たった 1 つのアイデアが、2 億ドルを稼ぎ出したことには変わりありません！
そしてこれには、オーディオプログラムやニュースレター、その他の付随商品

で稼いだ数百万ドルは含まれていないのです。これに何十もの『NOTHING DOWN』の類似商品を加えれば、数字はもっと大きいものになるでしょう。

　私が死ぬまでに、10億ドルを超える額が「頭金なし（Nothing Down）」により不動産と呼ばれる鉱山のシャフトから産み出されました。そのたった1つのアイデアが、10億ドルをもたらすことになったのです。

　私がどのようにそれを実現させたかについて詳しくご紹介したいと思います。一度鉱脈を見つけさえすれば、私のように、一生それを掘り続けていくことができるのです。私は皆さんに、情報ビジネスでお金を稼ぐ近道をお教えしたいと思います。皆さんが、私がかつて犯した多くのミスを避けられるよう、お手伝いをします。これで何十万ドルものお金が節約でき、何年もの無駄な努力を避けることができるはずです。

　いくつかのケーススタディでもご紹介しましたが、情報ビジネスで個人的に利益を上げる方法は、少なくとも12通りあります。**表7-1**をご覧ください。

世界最高のビジネス＝情報を売る

　次に、他のビジネスと比べたときの情報ビジネスの利点を挙げてみましょう。

・世界中に際限なく広がる市場
・リサーチが簡単
・つくるのが簡単
・小予算で簡単にテストできる
・プロデュース、棚卸し、修正が安く簡単にできる
・開業費用が安い
・社会的需要が高い
・マージンが大きい
・可動性が高い（世界のどこにいても、インターネットあるいは電話さえあればビジネスができる）
・著作権の侵害を防ぎやすい
・ステータスが高い例（「私は作家です」）
・満足度が高い（未来永劫、名前が残る）

人は、欲望の強さの分だけ小さくなり、大志の大きさの分だけ偉大になる。

（ジェームズ・アレン）

第 7 章　情報ビジネス　小さな案内広告から巨大な富を築く

表7-1　情報起業家のオポチュニティー・チャート

情熱	
あなたには今、何らかの情熱・趣味・興味・才能（Passion ／ Hobby ／ Interest ／ Talent ＝ P ／ H ／ I ／ T）がありますか？（史実、マネーメイキング、人間関係、ペット、コレクション、商品など） それをここに書いてください。 _____	同じような情熱・趣味・興味・才能を持っている人は他にどのくらいいますか？ 他の情報起業家たちは、どのようにしてそうした人たちにアクセスしていますか？ あなたのセールスポイントは何ですか？ それをどのようにしてすばやく提供しますか？
あなたは自分の眠っている情熱・趣味・興味・才能を育てて開花させたいですか？ 答をここに書いてください。 _____	どうやってそれを育てますか？ 育てるのにどのくらいの時間がかかりますか？ それを学んでいる間、最初の質問事項を常に頭に入れておいてください。
現在、何らかの情熱・趣味・興味・才能を持っている人たちを知っていますか？ その人たちの名前をここに書いてください。 _____	その人は、それをあなたや他の人たちと分かち合いたいと思っていますか？ その人のP／H／I／Tは商品になりますか？ その人のP／H／I／Tは、情報商品として市場に提供できるほど整理されていますか？ あなたはその人のP／H／I／Tを売る権利を得ることができますか？
何らかの情熱・趣味・興味・才能を持った人を見つけることができますか？ 見つけたら、ここにその人の名前を書いてください。 _____	その人は、それをあなたや他の人たちと分かち合いたいと思っていますか？ その人のP／H／I／Tは商品になりますか？ その人のP／H／I／Tは、情報商品として市場に提供できるほど整理されていますか？ あなたはその人のP／H／I／Tを売る権利を得ることができますか？
専門知識	
あなたには今、何らかの専門知識、経験あるいは技術（Knowledge ／ Expertise ／ Skill ＝ K ／ E ／ S）がありますか？（人材管理、経理、指導、栄養など） ここにそれを書いてください。 _____	同じような知識・経験・技術を持つ人はどのぐらいいますか？ 他の情報起業家たちは、どのようにしてそうした人たちにアクセスしていますか？ あなたのセールスポイントは何ですか？ それをどのようにしてすばやく提供しますか？
あなたは、何らかの専門知識、経験、あるいは技術を獲得したいですか？ 答をここに書いてください。 _____	どうやってそれを獲得しますか？ それを獲得するのにどのぐらいの時間がかかりますか？ それを学んでいる間、前述の質問事項を常に頭に入れておいてください。

現在、何らかの専門知識、経験、あるいは技術を持っている人を誰か知っていますか？ その人たちの名前をここに書いてください。 ＿＿＿＿＿＿＿＿＿＿＿＿＿＿＿＿ ＿＿＿＿＿＿＿＿＿＿＿＿＿＿＿＿	その人は、それをあなたや他の人たちと分かち合いたいと思っていますか？ その人のK／E／Sは商品になりますか？ その人のK／E／Sは、情報商品として市場に提供できるほど整理されていますか？ あなたはその人のK／E／Sを売る権利を得ることができますか？
何らかの専門知識、経験、あるいは技術を持った人を見つけたいですか？ 見つけたら、ここにその人の名前を書いてください。 ＿＿＿＿＿＿＿＿＿＿＿＿＿＿＿＿ ＿＿＿＿＿＿＿＿＿＿＿＿＿＿＿＿	その人は、それをあなたや他の人たちと分かち合いたいと思っていますか？ その人のK／E／Sは商品になりますか？ その人のK／E／Sは、情報商品として市場に提供できるほど整理されていますか？ あなたはその人のK／E／Sを売る権利を得ることができますか？

ライフストーリー

あなたには、不幸の底から成功を勝ち取ったユニークな体験談がありますか？（減量、恐怖心の克服、依存症の克服など） ここにそれを書いてください。	あなたの体験談の恩恵を受けるのはどんな人たちですか？ 他の情報起業家たちは、どのようにしてそうした人たちにアクセスしていますか？ あなたのセールスポイントは何ですか？ それをどのようにしてすばやく提供しますか？
どん底から這い上がったユニークなサクセスストーリーを書きたいと思いますか？ 答をここに書いてください。 ＿＿＿＿＿＿＿＿＿＿＿＿＿＿＿＿ ＿＿＿＿＿＿＿＿＿＿＿＿＿＿＿＿	どん底からはい上がって成功を手にする方法をどこで学ぶことができますか？ それを実現するのにどのぐらいの時間がかかりますか？ それを実践している間、前述の質問事項を常に頭に入れておいてください。
どん底から這い上がったユニークなサクセスストーリーを持っている人を誰か知っていますか？ その人たちの名前をここに書いてください。 ＿＿＿＿＿＿＿＿＿＿＿＿＿＿＿＿ ＿＿＿＿＿＿＿＿＿＿＿＿＿＿＿＿	その人は、それをあなたや他の人たちと分かち合いたいと思っていますか？ その人のサクセスストーリーは商品になりますか？ その人の方法は、情報商品として市場に提供できるほど整理されていますか？ あなたはその人のノウハウを売る権利を得ることができますか？
どん底から這い上がったユニークなサクセスストーリーを持つ人を見つけたいですか？ 見つけたら、その人の名前をここに書いてください。 ＿＿＿＿＿＿＿＿＿＿＿＿＿＿＿＿ ＿＿＿＿＿＿＿＿＿＿＿＿＿＿＿＿	その人は、それをあなたや他の人たちと分かち合いたいと思っていますか？ その人のサクセスストーリーは商品になりますか？ その人の方法は、情報商品として市場に提供できるほど整理されていますか？ あなたはその人のノウハウを売る権利を得ることができますか？

第 7 章　情報ビジネス　小さな案内広告から巨大な富を築く

　情報商品をプロデュースする以上に大きな満足を得られるキャリアを私は他に思いつきません。私は毎年、人生をステップアップするための私の提案を実行して、みごと成功をものにした人たちから、喜びの手紙を受け取ります。「いったい、これは現実なのだろうか」と、自分のほっぺたをつねりたくなることがしばしばです。例えば、今あなたが読んでいるこの文章を書いているまさにその最中、私はＥメールをチェックしてみました。今、目の前の画面には、次のメールが映し出されています（文法の間違いも含め、そのまま引用してみます）。

　ハイ、ボブ。あなたのことをずっと探していました。まずは、自己紹介させてください。
　私の名前は、ポール・Ｔ・ウィンです。私は1990年にあなたの「ウェルス・トレーニング」を受けた１人です。私があなたを探しているわけは、私の成功を本にしたいと思っているからです。
　私は「10年で100万ドルの純利益を上げる」という自分の目標を達成しました。私の英語力は十分ではないため、あなたの助けが必要なのです。できれば一緒に執筆活動をしてもらえないかとすら思っています。それだけの価値があるという自信があります。
　私は1979年にこの国にやってきたベトナム難民です。当時の私には、何の教育もなく、英語もまったく話せませんでした。どうぞ、あなたの考えを聞かせてください。返事を心からお待ちしています。神の祝福を。

　信じられますか？　このような自伝を書くのを手伝うことで、報酬が支払われるなんて。

人々はお金を払ってでもエキスパートのアドバイスを受けたがる

　すべては〝エキスパート〟となることから始まります。
　あなたは、私たちの知らない何かを知っていますか？

私は、億万長者が誰も持っていないものを持っている。無一文というものを。

173

あなたは、人々が知る必要のある、あるいは知りたいと思っていることを知っている人を誰か知っていますか?

エキスパートになるために、何年もかけて専門知識を学ぶ必要はありません。まだ知られていないエキスパートを見つけて、その人のアイデアを市場に発表するという方法もあるのです。

例えば、あなたが十代の息子や娘の扱いに悩んでいて、ある日、地元の教会で開かれた親のためのミーティングに参加したとします。ミーティングの部屋には溢れんばかりの人が集まっていました。明らかに、悩んでいるのはあなた1人ではありませんでした。多くの親たちが同じような問題で苦しんでいたのです。

そのとき、あなたの頭の中で、あることがひらめきます。「なるほど! ここに飢えたマーケットがあるぞ」。講演者の話は非常によく整理されており、彼が提示する方法は楽しくシンプルなものでした。すぐに結果が表れ、しかも楽しく学べるもののようです。あなたは家に帰り、さっそく自分の子どもたちに、いくつかのテクニックを試してみました。するとどうでしょう、子どもたちはうれしそうに部屋の片付けを始めたのです!

「これはすごい!」

あなたはセミナーのリーダーに電話をかけました。すると、彼が人々を助けることに情熱を持ちながらも、ごく小規模な活動しかしていないことがわかりました。彼は、マーケティングのことも、商品化のことも、宣伝のことも何も知りませんでした。

あなたは彼に、あなたが彼のアイデアをマーケティングすることを許可してくれるかどうか聞いてみます。そうすることで、彼のもとにも数千ドルの利益が入る可能性があるのです。彼は同意し、あなたは同意書を作成します。

あなたは新聞に小さな案内広告を出し、反応があるかどうか様子を見てみました。広告は大きな反応を引き起こしました。あなたは、「これはいける!」と確信しました。

あなたはテープ、本、セミナーなど、彼のアイデアを商品化し、大々的な宣伝を行います。あなたは利益を手にし、あなたのエキスパートも利益を手にします。こうしてあなたの情報帝国は、繁栄の扉を開けたのです。

第7章　情報ビジネス　小さな案内広告から巨大な富を築く

　これを可能にしたのは何だったのでしょうか？

　あなたはすばらしいアイデアに出会いました。そしてそれを売る権利を得ました。あなたは、それを利益に結び付けるためのチームを組織し、全員が利益を得ました。

　エキスパートたちのほとんどは、自らの専門知識やスキルをどのように商品化し売ればよいかわかっていません。そのような人たちが大勢、誰かに発見されるのを待っているのです。彼らを発見するのは、あなたかもしれません。

　それでは、具体的な方法を一緒に学んでいきましょう。80/20の法則を覚えていますか？　あなたが行うことのうちの20％が、結果の80％をもたらす、ということです。成功している情報起業家は、次の3つの重要なスキルを身につけています。

1．ターゲットを見つける：飢えた魚の群れを発見する
2．餌を与える：非常に魅力的な餌をつくる
3．生涯続かせる：長期にわたる顧客を確保する

　それがどんな専門分野であったとしても、誰も興味を示さなければ、あなたのビジネスは始まる前にすでに死んでいます。あなたが見つけるべきなのは、多くの人々が求める、そして今後さらにニーズが拡大すると思われる専門分野です。ターゲットとなるそれらの人々は……。

　✓ 見つけるのが容易で、
　✓ そのニーズが差し迫ったもので、
　✓ 解決法を心から求めていて、
　✓ お金を持っていて、
　✓ お金を使うことを厭（いと）わない、
　✓ お金を使うことを助長するような経済情勢の中にいる

という人々であることが理想です。

　あなたのマーケットを、魚の群れだと考えてください。

175

あなたのマーケットには十分な魚が存在しますか？

その群れは大きくなっていますか、それとも数を減らしつつありますか？

群れの居場所や餌のタイプを知るのは簡単ですか？

群れは本当に飢えていますか？

天候は釣りに適したものですか？

群れが食いつくような餌がありますか？

群れは、その新しい餌を得るために、安全な水底から上がってくると思われますか？

あなたはその群れを捕まえられますか？

暗号を解く

専門分野を決定し、ターゲットとなるマーケットを特定したら、暗号を解くプロセスが始まります。「暗号を解く」とは、あなたの選んだ専門分野に「魚の群れを食いつかせる」ために、どのような方法をとればよいかを探り出すプロセスです。

私が本を出す前にも、不動産投資に関する本はたくさん出版されていました。しかし、「頭金なし」あるいは「ほとんどなし」で不動産を買う方法というテーマは、タイミングぴったりのすばらしい餌となったのです。

1970年代後半は、ベビーブーム世代の巨大なマーケットが、最初のマイホームを購入する年齢に差しかかる時期と重なっていました。また、インフレにより家の価格は上昇傾向にあったため、「今のうちに買わなければ」という気運が高まってもいました。

社会情勢はまさに理想的で、魚の群れは飢えていました。そこへ提供された私の情報は、彼らにとってまさに完璧なものだったのです。

その後、70年代も終わりに近づくと、情勢は変化しました。インフレは終わり、新たな税政策が投資の抑制を引き起こし、急激な景気後退により購買意欲も衰え、ベビーブーマーたちの興味は別の事柄へ移っていきました。

しかしこれは、「不動産や不動産に関する情報では、もはや大金を稼ぐことができなくなった」ということではありません。いずれの経済サイクルにも、新たな「飢えた魚の群れ」は発生するのです。

「飢えた魚」と「魅力的な餌」の理想的な組み合わせを見つけるのは、そう簡単ではありません。しかし基本的に、人間のニーズや欲求には、まったく新しいものというのはありません。それらは何千年もずっと同じなのです。

「セックス」「お金」「自己尊厳」「健康」「神」「人間関係」「美容」。あなたの情報は、これらの普遍的なニーズ・ウォンツに対し、的を射た餌をタイムリーに提供できるものであれば良いのです（**図7-1**）。

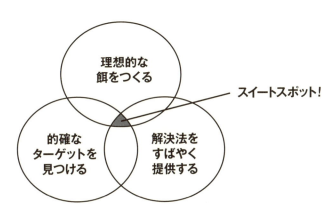

図7-1　情報起業家の3つのスキル

ケーススタディ⑥　トイレに流されたナイスアイデア

　ある情報起業家が、何年もかけて何十万ドルもの資金をつぎ込み、『コンパクト・クラシックス』と呼ばれる商品をつくり上げました。彼はフィクション、ノンフィクションを問わず、あらゆる古典を調べて、各作品をそれぞれ2ページの見開きに要約しました。読者は、オリジナル作品を何週間もかけて読まなくても、たった2ページで作品の要点を把握することができるのです。

　確かにすばらしいアイデアです。しかし1つ問題がありました。「誰もそれを買おうとしなかった」ということです。多くのお金は、ただトイレに流されたも同然となってしまいました。

その後、別の人物が良いアイデアを思いつきました。これらの2ページずつの要約集を違うタイトルでまったく別の読者層に向けて売り出したらどうか、というものです。新しいタイトルは、『バスルームで読むアメリカ文学の傑作集』でした。

　これは大成功となりました。何百万ドルもの売上を達成したあとも、このアイデアは依然としてキャッシュを生み続けています。読者は、どちらのタイトルを買うこともできます。インテリタイプであれば『コンパクト・クラシックス』を、娯楽好きなタイプなら『バスルーム』の方を。同じ情報を違うタイトルで提供する。

　一方の100倍売れたのは、果たしてどちらだと思いますか？　いずれにしても、ある切れ者のマーケッターが「暗号を解読」しなければ、両方のマーケットとも成功を見ることはなかったのです。

　各業界には、それぞれ「旬のトピック」というものがあります。旬のトピックは、業界全体の注目を集めながら、やがて熱狂状態を形成していきます。そして熱狂状態が収まるまで（あるいは反対圧力によって潰されるまで）、それに関するいかなる情報も、貪欲な消費者たちによって貪るように買われ続けるのです。

　例えば、「デイ・トレーディング」がそうです。この言葉は1990年代後半、投資業界全体をとりこにしました。その数年間、このキーワードをタイトルに掲げた投資関連の本はすべてベストセラーとなったのです。

　今日、ブームはやや陰りを帯びてきましたが、それでも賢い情報起業家たちは今後何年もの間、この金鉱から富を掘り上げ続けることでしょう。もし自分で暗号が解読できなければ、今多くの魚を惹き付けているのが何かを調べ、そこに自分の釣針を落としてみるのです。

ケーススタディ⑦　1つの数字が成功と失敗を分ける

　時には、ほんの小さな変更が暗号の解読につながることがあります。約30年前、ジョー・カーボ著の『面倒くさがりが金持ちになる方法』という本の広告が全国紙の丸々1ページを飾ったのを覚えている方もいらっしゃるでしょう。それは10ドルで販売された全156ページの自費出版の本でした。

この世には、不思議な力がたくさん潜んでいて、我々の知力が冴えるのを辛抱強く待っている。

（イーデン・フィルポッツ）

178

第 7 章　情報ビジネス　小さな案内広告から巨大な富を築く

　最初の 1 ページ広告はまったく効果がなかったと聞いています。『ロサンゼルス・タイムズ』紙に 1 ページ分の広告料を支払って、まったく注文が来ないという状況を考えてみてください！

　マーケティングのプロだったジョー・カーボは、直観的に「もし暗号を解くことさえできたら、この本は飛ぶように売れるはずだ」と思いました。彼はもう一度広告を出す決意をしました。サブタイトルの数字を 1 つ変えた以外は、まったく同じ広告です。

　彼は、「あくせくせずに年 5 万ドルを稼ぐ」というサブタイトルを、「あくせくせずに年 2 万ドルを稼ぐ」に変えました。すると、効果はてきめんに表れ、注文が殺到し始めたのです。このほんの些細な変更が、歴史に残る広告キャンペーンを生み出したのです。ジョーはその後何年にもわたって、その広告で何十万ドルも稼ぎ出したのです。

　たった 1 文字の変更が、これだけ大きな違いを生んだのは、なぜでしょうか？

　それは、人は「自分の信じるものしか見ようとしない」からです。当時、年収 5,000 ドルというのは相当な額のサラリーでしたから、 1 年にその 10 倍の 5 万ドルを稼ぐというのは、とうてい信じられることではなかったのです。だから、誰も反応しませんでした。数字をもう少し信憑性のあるレベルにまで下げたとたん、突然大勢の人の目に止まるようになったというわけです。
「タイトル」、「宣伝に使う言葉」、「情報が提供する利益」、「その提供の仕方」これらは皆、成功と失敗を大きく分けるカギとなるのです。

「富豪への 5 つの輪」　大きなチャンスがすべての情報起業家を待っている

　現実に成功している情報起業家でさえあまり理解していないコンセプトは、「たった 1 つの良いアイデアから生まれるマネー・メイキングのチャンスが、いかに大きいものか」ということです。皆さんには、私が「情報ビジネスにおける富豪への 5 つの輪」と名付けた図を使って、ご説明したいと思います。

　あなたの情報ビジネスを 5 つの同心円として考えてみてください。真ん中には最初の輪である中心円があります（**図7-2**、**表7-2**）。

179

第1の輪：特定分野のエキスパートとなる

　まず、革新的なテクノロジーか、新たなマーケティング戦略を取り入れた既存の専門分野のいずれかで、エキスパートとなる必要があります。

　私は不動産投資でエキスパートとなりました。それは私の得意分野だったため、人に教えることができたのです。やがて私は、自分の得意分野を、情報起業、投資、マーケティング、そしてインターネットへと広げていきました。

　ただ、前述したように、必ずしもあなた自身がエキスパートである必要はないのです。誰かの専門知識あるいはスキルを借り、ライセンス契約をするか、その人から学習しても良いのです。

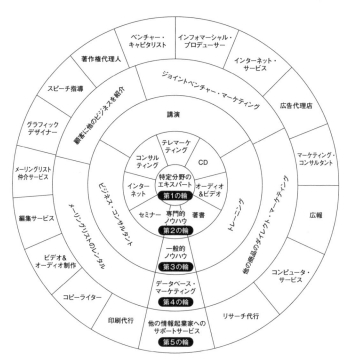

図7-2　情報ビジネスにおける富豪への5つの輪

第 7 章　情報ビジネス　小さな案内広告から巨大な富を築く

表7-2　富豪への5つの輪　情報ビジネス・チャート

第1の輪	第2の輪	第3の輪	第4の輪	第5の輪
特定分野の エキスパート	専門的ノウハウ （他者に専門分野 を教える）	一般的ノウハウ （他者に成功のため のスキルを教える）	自分の顧客リスト へのデータベース マーケティング	他の情報起業家への サポートサービス
エキスパートになる	著書	講演活動	メーリングリスト のレンタル	印刷代行
エキスパートを 見つける	DTP	リーダーシップ	顧客に他の ビジネスを紹介	コピーライター
ディストリビュー ターになる	セミナー	目標設定	ジョイントベン チャー・パートナー	オーディオ
ライセンシー	講演	時間管理	ダイレクト マーケティング	プロデューサー
フランチャイジー	電話サービス	セールス トレーニング		編集サービス
共同オーナー	電話会議	チーム育成		メーリングリスト 仲介サービス
	ニュースレター	ストレス		グラフィック デザイナー
	コンピュータ・プロ グラミング	成功		ゴーストライター
	インフォマーシャル	モチベーション		スピーチの指導
	個人コンサル ティング	マネジメント		著作権代理人
	ライセンシング	ビジネス コンサルタント		ベンチャー キャピタリスト
	教授／講師	起業活動		インフォマーシャル プロデューサー
	フリーランス・ライ ター	マーケティング		情報マーケティング の指導
	コラムニスト	宣伝広告		DVD の複製
	トークショーのホス ト	ビジネス戦略		広告代理店 広報活動
	メディア・エキス パート	ファイナンシャル		書評の執筆
	雑誌の出版	分析		リサーチ代行
	インターネット エキスパート	コンピュータ		情報ブローカー
				コンピュータ サービス
	ゲーム制作			ビデオテープの複製
	カレンダー制作			ウェブマスター
	プロダクトデザイン （Tシャツなど）			
	オンラインビデオ コース			
	DVD			

メッセージとメディアの適切な組み合わせを発見できさえすれば、暗号は解けたことになります。つまり、次の輪へと進む準備ができたわけです。

第2の輪：その分野で成功するためのノウハウを人に教える

初め、私は不動産に投資することで利益を上げました（第1の輪）。

次に私は、不動産投資で私のように成功する方法を人に教えました（第2の輪）。

この第2の輪において情報を売る方法は20ほどあります。言い換えれば、暗号を解くことで、年収10万ドル規模のビジネスが20通りできることになるのです。以下にそれを書き出してみました。

あなたの専門分野から生まれるビジネス

1. **著書**：情報を出版社に売る
2. **DTP**：情報を自費出版する
3. **セミナー**：情報をセミナーで売る
4. **講演**：情報を演壇から売る
5. **テレコミュニケーション**：情報をオーディオ、ビデオ会議を通して売る
6. **ニュースレター**：情報を定期刊行のニュースレターを通して売る
7. **コンピュータ・プログラミング**：情報をDVDやCDで売る
8. **テレビ**：情報をインフォマーシャルや番組を通して売る
9. **コンサルティング**：情報を個人的にマンツーマン形式で売る
10. **教授・講師・トレーナー**：企業や公的機関での教育
11. **フリーランス・ライター**：情報を雑誌記事として売る
12. **コラムニスト**：情報を新聞記事として売る
13. **メディア・エキスパート**：他人に情報を提供する人に、情報を提供する
14. **トークショー**：ラジオやTV番組の司会者あるいはプロデューサーになる
15. **雑誌の出版**：情報を雑誌として売る
16. **ゲーム**：情報をゲームとして売る
17. **カレンダー**：情報をカレンダーとして売る

良いことも悪いことも、あなたの身に起こったことにはすべて、現金価値がある。

第7章　情報ビジネス　小さな案内広告から巨大な富を築く

18. **プロダクトデザイン**：情報をTシャツ、マグカップ、ポスターなどの形で売る
19. **オンラインエキスパート**：オンラインでサービスあるいは商品を提供する
20. **オーディオ・ビデオ**：情報をビデオテープ、DVDにして売る

　実は、成功している情報起業家のほとんどが、上に挙げたビジネスのうちのほんの一部しか実践していません。彼らは巨額のマネーを生み出すチャンスに手をつけないままでいるのです。

　人々が抱く誤解の最たるものの1つが、自分たちの顧客はただ1種類のフォーマットで情報をほしがっていると思い込むことです。私は1980年代後半にこの過ちを犯し、何百万ドルも稼ぎ損ないました。

　私は、不動産投資を学ぶ最良の方法はセミナーであると勝手に思い込んでいたのです。そのため私は、自分のアイデアを自宅学習用のカセットテープにして売ることを拒みました。すぐさま競合相手が市場に乗り込んできて（私のセミナーの卒業生や元従業員たちです）、まったく同じ情報をより便利で安価な方法で提供し始めたのです。

　私の過ちは実に高くつきました。皆さんには是非、それを避けてもらいたいのです。

　あなたの情報の真のファンたちは、さまざまな形でそれを求めています。まさに、複数の収入の流れです！

　本が気に入ったのなら、ビデオでもそれをほしがります。ビデオが気に入ったのなら、カレンダーもほしがるはずです。カレンダーが気に入ったのなら、セミナーも受講したがるでしょう。そしてセミナーが気に入ったのなら、より密度の濃い個人レッスンを希望するようになるかもしれません。

　すべての顧客がそうであるとは限りませんが、熱狂的なファンたちは飽くことを知りません。彼らは、あなたが持つすべての情報をほしがります。

　誰かの情報を2種類以上の形態で買ったことはありませんか？　私はいつもそうです。私はすべてをほしがり、しかも今すぐ手に入れたがります。いったん全体像が把握できたら、あなたの周りのさまざまなチャンスを片っ端から活かしていくことができるでしょう。

183

さあ、次の段階、第3の輪へ進む準備が整いました。

第3の輪：自らの特殊な経験を利用して、成功のための広く一般的なスキルを教える

例えば、有名なセールス・トレーナーのジグ・ジグラーは、鍋やフライパンを一軒一軒売り歩くことで、そのセールス・スキルを磨きました。彼のターゲットとなる、鍋やフライパンのセールスマンたちの成長著しい市場があったわけではないので、彼は広い範囲を網羅するセールス・トレーニングのエキスパートとなりました。

そして彼は、ベストセラーとなった『SEE YOU AT THE TOP』を書きます。彼は、専門的なスキルから一般的なスキルのエキスパートに転身し、何百万ドルも稼いだのです。

メアリー・ルー・レットンは1984年のオリンピックで金メダルを獲得した体操選手です。体操選手たちの中に彼女の情報を求める大きな市場は存在しなかったため、彼女は、一般的な成功とモチベーションについての講演活動を世界各地の企業相手に行っています。テーマは、「金メダルレベルのパフォーマンスをするにはどうすれば良いか」です。

彼女は講演料という形で定期収入を得、第3の輪での成功を享受しているのです。第3の輪が提供するチャンスは、この他に2つあります。

＜サクセス・トレーナー＞（一般的なテーマ）
成功とモチベーション
リーダーシップ
目標設定
時間の管理
セールス・トレーニング
マネジメント
チームづくり
ストレス

第7章　情報ビジネス　小さな案内広告から巨大な富を築く

＜ビジネスコンサルティング＞（一般的なテーマ）
ビジネスを成功させる
起業家になる
宣伝
マーケティング
ビジネス戦略
財務分析
コンピュータ・サービス

　国内には、第3の輪で成功を収めている情報起業家たちが何千人といます。
　ベストセラー『HOW TO SWIM WITH THE SHARKS WITHOUT BEING EATEN ALIVE』の著者、ハーヴィ・マッケイもその1人です。彼はミネソタで封筒ビジネスを成功させることによって、富を築きました。
　封筒があなたとどんな関係があるというのでしょうか。何もありません。彼は、封筒ビジネスでの大成功が、セールス、マネジメント、そしてポジティブ思考についての一般的な成功の原理を教える権利を自分に与えてくれたと言っています。
　彼は自分の特殊なノウハウを一般的なハウツー情報に転化することで、財産を築き上げたのです。

第4の輪：他の商品を自分の顧客データベースに売る

　いったん十分な顧客数のデータベースが確立できたら、今度は別の商品やサービスをそれらの顧客たちに提示してみましょう。
　例えば、私の顧客データベースは、もともと私の不動産セミナーに参加した人たちで構成されています。しかし、これらの人々は、常に他のマネー・メイキングのチャンスにもアンテナを張っている起業家たちです。彼らの多くは、収入を増やす新たな方法を学ぶ機会を歓迎するのです。
　現在、私の顧客リストは、25万人を超える投資家や起業家で構成されています。

185

あなたがある情報ビジネスを起こして、数年のうちに1万人の顧客データベースを築き上げたと仮定しましょう。以下は、あなたの顧客リストからさらにお金を引き出す4つの方法です。

1．メーリングリストをレンタルする

あなたの顧客リストを、別の同じような、しかし競合相手にはならない事業者にレンタルすることができます。

例えば、ある人が人間関係向上のためのセミナーを開講する際、あなたのリストを使いたいと言ってきたとします。その人は、あなたのリスト上の1万人についてテストする代わりに、1人につき10セント支払い、さらに、もし結果が良ければ、リストの全員について1人につき25セント支払うと言っています。あなたの顧客たちは、そうした取引についてはいっさい知りません。

彼らはただ、セミナーの案内メールを受け取り、参加するかしないかを決めるだけです。メーリングリストのレンタルは、あなたが特に何もしなくても、2,500ドルの純利益をもたらします。リストによっては、レンタル料で何十万ドルも稼ぎ出します。

リストに載ったそれらの名前は、まさに金鉱なのです！　だからこそ、すべての顧客の氏名を集め、保管しておくことは、非常に重要なのです。

2．顧客に他のビジネスを紹介する

顧客に他の商品やサービスの購入を促す推薦状を送ることで、さらに大きな利益を上げることができます。あなたの推薦があれば顧客がその商品を購入する確率がぐんと高くなるため、あなたは商品の売り手に、場合によっては1人1ドルという、高い料金を請求することができます。

これで、さらに1万ドルの純利益です。

3．ジョイントベンチャーのパートナーになる

場合によっては、あなたの顧客データベースを使って売り上げた利益を折半する、という方法を選ぶこともできます。私もその方法をとったことがあります。

あるセミナー・プロモーターが私の顧客データベースを使ってセミナーの受講者を募集した際に、その売上を折半したのです。私はそのセミナーに顔を出

失敗について書いた本が売れなかったら、それは成功ということ？

第7章 情報ビジネス 小さな案内広告から巨大な富を築く

して、推薦の言葉を述べました。このときの利益は、リストのレンタルよりも
はるかに大きいものでした。

4．ダイレクト・マーケティング

　データベース上の顧客と良好な信頼関係が築けたら、あなたの専門とはまっ
たく関係のない商品を買ってもらうことさえも可能です。その場合、あなたは
卸値でその商品を購入し、マージンを乗せて顧客に売ります。

　彼らがあなたを信頼していれば、買ってくれることでしょう。ただし、その
信頼を裏切るようなことにだけはならないよう、十分気をつけてください。

第5の輪：他の4つの輪の情報起業家に対するサポートサービス

　時には、自分自身で釣りに行くよりも、他の釣り人に餌を売る、という方が
儲かる場合があります。

　情報起業家の中には、一般的なマーケットを対象としていない人たちがいま
す。彼らは、他の情報起業家に情報を売っているのです。

　例えば、ウェブ・デザイナーは、主に他の情報起業家たちにネット上でお金
を儲ける手助けをすることで、利益を上げています。

　情報ビジネスで成功を収めたら、今度はあなたの経験とノウハウを他の情報
起業家に提供することができます。過去20年間におけるもっとも成功した情
報起業家の1人が、テッド・ニコラスです。

　現在、彼は引退してスイスに住んでいますが、最盛期にはさまざまな雑誌で、
50ドル以下で会社を起こす方法の伝授を謳った、彼の本のフルページ広告を
目にすることができました。彼はその著書を1冊75ドルで何十万部も売り、
その経験を活かして、さらに新しいビジネスを始めました。他の情報起業家た
ちに、「自分の著書を自費出版し大成功させる方法」を教えるというものです。

　彼は受講料5,000ドルのセミナーを各地で開き、自費出版を成功させる方法
を教えて回りました。セミナーは大成功に終わりました。続いて彼は、セミナ
ーをカセットテープの形にして、さらに利益を上げたのです。

　テッドが提供した情報商品の中で私が特に気に入っているのが、300ドルの
バインダーです。そこには、彼の長いキャリアの中で使われた広告のコピーが

187

収められており、成功したものと失敗したものについて、それぞれその理由が添えられているのです。

　もう一度言います。情報起業家にとって、すべての試みは価値を持ちます。それが成功でも、失敗に終わったものであっても、です。

　以下は、情報起業家へのサポートビジネスとして考えられるもののリストです。

印刷代行
コピーライター
オーディオ・プロデューサー
編集サービス
メーリングリストの仲介サービス
グラフィック・デザイナー
ウェブ・デザイナー
ゴーストライター
スピーチの訓練
著作権代理人
ベンチャー・キャピタリスト
インフォマーシャル・プロデューサー
ビデオ制作
カセットテープの録音
広告代理店
広報
書評の執筆
リサーチ代行
情報ブローカー
コンピュータ・ストラテジスト

第 7 章　情報ビジネス　小さな案内広告から巨大な富を築く

情報の「じょうご」：生涯の顧客を確保する

　さて、いよいよインフォメーション・マーケティングにおいてもっとも重要なコンセプトを学ぶ段階にやってきました。それは「じょうご」の概念です。

　じょうごの一番上には、あなたの商品やサービスの無料試供品を試す人たちがいます。ほとんどは単に興味本位でアプローチしてくる人たちですが、その中に必ず何％かは、真剣に成果を求めている人たちがいるものです。

　その人たちは、あなたの提供する情報をとりあえずチェックしてみるために、もっとも安く手に入る商品を選んで購入します。

　例えば、彼らが本を買ったとしましょう。情報がしっかりとしたものであれば、本の購入者のうち一定の割合の人々は、さらに詳しい情報をほしがると予測できます。おそらく、より詳細な自宅学習用のコースや、公開セミナーを受講したがると考えられます。

　そしてさらに、それらのうちの一定の割合の人たちは、あなたのファミリーの一部となって、直接、個人的に、より密度の濃いトレーニングを受けたいと思うようになるはずです。

　それらの人たちが、あなたの生涯の顧客となります。あなたのグルーピーです。あなたがやることなすことすべてを支持し、一生ファンであり続けるのです。彼らこそ、あなたにとってもっとも重要な顧客です（**図7-3**）。

じょうごの中の顧客のLTVを知る

　あなたの「じょうご」の中に入ってそこに長くとどまる顧客の価値とは、いったいいくらなのでしょうか？

　トム・ピーターズはこう言います。「フェデックスの配達人は、私のオフィスにやってくるたび、秘書の頭に18万ドルが貼りつけてあるのを見るべきだ」。

　従業員数30人の彼の小さなオフィスでは、宅配サービスへの支払いが毎月1,500ドルに上っています。1年で1万8,000ドル。10年間の長期価値（Long-Term Value＝ＬＴＶ）は、18万ドルです。そしてもし、秘書がこの宅配会社を使うよう別の誰か1人を説得できたら、価値は2倍になります。

189

しかしほとんどの宅配会社は、顧客の価値を、その日その人が支払った13.95ドルとしか見ていないのです。

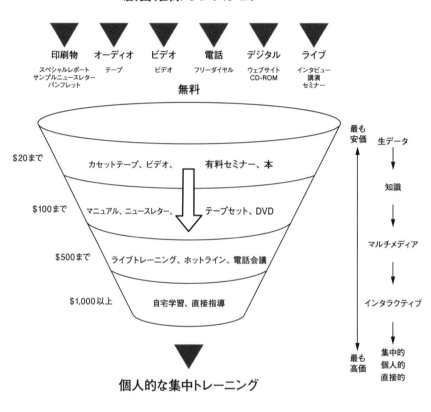

図7-3　情報ビジネス「じょうご」

第 7 章　情報ビジネス　小さな案内広告から巨大な富を築く

　あなたの顧客は、その 1 人ひとりが何千ドルもの価値を持ちます。あなたが彼らを大切にすれば、彼らの価値は、彼らが最初に支払う 20 ドルの本代やセミナー代の 500 ドルよりも、はるかに大きなものとなるのです。

　目指すべきもっとも重要な目標は、顧客をあなたとあなたの商品に 10 年以上引きつけ続けることです。質の高い良いサービスを提供すれば、顧客をずっとあなたのもとにとどめておくことができるでしょう。長くとどまればとどまるほど、彼らはどんどん「じょうご」の奥深くまで入っていき、あなたのもとにはその分お金が入ってきます。

　場合によっては、初めに無料のセミナーやレポートを提供するという先行投資をし、顧客を「じょうご」の中に招き入れ、そのあとでより利益の出せるサービスを提供するという方法もあります。

　つまり、「じょうご」はもっとも安価な商品で始まり、もっとも高い商品で終わるのです。

　表7-3は「じょうご」の入り口から出口へのプロセスを示したものです。もっとも安価な商品が左側、もっとも高価な最終商品が右側です。この表をよく読んでください。この表にまとめられていることを学ぶのに、私は数百万ドルの高い授業料を払ったのです。

出口（出版ビジネスvs情報ビジネス）

　私はよく、「従来の"出版業者"と今日の"情報起業家"とは、どう違うのですか？」と尋ねられます。

　私はこう答えます。「出版業者は"出口"を理解していません」と。

　彼らは、10 〜 50 ドルの情報商品（本、DVD、ビデオなど）をつくりますが、「じょうご」の中のもっとも稼ぐことのできる部分を無視してしまうのです。出口部分、つまり「最終商品」です。

　ある典型的な出版業者がここにいるとします。著者である彼女はある本を出版し、1 万部を売ります。小売価格は 25 ドルですが、出版社の手に入るのは卸価格、つまりその半分です。しかも、そのお金で、出版社は著者（彼女）に印税を支払い、製本代、スタッフへの給料、編集料、オフィスの家賃、宣伝費、在庫管理費を賄わなければなりません。その結果、本 1 冊につき、良くてほん

失敗と不幸せの最大の原因は、本当にほしいものよりも、そのとき欲しいものの方を選んでしまうことである。

191

表7-3　情報ビジネス「じょうご」　マーケティング・チャート

情報のじょうご：顧客を利益性の高い長期の関係に誘い込む方法					
	無料	$20まで	$100まで	$500まで	$1,000以上
印刷物	スペシャルレポート	スペシャルレポート	マニュアル	自宅学習コース	インタラクティブシステム
	サンプル	本	ニュースレター		
	新聞コラム	カレンダー			
	雑誌形態のポスター	ポスター			
	パンフレット	ゲーム			
	ダイレクトメール	Tシャツ、マグカップなど			
オーディオ	無料テープ	テープ1本	テープ6本セット	自宅学習コース	インタラクティブシステム
		テープ2本	セミナー収録テープ		
ビデオ	無料ビデオ	ビデオ	ビデオ3本	セミナー収録ビデオ	インタラクティブシステム
電話	フリーダイヤル（生）	有料電話サービス（生）		コンサルティングホットライン	電話会議
	フリーダイヤル（録音）	有料電話サービス（録音）			
デジタル	Apps	オンラインデータベース	DVD	アプリケーション	インタラクティブシステム
			オーディオブック	Apps	
ライブ	無料インタビュー	イブニングセミナー	1日セミナー	週末セミナー	直接指導
	無料講演			コンサルティング	
	無料セミナー				
	無料コンサルティング				

第7章　情報ビジネス　小さな案内広告から巨大な富を築く

の2、3ドルしか利益が残らないことになります。

　利益が1冊につき2ドルだとして、1万部売った場合、純利益は2万ドル。苦労のわりには、大した利益ではありません。従来の出版業者は1年にたくさんの本を出版し、そのほとんどで損をしながら、2、3冊のベストセラーで利益を上げることを狙っています。翌年も、同じシナリオです。

　出版はタフなビジネスです。私はおすすめしませんね。

　では、今度は情報起業家の視点で同じプロセスを見ていきましょう。

　情報起業家が目指すのは、情報をできるだけ多くの形態で売り、「じょうご」のできるだけ深くまで進んで、1つのアイデアから最大限の利益を絞り出すことです。

　先の出版業者と同じ1万部の本を売り、同じだけの利益を上げるところから出発したとしましょう。

　マーケティング費と間接費を引いたあと、あなたのもとには1冊につき、良くて2、3ドルの利益しか残りません。これでは、とても苦労に見合う額とは言えません。

　しかし、あなたは出版業者ではありません。情報起業家です。間もなくおわかりになると思いますが、情報起業家にとってもっとも重要な仕事は、「読者の氏名と連絡先を確保すること」です。さらに言えば、本を出版する第1の目的は、顧客を自分の「じょうご」に招き入れることなのです。

　このことを頭に入れて、あなたは1万人の本の購入者に、慎重に言葉を選んで書いた手紙を送ります。それは2日間にわたるセミナーの案内状です。参加費は300ドルです。

　数回にわたる手紙の送付と、テレマーケティングによるフォローアップで、本の購入者のうち約10%がセミナーに参加するか、セミナーのDVDあるいはビデオを購入すると考えられます。

　つまり1,000人から300ドルのセミナー受講料が入るわけで、総収入は30万ドルになります。販売コストや郵送費は高いですが、それでも10万ドルは利益として残ります。

　まだ、これで終わりではありませんよ。これら1,000人のセミナー受講者のうち、5〜10%の人は、より直接的な、密度の濃い集中トレーニングを受け

193

たいと考えます。料金は2,995〜4,995ドルといったところでしょうか。

つまり、50〜100人が1人あたり約3,000〜5,000ドルを支払うわけで、さらに15万〜50万ドルの収入がもたらされます。これらの大部分は純利益となります。なぜなら、あなたが会場として使用するホテルは、受講者たちのほとんどがそのホテルに宿泊した場合、たいてい無料で研修ルームを提供してくれるからです。

これを2日間セミナーの純利益10万ドルに加えると、1万部の本の販売に始まった情報ビジネスによる純利益の総額は、25万〜60万ドルとなります。従来の出版業で得られる2万ドルと比べれば、違いは一目瞭然ですね。これらのことは、第10章でも触れているので参考にしてみてください。

まだ釈然としない？　わかりました。このシナリオは少し楽観的すぎるとしましょう。では、もっとも少なく見積もった数字を、さらに半分にしてみます。それでも12万5,000ドルです。これでも、悪い数字ではないと思いますよ。

しかも、これには、ソフトウエアやコンサルティング、さらなる本やビデオなど、追加商品の販売で得られる利益は加えられていないのです。これらを計算に入れれば、さらに5万〜10万ドルの純利益が期待できます。

これで皆さんも、なぜ私が出版業をやっていないかがおわかりでしょう。

誤解しないでください。私は、自分の本を出している出版社を愛していますよ。私の本が1冊売れるごとに彼らが少しずつ利益を得るということに、喜びを感じます。ですから、何百万部も売れることを祈っています。そうはいっても、私の興味は本そのものが売れるということだけではありません。私の心は、読者たちと長期にわたる関係を築くことにあるのです。これからそれを説明しましょう。

顧客を見つけ、手放さないためには、どうすればよいか

私の友人、マーク・ビクター・ハンセンは私に次のことを教えてくれました。「ビジネスの唯一の目的は、顧客を見つけ、手放さないことである」

顧客をあなたの「じょうご」の中にとどまらせるためのカギは、彼らと長期にわたる関係を築くことです。

あなたのデータベース上の顧客は、コンピュータに保存された単なる「名前

のリスト」ではありません。彼らは「生身の人間」であり、そのニーズや欲求は常に変化しているのです。彼らは不変の世界に生きているわけではありません。常に他の多くの選択にさらされながら生活しているのです。彼らを自分のもとにとどめておくために、ライバルの「じょうご」に誘い込まれないよう、あなたはあらゆる努力をしなくてはなりません。長期の関係がもたらす利益（LTV）は、それほどまでに大きいのです。

　すべてのマーケッターが口をそろえて言うのが、「もっとも難しく、もっとも高くつくセールスは、こちらの商品を聞いたことも使ったこともない『コールド・カスタマー（新規顧客）』に対するものだ」ということです。

　一方、もっとも安上がりで簡単なセールスは、あなたがこれまで提供してきた商品やサービスに満足している顧客へのものです。ビジネスで苦労し、セールスで苦しみたいのであれば、おなじみのゲーム「新規顧客を見つけよう」をやれば良いでしょう。

　現代は厳しい競争社会です。常に新しい顧客を見つけなくてはならない状況を抱えていては、とうてい生き延びることはできません。すでにあなたのもとにいる顧客を大切にすることこそが重要です。そして、友人に推薦するに値する存在となるのです。

アイデアをキャッシュに変えるまでには、どのぐらいの時間がかかる？

　情報起業家の３つの重要なスキルを復習してみましょう。

　飢えた魚を見つける
　魅力的な餌をつくる
　長期的な関係を築く

起業のための7つのステップ

　上の３つのスキルを前提に、できるだけ早く１日10万円の収入をもたらす

情報ビジネスを確立するための、7つのステップからなるプランを見ていきましょう。

ステップ①　あなたの専門・情熱に合うテーマを見つける

　情報ビジネスで長期にわたって成功するためには、自分の専門や情熱に合致する情報を商品とするべきです。

　あなた自身が個人的には興味を持てない情報を売ることも可能ですが、少なくとも、その分野に精通している必要があります。反対に、あなた自身がその分野のエキスパートでなくても、非常に強い興味や情熱を持っていれば、その情報を売ることは可能です。もちろん、情熱を持ったエキスパートであることに越したことはありませんが。

　時に、情熱や専門知識・経験が必ずしも大きな収入をもたらさない場合があります。例えば、あなたがホームレスの人たちを援助することに情熱を燃やしているとしましょう。残念ながら、あなたが富を築くのは来世のこととなりそうです。今すぐにでもお金を稼ぎたいのなら、健全な経済活動の中にあるテーマを選ぶ必要があります。

　幸いなことに、選択の幅はとても広くなっています。その一部をご紹介しましょう。

　減量
　健康食品
　人間関係
　スポーツ
　投資（株式、不動産、住宅ビジネス、資産保護）
　ビジネス（マネジメント、セールス、マーケティング、広告、従業員管理）
　自己啓発
　組織・時間の管理
　さまざまな種類の依存症
　趣味・コレクション
　マーシャル・アーツ
　スピーチ

第7章　情報ビジネス　小さな案内広告から巨大な富を築く

語学

コンピュータ

恐怖症、その他の精神的問題

インターネット

娯楽

まず最初の仕事は、あなたの情熱や専門に合致し、かつ大きな利益をもたらす可能性を持つテーマを決めることなのです。

ステップ②　その湖でもっとも飢えた魚の群れを見つけ出す

あなたが選んだテーマの情報に対してお金を払ってもいいという人々がいるかどうかを知るには、主に以下の2つの方法があります。

1．メーリングリスト・ブローカーに電話をする

メーリングリスト・ブローカーは、メーリングリストをレンタルすることで生計を立てています。ダイレクトメールリストおよび、Eメールリスト。あなたが売ろうとしている商品やサービスを伝えれば、ブローカーはそれに適したリストをピックアップしてくれるでしょう。

彼らは、無料のコンサルタントのようなものです。つまりコンサルタント料はあなたではなく、リストの持ち主が負うわけですから、実際にリストをレンタルするまで、あなたはアドバイスに対し一銭も払う必要はありません。

2．『SRDS』を1部入手する

この刊行物について聞いたことがないという人は、その存在を知っただけでも、この本を買った価値があるというものです。大きな公立図書館の閲覧図書コーナーには、たいてい『スタンダード・レート・アンド・データ・サーヴェイ（SRDS）』が置いてあります。

そのリストには、北アメリカをはじめ世界のビジネス刊行物、一般雑誌、新聞、ダイレクトメール用メーリングリスト、そして放送メディアがリストアップされています。使い方さえ心得ていれば、それはまさに情報の宝庫となります。

例えば、自分の選んだテーマに関連した雑誌に案内広告を掲載したいとします。『ＳＲＤＳ』の「ビジネス刊行物および一般雑誌」のリストには、あなたのテーマを扱うすべての出版物が、担当者の名前と電話番号とともに列記されています。

自分の選んだテーマに興味・関心を持つ人々にダイレクトメールを送りたいとします。『ＳＲＤＳ』の「ダイレクト・マーケティング・リスト」の欄には、テーマごとに、購入の可能性がありそうな人々のリストとその総人数、およびメーリングリスト・ブローカーの電話番号が書いてあります。また、「Ｅメールリスト　業者」とグーグルで検索して、ブローカーの電子メールリストを検索することもできます。Ｅメールのプロモーションをどのように行うのかをコンサルしてくれる数多くのメールリスト・ブローカーが存在します。

メーリングリスト・ブローカーに相談したり、『ＳＲＤＳ』を調べたりしながら、あなたの情報の顧客となり得るグループの規模を検討していきます。選ぶメーリングリストは、先にお話しした特徴を備えていないとだめですよ。

つまり、すでに「十分な規模」でありながら、「さらなる成長」が見込め、食いつく餌を待ち構えている「飢えた魚の群れ」である、ということです。

もしすでに顧客のデータベースを持っているのなら、新しいアイデアをまず彼らに対して試すことができます。

しかし、まったくのゼロから始める場合は、見込みのある顧客のデータベースをつくるか、メーリングリストをレンタルしなければなりません。

いずれにせよ、情報起業家にとって顧客を見つけて手放さないようにするのと同じくらい重要なのは、データベースを常にアップデートすることです。

ステップ③ あなたの魚が、これまで食いついてきた餌が何かを知る

それには２つの方法があります。

１．間接的：他の情報起業家が使って成功した餌を調べる
２．直接的：魚自身に聞いてみる

父親が息子に言った。「仕事を見つけて働け。そして金を貯めろ。そうすればやがて、働かなくて済むようになる」息子が言う。「でも僕、今、働いてないよ」

第7章　情報ビジネス　小さな案内広告から巨大な富を築く

　先に、2番目の方法から見ていきましょう。

　これは「マーケットリサーチ」と呼ばれるものです。あなたの顧客となり得る人々は、いったい何を求めているのか？

「あなたはこれまで彼らに尋ねたことはありますか？」

「電話をかけて直接聞いたことはありますか？」

「あなたは彼らが本当に欲しているものを売ろうとしていますか？　それとも、彼らに必要だとあなたが思い込んでいるものを売ろうとしているのですか？」

　大切なのは、実際に聞いてみることです。彼らにとってどのような情報が重要なのか、さらには、その情報をどのような形で手に入れたいと思っているのか。

　あなたの売る情報にはさまざまなレベルがあります。あなたの顧客が求めている情報が、いったいどのレベルなのかを知る必要があるのです。

生のデータか？

　(例えば、ロサンゼルス地区の抵当流れ物件の数、あるいはラッシュ時の高速道路の車の数)

最新情報か？

　(例えば、50歳以上の女性のがんの主要な原因とその予防対策についての特別レポート)

詳しいノウハウか？

　(例えば、心身ともに健康な子どもを育てる育児法についての自宅学習システム)

スキル・トレーニングか？

　(例えば、人前でのスピーチをマスターするための、実技を含む5日間のトレーニングプログラム)

個別のコンサルティングか？

　(例えば、株の個人投資についての、オンライン、電話、あるいは直接指導に

199

よるコーチング)

「彼らが必要としている情報の量はどのぐらいか？　また、いくらなら払ってもいいと思っているのか？」

　情報のレベルが詳細、あるいは高度になればなるほど、商品の価格は高くなります。以下に並べる質問はどれも非常に重要なものばかりです。実際にビジネスを開始する前に、これらの質問を100人にしてみるべきでしょう。

　間接的なアプローチを行う場合、カギとなる問いはこれです。「これまでその魚たちはどんな餌に食いついてきただろうか？」

　あなたのターゲットとなる魚の群れは、これまでどこから情報を買っていたのか？「暗号を解く」ことに成功した情報起業家は誰か？

　あなたの目的は、その分野における情報プロバイダーのトップを突き止めることです。一番成功しているのは誰か？　彼らの方法には、何か優れた点があるに違いありません。情報プロバイダーの上位3者をリストアップしましょう。彼らは、あなたのライバルとなる人たちです。

　次に、各ライバルたちにそれぞれ電話をかけましょう。客のふりをして、パンフレットを送ってくれるよう頼むのです。

　営業のトップと会い、彼らのセールスの仕方をチェックします。どんな利点を強調するか、どんな特徴を売りにしているか？　情報を集めましょう。

　彼らの商品を買い、徹底的に分析します。この商品が他と違うのはどんな点か？　デザインか？　マーケティングの方法か？　長所と短所を見つけ出しましょう。

　どのように広告活動を行い、見込み客を確保しているのかを調べましょう。

　また、他の新参者たちはどのようにしてこの市場に入り込もうとしているのかも調べましょう。それらの小さな会社はどのように活路を見いだしているのか？　大手から顧客を奪うために、どんな努力をしているのか？　彼らが狙っている市場のすき間は何か？

　これらの情報すべてを、あなたの頭に叩き込むのです。

　ここで「競争」について、ひと言申し上げたいと思います。

　初心者はよく、自分がこれだと思うアイデアがあると、まわりを見ずに勢いでビジネスを始めてしまいます。そして間もなく、すでにそのアイデアでビジ

第 7 章　情報ビジネス　小さな案内広告から巨大な富を築く

ネスをやっている人がいることを知り（しかも、そっくりなタイトルで）、意気消沈するのです。

　情報ビジネスの市場は巨大だということ、そしてインターネットを用いれば、それは際限なく拡大していくということを認識してください。

　とはいっても、1,000万人にアプローチする必要はないのです。1万人の「ホット」な見込み客を「じょうご」の中に誘い入れることさえできれば、一生安泰です！

　これら1万人の顧客が今後10年間で、1人平均たったの1,000ドル使ってくれるだけで、なんと1,000万ドルですよ！

　第8章（インターネットについてお話します）を読めば、1万人の顧客などあっという間に見つけられる、ということがおわかりになるでしょう。

ステップ④　独自の餌をデザインする

　ターゲットとなる人々に、あなたのライバルの商品について、どこが気に入らないかを聞いてみましょう。その商品を完璧なものにするには何を付け加えればよいか、またその商品に不必要なものは何かを聞いてみましょう。

　つまり、魚たちに「何が食べたいのか」を教えてもらうのです。

　このリサーチから、あなたはライバルに勝る利点、あるいはジェイ・エイブラハムが言うところの「独自のセールスポイント（Unique Selling Proposition＝ＵＳＰ）」をつくり出します。

　おそらく、過去50年間におけるＵＳＰのベスト1は、ドミノ・ピザでしょう。
「できたての温かいピザを、必ず30分以内にあなたの玄関にお届けします」

　ベスト2は、フェデックスのそれでしょう。
「絶対・確実に、翌日手に入れなければならないとき」
　いいですか？　手紙や小包を3倍早く手に入れるためだけに、人々は喜んで第1種郵便の50倍の値段を払うのです！

　ＵＳＰは、あなたが顧客に提示する具体的な〝約束〟です。いったいあなたは顧客に対して、ライバルたちがしていない、どんな約束をすることができますか？

201

私の不動産セミナーのUSPは、「頭金なし」であり、以下のようなものでした。

「私をどこかの町に連れていき、財布を取り上げ、100ドルだけ持たせてください。72時間以内に、持ち金を一銭も使わずに、すばらしい物件を1つ買ってみせましょう」

今日、私のUSPはさらにこんなふうに変わっています。

「今日から21日後に、あなたの郵便受けに小切手が舞い込み始めます」

私たちのトレーニング・セッションでは、数カ月や数年といった単位ではなく、数日以内に「複数の収入の流れ」を生み出す方法を教えています。

ことUSPに関しては、結果が出るまでの早さを強調して失敗することはまずありません。人は怠け者だということを忘れないでください。もし選べるのであれば、人は必ず、難しいことより簡単なことを、遅いものより速いものを、複雑なものよりシンプルなものを選ぶのです。

21世紀において、「時間」ほど貴重なものはありません。

私たちは、すでに情報過多の状態にあります。データは、もうこれ以上必要ないのです。私たちが本当に必要としているのは、「簡単にすばやく結果が得られる」タイムフレンドリーな情報です。これこそ、あなたにとってもっとも重要なセールスポイントです。

ステップ⑤　餌を試す

前にも述べたように、もっとも重要なカギを握るのがマーケティングです。USPが決まったら、人々を「動かす」広告をつくらなくてはなりません。

広告は、あなたの商品が顧客にもたらす「究極の」利益を強調するものであるべきです。あなたの情報がもたらすことのできる奇跡的な結果は何ですか？以下は、ジェフリー・ラント博士が挙げる、「究極の利益」のリスト※です。

※このリストは、インフォメーション・マーケティングについて書かれたラント博士のすばらしい著書『How to Make a Whole Lot More Than $1,000,000: Writing, Commissioning, Publishing and Selling "How To" Information』から拝借したものです。表紙のキャッチコピーには、「本、小冊子、カセットテープ、スペシャルレポートで真剣に稼ぎたい人が必要とするもの」とあります。これはまさに、1人の真剣な情報起業家による500ページもの朗々たる演説で、驚嘆に値するほど詳細な内容です。

第 7 章　情報ビジネス　小さな案内広告から巨大な富を築く

経済的な安定

健康

愛

安全

救済

自尊心

コミュニティや仲間との調和

独立

性的な満足

美貌・個人的魅力

　広告の大見出しは、あなたのセールスポイントとともに、究極の利益を約束したものであるべきです。本文には、その他の利点をスペースの許すかぎり書き連ねましょう。商品の特徴など二の次です。

　ところで、「特徴」と「利益」はどう違うのでしょうか。

「特徴」はあなたの商品を描写するものです。「利益」は、あなたの商品を使うことによって顧客が得るものです。商品について語るということは、あなたは「特徴」を売っているのです。商品の使用がもたらす結果を語るときこそ、あなたは「利益」を売っているのです。

　例えば、航空会社があなたにハワイへのチケットを売ろうとするとき、彼らが強調するのはあなたが乗る飛行機の種類でしょうか？　機内食についてでしょうか？　足元の広さでしょうか？　それとも、彼らはあなたに、ヤシの木や砂浜、燦々と降り注ぐ太陽の写真を見せるのでしょうか？

　ここでは、ヤシの木が「利益」です。そして、足元の広さは「特徴」です。ヤシの木の方が、より多くの客をハワイに向かわせることでしょう。

　特徴は「理性」に訴えかけます。一方、利益は「感情」に訴えるのです。感情に訴えるものは、理性に訴えるものの10倍売れると言われます。もちろん、理論もセールスの重要な一部です。しかしそれは、顧客の感情をとらえて初めて、有効となるものなのです。

　では実際に、小さい安価な広告を書いてみましょう。

　あなたの餌は、25文字以内の短い文章に集約されなくてはなりません。案

内広告は、太字の大見出しと、数行の本文で構成されます。短い案内広告で無料の情報を提供するのがもっともよい方法です。

では、Facebook広告のような、小さい安価な広告をオンラインまたはオフラインで早速出してみましょう。

まず、『ＳＲＤＳ』で、あなたがアプローチしたい人々に読まれている雑誌、新聞、刊行物を選んで広告を掲載し、反応を待ちます。

電話をかけてくる人々は、あなたの実験台となります。マーケティング用の質問に答えてくれたら、より詳しい情報を無料で送ると持ちかけましょう。彼らの回答を、広告や商品内容の改善に利用します。

他の３倍の反応を引き出すものが出てくるまで、いろいろなタイプの広告を試しましょう。

もっとも安く掲載でき、かつもっとも多く反応を引き起こす広告を見つけ出すのです。もちろん、これらのテストはすべて、実際の商品をつくる前に行います。

テストの結果、最終的な商品のターゲットが変わる可能性もあります。

本当はハチミツをほしがっている客に、ピーナッツバターを提供しても、うまくいくはずがありません。彼らが何を求めているかを把握し、それを提供するのです。

ステップ⑥　大々的に広告キャンペーンを行う

効果的な餌が特定できたら、それを世界中の何百もの刊行物、何千もの新聞やインターネットを通して掲載します。結果は、媒体によってそれぞれ異なるでしょう。

だんだん広告のサイズを大きくしていき、最終的にはフルページの広告までいきます。しかし、まず最初は小さな広告から始めましょう。小さいサイズで反応がなければ、おそらく大きいフォーマットでも大した反応は望めないものです。

私が出した最初の広告は、新聞の案内広告欄でした。広告料は１日約25ドル。次に、私の写真付きの小さなディスプレー広告（約7.5×12.5センチ）を地元の新聞に出し、約300ドルかかりました。たった１つの広告にそんなに多くの

第 7 章　情報ビジネス　小さな案内広告から巨大な富を築く

お金をかけて大丈夫だろうかととても不安に思ったことを、今でも覚えています。しかし結果は、安い案内広告よりもはるかに良いものでした。

　次に私は、4分の1ページ広告にチャレンジしました。さらに2分の1ページ広告、そしてついにフルページ広告を出すに至ったのです。いずれも数千ドルの広告料を取られました。しかしこれらの広告は、何百人もの人を私たちのセミナーに、そして私の「じょうご」の中に引き込んでくれました。

　やがて、395～495ドルのウィークエンド・セミナーには、何百人もの人が参加するようになりました。これはすべて、1つの小さな安い案内広告から始まったのです。

　案内広告を出すのと並行して、ダイレクトメールの発送も行いましょう。

　ダイレクトメールにはよりお金がかかりますが、たいてい他のどんな方法よりも効果的です。ターゲットに直接アピールできるからです。

　これが、さまざまな形態の広告へと発展していきます。

　例えば、**①テレビの30分間のインフォマーシャル**（私は自身のキャリアの中で20本のインフォマーシャルをつくりました。1980年代初めにつくった1本目は、世界で初めて制作されたインフォマーシャルです）、**②ラジオの30分間の宣伝番組**、そしてもちろん、**③インターネット**です。

ステップ⑦　第2の輪にある方法を新たに2つ試してみる

　広告が成功し、商品が好調な売れ行きを見せるようになったら、その情報商品の次なる形態を考え始めましょう。

　表7-2（181ページ）の「富豪への5つの輪」の「第2の輪」が示すように、あなたの情報を売る方法は20以上もあります。同じ商品でも、提供される形態が異なれば、価格も変わってくるため、それをアピールする顧客層もまったく違ったものになってきます。

　ハードカバーの本を買う客層がペーパーバックのそれと異なるように、DVDを買う客層はカセットテープのそれとは異なるのです。

　うれしいことに、常連客の中には、同じ情報を複数のバージョンで求めてくれる人もいます。車用、CDプレーヤー用、コンピュータ用、ベッドサイドに、本棚に、電話の横に、それぞれ1つといったように。

　あなたとあなたの商品に心酔しているファンたちは、あなたのすべてをほし

205

がるものです。

実は、インフォメーション・マーケティングは、この本だけではカバーしきれないほど奥の深いものです。一生続く勉強だと言ってもよいでしょう。

しかし、近道も存在します。私たちプロが学んできたコツというものがあるのです。

売上を倍増させる言葉、電話をひっきりなしに鳴らさせるフレーズ、人々にあなたのパートナーにしてくれと懇願させるような方策（現時点ではとても考えられないかもしれませんが……）。そして、避けるべき落し穴。

今後、皆さんとお近づきになり、これらのコツを、皆さんに直接お話しする機会が持てることを楽しみにしています。

最後のアドバイスとして、私のオフィスに掲げている標語をご紹介しましょう。

文字を書くことで、私はお金を手に入れる
書けば書くほど、そのお金は増えていく
だから、1日1,000語書け！

私の計算によると、1語書いて（今、そうしているように……）、それが読者の目に触れるごとに、やがて1語につき2,000円の収入になることがわかっています。

「ワン、ツー、スリー、フォー、ファイブ」

はい、これで1万円です。10万円稼ぎたければ、50語書けばよいわけです（そして、500語なら100万円……と、続いていきます）。

1語書くごとにどうしてそんなにお金が入るのか？

それは、私がベストセラーを書くたびに、その本は何千もの書店に置かれ、本が1冊売れるたびに、印税が入るだけでなく（通常1冊につき400円です）、本の購入者の多くが、私の情報ビジネスの「じょうご」に入ってきてくれるからです。

彼らは私の情報の成果に感動して、それを多くの人に話します。するとそれらの人もまた本を購入し、新たに「じょうご」の一員に加わります。こうしてそのプロセスが延々と繰り返されていくのです。

206

第 7 章　情報ビジネス　小さな案内広告から巨大な富を築く

したがって、私が 1 語書くごとに、結果的に最低2,000円の収入が生まれることになるのです。

そんなわけで、私は決してスランプに陥ることがありません！　くだらない TV 番組を見るか、コンピュータの前に座って日課の1,000語を書くかで選択を迫られたとき、勝つのはいつもコンピュータの方です。

1 語書くごとに2,000円になることがわかっていたら、今すぐ1,000語ぐらい書く意欲がわいてくるというものです。

え？　あなた、まだ読んでるんですか？　さあ、一刻も早く書き始めましょう！

（Ｐ．Ｓ．たった今、私のコンピュータがこの章の単語数を計算しました。ざっと 1 万1,000語を超えています。11,000 × 2,000は……。うーん、非常にナイスな数字ですね。）

この章では情報マーケティングに関する十分なスペースがなく、この収益性の高いテーマについて知っておくべきすべてのことがカバーしきれていません。私のウェブサイト www.millionaireclub.jp では、あなたがこの情報ビジネスという収入源を追求すると選択した場合、あなたにとってとても有益であるいくつかの追加情報を無料でダウンロードできるように、準備しました。

もしあなたが著者になりたいのであれば、ビギナー著者のための12 Stupid Mistakes（12の愚かなミス）という無料レポートを必ず読まなければなりません。

商品が良ければ、優れたマーケッターである必要はない。

（リー・アイアコッカ）

ロバート・アレンに学んだ 稲村徹也のストーリー

　複数収入・権利収入構築コンサルタントの稲村徹也です。

　私が倒産したのは、2002年でした……。

　今回は、破産や倒産のドン底、億単位の借金が積もり「ブラックリスト」入りし、借金取り立て屋からのハードな追込み、そして、新宿中央公園でのホームレス生活など、悲惨でどうしようもない経験を経た私自身が、どのようにロバート・アレンの教えにより人生を大逆転させることに成功したのか、その奇跡を包み隠さず語らせていただきます。

　ある日、とある古本屋で見つけた本のタイトルに偶然目が止まったのです！
　それが、『ロバート・アレンの実践！　億万長者入門』でした。

　当時の私は、多額の借金が膨らみ、億万長者など夢のまた夢でした。ですが、その本を手にし読み進めるうちに、まるで雷にでも打たれたかのような大きな衝撃を受けたのです。

　その強烈なメッセージから、これからの時代、複数の権利収入モデルを構築することが大切だと悟ったのです。
　事実、当時の私のビジネスにおいて、単体、つまり1つだけのビジネスモデルで年商100億円を目指し上場させることがゴールでした。しかし、結局は倒産……。

　その本に書かれていたことは、複数収入源を作ることだったのです。
　ひとつの収入源が枯れても、他のたくさんの収入の流れで補うことができるわけです。それが大きなヒントとなりました。

　収入源をいくつも確立することが大切だと知ったとき、同時にこの本の具体

第 7 章　情報ビジネス　小さな案内広告から巨大な富を築く

的で斬新なコンセプトのすごさを知ったのです。気がつくと 2 時間以上もの間、店内に居座り貪るように読み込んでしまいました。書店の店長はモップ掃除を何往復していたのかわかりません。そんなことは関係なく、とにかくすごい、すごい、すごい！の連続だったのです。

　あまりにも感銘を受けこの本が心底ほしくなり、値段を見たら、定価1,800円でした。古本屋でしたので、800円のステッカーが貼ってありました。しかし、私には買うだけのお金すらなかったのです。そんなお金があるのなら、借金返済の足しにするか食費に充てた方がいい、と無意識に天秤にかけていたのかはわかりませんが、1 つわかったのは、向かいの書棚には100円コーナーがあったことでした。そのコーナーにある本の裏側のステッカーを剥がし、この億万長者入門に張り付けて、レジに持っていきました。店長は何度もこの本とにらめっこをしていたのですが、レジに列ができて文句を言う人が出てきたことがわかると、結局、100円で購入することができました。

　この本が私の人生を変えた 1 冊となったわけなのですが、それからというもの、暇があるたびに読むようになったのです。2002年に倒産し、本を片手に試行錯誤して、再度、起業することから始めました。それまでやっていたビジネスの固定費などはコスト削減をしてスリム化、システム化し、少人数でもまわせるような体制に戦略を切替え、収益が最大化されるようにしました。

　2008年には、自宅も購入でき、不動産事業を始めるようになりました。もちろん、彼の提唱するナッシング・ダウンテクニック（頭金なしの戦略）を活用して……。

　自分自身の失敗経験から、この世の中で、成功している人と失敗している人の違いを知るために、成功者から直に学ぶようになりました。海外に出て世界中の成功者に会い知恵やヒントをいただき、自らも人材育成会社を始めました。そのご縁から、現在、ロバート・G・アレンのエージェント会社を運営しビジネスパートナーとなりましたが、そのご縁は、今一緒にビジネスをしている丸山拓臣さんとの御縁と尽力のお陰です。

ビジネスで成功する方法は、人とのご縁からが一番です。

　ビジネスの世界では、誰と一緒にいるのかが大切ですが、それ以上に「メンター」の存在です。「一生のメンターを持て」という言葉がありますが、メンターを持つことは、あなたの思考、物事の捉え方、行動、結果すべてに影響します。

　私は、ロバート・G・アレンから直接学んだ際、ビジネスを大きくしたいのならばということで出版を勧められました。これまでの気づきや学び、実体験をまとめ上げる術を伝授していただき、晴れて出版することができました。今日現在では、3冊の出版を終えたところです。

世界の超一流から教えてもらった「億万長者」思考　　日本実業出版社
お金を稼ぐ人は何を学んでいるのか？　　　　　　　　きずな出版
「失敗」を「お金」に変える技術　　　　　　　　　　きずな出版

　ロバート・G・アレンから、マーケティングに関するアドバイスもいただき、ベストセラー作家の仲間入りをすることもできました。

　自著のみならず、他者の出版プロデュースにも関わっています。

いつの間にかお金持ち！　はじめての「株」入門　ケイデン・チャン　　高橋書店
幸せをつかむ「4つの地図」の歩き方　ロバート・G・アレン　　フォレスト出版
日本人のためのお金の増やし方大全　ロバート・G・アレン　　　フォレスト出版

　上記のプロデュース、監訳などもさせていただける運びとなりました。

　2013年以降は、本格的にビジネスセミナー、スピーカービジネスも軌道に乗りました。ロバート・アレンの豊富な見識を背景にした貴重なアドバイスの数々を実践に取り入れ、ハードルの高い1,000人以上動員のビジネスセミナー

第 7 章　情報ビジネス　小さな案内広告から巨大な富を築く

を開催したり、ウォーレン・バフェットがメンターと仰ぎ伝説のバーゲンハンターといわれるテンプルトン卿の姪 ローレン・テンプルトンや、バリュー投資教育界のカリスマであるケイデン・チャンを日本のマーケットに紹介することもできました。さらに、日本全国、さらには台湾、中国、香港、シンガポールなど海外からのオファーも受け、私自身講師として、スピーチをしに頻繁に海外出張を重ねたりと充実のビジネススタイルを確立することができたのです。

　2002年に億万長者入門の本を読んだことで、複数収入・権利収入モデルを構築することができ、複数の事業会社を所有することになりました。そして、現在、ロバート・G・アレン総代理エージェント業、またビジネスパートナーとしての今があります。それは、たった1冊の本との出会いから始まったことなのです。

　そして、これからの夢の実現に向けて、私は日々真剣勝負しています。2018年10月6日幕張メッセで1万人の大規模ビジネスエキスポを主催します。登壇者は、全米 No.1 トップミリオネアメーカーのロバート・G・アレン、『金持ち父さん貧乏父さん』の著者であるロバート・キヨサキです。このご両名を日本にお招きし、「World Business Expo 2018〜2人の金持ち父さんからの教え〜」がイベントの正式タイトルに決まりました。

　このように、メンターを持つことで、私の人生は大きく変容したのです。
　ですので、あなたも是非この本を読んで、学び実践することで、成功をつかんでください。そして、あなたにもロバート・G・アレンをメンターだと思っていただける日が来ることを楽しみにしています。

　振り返れば、確かに、20歳でホームレスに転落し、その生活はこれ以下はないと思える経験でした。しかしながら、億単位の借金にもがき苦しみ、30歳での倒産、破産経験では、ホームレス時代よりも最低のどん底を体験しました。

　こんな私でも立ち直り、人生をやり直せたのです。

211

そのヒントは、複数収入源の構築と絶え間なく流れ続ける収入の流れです。

「落ちているときは、もっと掘れ」そのときに、新たな境地が現れてきます。
「人生は何度でもやり直せます」
　今を生きてください。そして挑戦し続けてください！

第8章

インターネット
ワンクリックで成功への道が開かれる

「人のなすことには潮時というものがある。
うまく満ち潮に乗れば成功するが、
その期をのがすと、一生の航海が不幸災厄ばかりの浅瀬につかまってしまう」
ウィリアム・シェイクスピア『ジュリアス・シーザー』IV. III

「インターネット」。この言葉を耳にするのは、今週だけでもいったい何回目でしょうか。

インターネットは「本物」です。一過性の流行ではありません。

インターネットは、歴史上もっとも大きな影響力を持つ、ビジネス・イノベーションなのです。

今現在、何人の人がインターネットを利用しているか数字を挙げることはできますが、この世界はすさまじいスピードで変化しているため、皆さんがこのページを読み終えるころには、私が挙げたいかなる数字も、もはや恥ずかしいくらい古いものとなっていることでしょう。

インターネットは、単にビジネスサイクルのレーダー上に新たに現れた小さな点ではありません。インターネットは、大きな潮の流れです。その潮流に乗って成功へと導かれることも、波にのまれて溺れてしまうこともまたあり得ることなのです。

あなたは、ネットサーフィンをしていますか?

まずは、従来のマーケティングとインターネットによるマーケティングを比べて、私がここまで声を大にする理由を明らかにしてみましょう。

ウォーレン・バフェットの投資に関する2つのルール
　　ルール1：決してお金を失わないこと
　　ルール2：決してルール1を忘れないこと

従来のマーケティング	インターネット・マーケティング
カタツムリ郵便 （遅くて、高くて、信頼性が低くて、無駄が多い）	Eメール （速くて、安くて、信頼性が高くて、効率的）
高い郵便コスト	郵便コストはかからない
配達に時間がかかる	即時に送付される
営業日／営業時間	３６５日／週７日／２４時間
限られた地理的範囲	世界中
縮小していく顧客基盤	限りなく拡大していく顧客基盤
高い間接費	間接費はほとんどかからない
リアルタイム、リアルコンタクト	保存したうえで送信（非同期操作）
平均的な顧客	裕福で知性の高い上級の顧客
問い合わせに時間がかかる	即座に返答が得られる
しかるべき服装でオフィスに出勤	Ｔシャツのまま自宅で
マスマーケティング	個人的な１対１のマーケティング
衝動／待機	衝動／即座に満足
古くて、ありきたり	新しくて、エキサイティングでミステリアス
立ち入り型マーケティング （相手の時間を取る）	非立ち入り型マーケティング （顧客側が自発的に検索）
一次元的マーケティング	インタラクティブでマルチメディアなマーケティング
短い広告期間	広告はこちらが望む限り掲載される
高い参入コスト	低い参入コスト／平等な立場で勝負できる
失敗のダメージが大きい	失敗のダメージが小さい
事業を始めるには ある特定の場所が必要	コンピュータがあれば、 どこにいても始められる
お金のあるやり手でなければならない	お金のないごく普通の人でもできる
敷居が高い	敷居はない
人目に触れる／公である	買い手と売り手の間のプライベートな取引
年齢、性別、資産、見かけ、人種などが判断材料にされる	アイデアの質で判断される
クールじゃない	クールである

第 8 章　インターネット　ワンクリックで成功への道が開かれる

　マーケティングはすべてのビジネスにとって〝酸素〟のようなものです。それなくしては、どんなビジネスも早々に息絶えてしまいます。

　通常、マーケティングにはお金がかかります。ビジネスをするうえで、もっとも経費のかかるものの1つと言っても良いでしょう。そのため、マーケティングで間違いを犯すと、ビジネス全体が存続の危機にさらされることにもなりかねないのです。

　しかし、インターネットがこのマーケティングの概念を根本から覆しました。何よりもまず、コストが大幅に削減されました。新規顧客1,000人に接触するのに、これまで何百ドルもかかっていたのが、ほんの数セントしかからずに済むようになったのです。

　さらに重要なのは、これらの新規顧客と、繰り返し何度も、そして双方向にコンタクトをとることが可能になったことです。しかも、ほとんどコストをかけずに。この利点は非常に大きなものです。

　このコスト上の利点のために、日々、ものすごい勢いで新しいオンラインビジネスが生まれています。まるで、21世紀のステータスシンボルは自分のウェブサイトを持つことであるかのような印象さえ受けます。

　しかし、ネットでお金を稼ぎたいのなら、自分のウェブサイトを持つことはほんの始まりでしかありません。それはちょうど、砂漠の真ん中に看板を立てるようなものです。誰も見る人がいなければ、ないも同然、まったくの無意味です。

　不動産のキーワードが、「ロケーション、ロケーション、ロケーション」の3語であるなら、インターネットのそれは、「アクセス数、アクセス数、アクセス数」です。もっとも重要な仕事は、あなたのサイトにできるだけ多くの人をアクセスさせることなのです。アクセスがなければ、あなたのサイトは何の価値も持ちません。

　繰り返します。ウェブサイトは、それ自体何の意味も持ちません。アクセスされることがすべてです。「アクセス」とは、人々があなたのウェブサイトを訪れてくれることです。訪れる人が多ければ多いほど、あなたのウェブサイトの価値は高くなるのです。

　こう考えてみてください。今のような「ホットな場所」となる以前のラスベガスは、砂漠の真ん中にわずかな建物が固まって建つ、さびれた集落に過ぎま

215

せんでした。

　ギャンブルが行われるようになって、少しずつ人が集まるようになったのです。また、カジノはより多くの客を集めるために、芸能人やあでやかなダンサーたちを呼び集めました。こうしてさらにアクセスは増加しました。

　彼らは続いて、安い航空チケットや食事を提供し始めました。アクセスはもっと増えました。

　メジャーなボクシングの試合を開催するようになると、世界中から多くの人がやってくるようになり、アクセスはいっそう増えました。

　大きなコンベンションセンターをつくると、アクセスはいっきに急増しました。

　子どもや家族連れ向けのアトラクションを設置すると、アクセスは爆発的に増加しました。

　人々がラスベガスの町を行き交うようになると、町の中のさまざまなものがより大きな価値を持つようになっていきました。ショッピング街、オフィススペース、レストラン、小売店はもとより、新聞や雑誌の広告、看板、TV やラジオのコマーシャルスポット、すべてがその価値を高めていったのです。

　しかし、もし万一人々のアクセスが途絶えたら、ビルは空になり、店からは客の姿が消え、住民も街を去っていくでしょう。ラスベガスはゴーストタウン

一度に 1000 人の顧客候補に接触するためのコスト	
ダイレクトメール	＄３３０
大都市の新聞	＄３１
TV	＄１６
ラジオ	＄７
全国版の雑誌	＄７
インターネット	＄０.３（１カ月間）

資料：『How to Make a Fortune on the Information Super highway』Canter and Canter

第8章　インターネット　ワンクリックで成功への道が開かれる

と化してしまいます。

　あなたのウェブサイトはちょうど、砂漠の真ん中にできた架空の都市なのです。もし人々を引きつけることができ、つまり彼らの「アクセス」が得られ、さらに友達なども誘って何度も繰り返しアクセスしてもらうことができれば、あなたのサイト上の要素すべてが、劇的にその価値を増すことになります。

　あなたは、すべてのデジタル不動産の所有者です。商店街も、ショッピングセンターも、マンションも、すべてあなたの所有下にあるのです。

　さらに、TV局も、ラジオ局も、新聞社も、すべての通りにある看板も、あなたのものです。ただしアクセスがなければ、これらの資産はすべて、価値を失ってしまいます。

　アクセスがあれば、あなたはこれらの資産を貸し出して大儲けできます！アクセスこそ、すべてなのです。

　それでは、多くのアクセスを得るというゴールを念頭に置いて、インターネット・マーケティング・マシンのお話をしていくことにしましょう。これは、あなたのサイトに人々をアクセスさせるだけでなく、アクセスするたびにお金を落としていくようなマシンです。

　どうです、興味はありますか？

　インターネットは、皆さんが思うほど複雑なものではありません。インターネットの機能をできるかぎりシンプルな言葉で表現するとしたら、私はこんなふうに言います。「人々はある具体的なものを探すためにインターネットを利用します。あなたがすべき最初の仕事は、あなたが提供しているものを求めている人を見つけて、あなたのウェブサイトにアクセスさせ、それを買ってもらうことです。何度も繰り返し……」

　最初にここではリード・ジェネレーション（見込顧客の増加）サークルについての情報です。

　2番目は、「実践的オンラインマネー獲得法」から私が実際にたった1日で10万ドル（1,000万円）をつくり出したときの話をしましょう。

　マーケッターとして身につけるべき3つのシンプルなスキルは、1. ターゲット設定、2. 魅力的なオファー設計、3. ライフタイム測定を行うことです。

最初に来た者が牡蠣にありつける。2番手が手にするのは殻だけだ。
（アンドリュー・カーネギー）

217

言い換えれば、意欲のあるバイヤーを見つけてターゲットを絞る方法。あなたのサンプリングを手にしてもらう、またはあなたの提案するオファーを受けて購入するように促し誘導する方法。そして、継続的な生涯顧客をつくる方法です。

これらの一般的なマーケティングの概念を特定のインターネット用語に翻訳し解説しましょう。

インターネット上での目標は、問題に対する解決策を求めて Google 等の検索エンジンで検索している、関心のある人々を見つけ出すことです。

インターネット・マーケッターは、これを「トラフィックの誘導」と呼び、あなたの「ウェブサイト」または「ランディングページ」へと誘導していきます。

ランディングページは、興味を持った潜在的な顧客を「動かす」場所で、提供しているものについてもっと情報を得ることができます。

目標は、その顧客に名前と E メールアドレスを残してもらえるように顧客を誘導することです。

つまり、問題の解決策を模索しているその相手に対してコミュニケーションを開始し、あなたの提案や解決策について伝えることができます。インターネット・マーケッターはこれを「リストビルディング」と呼んでいます。

一旦、人々があなたのデータベース、リスト（見込顧客群）に参加すると、一連のあらかじめスケジュールされた E メールが送られます（インターネットマーケッターはこの定期的なメッセージを「オートレスポンダーシステム（自動ステップメール）」と呼んでいます）。

これがうまく機能することで、これらの定期的なメッセージは、潜在的な顧客があなたの製品、サービス、または情報を購入するよう促します。そうすることで、生涯顧客になるかもしれない新しい顧客を獲得することになります。

トラフィックの誘導、リストビルディング、顧客獲得、これらの 3 つのスキルを習得すれば、インターネットはあなたにとってすばらしい働きをしてくれるでしょう。

私がインターネットでこれらの 3 つのスキルを学び、適用した初めての実例を共有したいと思います。結果はすばらしいものでした。

第8章　インターネット　ワンクリックで成功への道が開かれる

1997年の秋、友人のデイビッド・ルドゥーが興奮した声で電話してきました。インターネットを利用してマーケティングを行う興味深い方法を、偶然見つけたというのである。

「ボブ、僕は1日で1万3,000ドル稼いだぞ」とデイビッドは言った。私は興味をそそられて、「どうやって儲けたんだい？」と尋ねた。

「言葉で説明するより、実例で示すよ」

数日後、カリフォルニア州サンディエゴの私の自宅オフィスで、デイビッドは最近立ち上げたウェブサイトに訪問者を惹きつけた方法を具体的に説明してくれた。デイビッドの無料のインターネット・ニュースレターに多くの訪問者が登録し、ほんの数ヵ月で約1,500人の加入者を集めることができたという。

彼はその後もますます増加していく加入者に電子メールを送り、自分の最新の調査結果を提出した。

「イージン」（メールマガジン）と称する電子メールのニュースレター1通ごとに、デイビッドは種々の商品やサービスの広告を載せた。彼によれば電子メールの送信費用はほとんど無料に等しいので、この商売の利益は巨大なものになるという。

「どういう具合に事が運ぶか見せてあげるよ。たった今、目の前で、君にちょっとしたお金を儲けさせてあげよう」と、デイビッドは言った。

確かに彼は私をびっくりさせた。デイビッドは私のコンピュータを使って、次のような短いメッセージを作成した。

「またメールします。こちらデイビッドです。たったいま、私はベストセラー作家ロバート・G・アレンの自宅オフィスにいます。ボブ・アレンはナンバーワンのベストセラー本と講義録テープによって、何千人もの人々がミリオネアになるのを助けています。売れまくっている講義録テープ『収入源はいくつもある』は、ナイチンゲール・コナント社から60ドルで販売されています。私はボブ・アレンにこの大評判のテープを値下げ価格で皆さんに提供するよう説得しました。ただ今から60分間限定で、デイビッドのニュースレター加入者はボブの強力なテープ6本組のプログラムをわずか29ドル95セントで購入できるようにしたのです。関心を抱かれた読者は、直ちに氏名、住所、クレジッ

219

ト番号と有効期限を記入してお申し込みください。では皆さま、良い一日でありますように。デイビッド」

デイビッドは私に正確な時刻を確認するよう求めた。そして彼は1,500人の加入者にそのメッセージを送ったのである。どんなことになるのやら、私には見当がつかなかった。

61秒後、最初のレスポンスが到来した。ピンポーン（読者であるあなたのパソコンでは、メッセージを受信したときに電子メール着信音が鳴りますか？）。

この最初の応答には住所からクレジットカード情報まで、すべてが含まれていた。その後の1時間、デイビッドはインターネットでマーケティングを行う利点をいろいろ説明してくれたのだが、私はほとんど聞いていられなかった。

ピンポーン、ピンポン、ピンポンというメール着信音ばかりが耳に入ってくるのだ。注文が続々と入ってくる。実に驚いた。

目の前で、マーケティングの費用と手間をほとんどかけずに、デイビッドはかなりの利益を生み出してくれたのである。

私は非常に感銘を受けました。マーケティング費用がゼロだったにもかかわらず、デイビッドはわずか1,500名のリストからほんの数分で数百ドルを手に入れたのです。そこで私は彼に尋ねました「このシステムを私に教えるとしたら、いくらかかるんだい？」と。

彼は「6,000ドル」と答えたので、私はすぐに彼を雇いました。

私は直ちに自分のウェブサイトをつくりました。起動するのに何回も失敗した挙げ句、1999年8月の最初の週に、ついに www.robertallen.com を立ち上げた。

これから読者にお教えしようとしている種々の方法を用いて、私と私の仲間は9ヵ月で無料インターネット・ニュースレターの加入者を1万5,000人以上集めることができました。

私のウェブサイトへの加入者の大多数は、私が提供するどのような商品やサービスに対してもお金を払いたがらない。

つまり、これらの加入者は、私が無料で提供するものをつまみ食いするだけで、完全に満足している。

第8章　インターネット　ワンクリックで成功への道が開かれる

　しかし、提供するものが的を射たものであるのならば、無料、有料を問わずに加入者の何人かは財布の紐を開いてくれるものなのである。この理論を実際に証明してみよう。

　デイビッドが私にインターネットの威力というものを教えてくれたあと、情報商材を販売している会社が接触してきた。
　私のベストセラー本『MULTIPLE STREAMS OF INCOME（億万長者入門）』をベースにして新しいインフォマーシャル・マーケティングという情報商品をつくりたいと望んでいた。
　彼らはその商品を「究極のオンラインマネー」と名付けることにしていた。
　私はそのとき直ちにデイビッドのデモンストレーションがいかにすばらしいものであるかを思い出した。
　そこでそれをモデルにして次のような文章を書いた。
「インターネットにアクセスできるコンピュータなら何でも結構。私をそのキーボードの前に座らせてください。そうすれば24時間で、少なくとも2万4,000ドル（240万円）を稼いでみせます。」

　2000年5月24日午後12時38分、カリフォルニア州バーバンクのスタジオでライブのカメラを正面にして、私は、コンピュータの前に座った。
　私はマウスを一度だけクリックして、私のニュースレターの読者1万1,550人に特別なメッセージを送信した。
　誰が現金を支払う意思表示、反応をしてくれるだろうか。率直に言って、私には見当がつかなかった。これは保険なしでのマーケティングである。

　ところが4分もたたないうちに最初の注文が来た。ヒューストンの男性が2,991ドル送金してくれたのだ。

　6時間11分後の合計金額は・・・・
　4万6,684ドル95セントに達した。
　私はその夜、実に心安らかに眠った。眠っている間に、さらに多くの注文が流れ込んでくると確信していたのである。翌朝、ライブのカメラが回っている

前で、私はバスローブを着たままの姿で合計注文金額のチェックをした。それは……。

7万8,827ドル44セントに上っていた。

これはまさにワクワクすることであった。まだ4時間も残されている。

その午後、この挑戦的な試みが始まってから24時間後、最終合計金額は9万4,532ドル44セントであった。

とは言っても、それなりの準備は必要だった。このプロセスを立ち上げるまでに、実際に9ヵ月以上の時間がかかったのである。

まず、ウェブサイトを立ち上げなければならなかった。インターネット・ニュースレターの顧客リストをつくらなければならなかったので、そこに加入者を引き込む必要があった。成功の保証がないなかではたいへんな仕事であった。

この章では、このような信じられないほどの好結果を達成するために用いたプロセスをステップバイステップでご案内しよう。

私がマーケティングした商品は「情報」であったが、この原理原則はどんな商品、サービスでも、さらにはビジネスチャンスまでも、あらゆるもののマーケティングに活用できる。

私がウェブサイトを立ち上げたとき、その目玉の1つは、「オンラインマネーの流れ」という無料のニュースレター（メールマガジン）であった。

私のサイトを訪れる人々すべてに電子メールアドレスを残してくれるように頼んだ。さまざまな方法を用いた結果、その後の数ヵ月でこのニュースレターへの加入者リストは膨らんでいった。9ヵ月後、加入者は1万1,000名を超えたのだ。

これらの人々は、私の電子メールリストに入ることを選択し、喜んで情報を受信する人たちである。換言すれば、私がこのリスト上の誰かに電子メールを送る場合、それはその人にとってスパム・メール（迷惑メール）ではないということである。

自分のリストをつくり上げるには何ヵ月もかかったが、これが一生を通してキャッシュを生み出すための最良の方法なのだと感じた。このリストこそ、あ

第 8 章　インターネット　ワンクリックで成功への道が開かれる

のインターネット・チャレンジに用いたものなのである。私はそのときまで、そのリストをリサーチに用いたことはあっても、商品を売り込むために使ったことはただの一度もなかった。

　ここで疑問が湧いた。このリストの無料加入者たちは、財布を開けて実際に何かを買ってくれるのだろうか？　私はこんなことに自分自身の人生をかけていいものなのだろうかと。つまり、インターネット・チャレンジを受けることに同意したとき、これが現実的な目標たり得るのかについて多大の疑問を抱いたわけである。

　ただ、私にとって有利な点の 1 つは、多少なりともマーケティングの知識を持っていることであった。マーケティングとは、関心を持っている人々に購入を促す科学である。

　関心のあるオーディエンスに正しい方法で強力なオファーを行えば、そのオーディエンスに購買の動機づけをすることができるはずである。

　5 月 24 日のちょうど 2 週間前、私は自分の電子メールの加入者に対して、「インターネット・チャレンジ」に備えさせるために、5 つのメッセージを順次発信し始めた。

　ここに私の 1 万 1,000 人の加入者が次の 2 週間に受け取った 5 つの電子メールの件名があります。

　あなたはこれらのメッセージを開くように誘惑されましたか？

5 月 10 日　ネットで膨大な金額を稼ぐ
5 月 15 日　無料レポート　インターネットで 24 時間に 2 万 4,000 ドルの
　　　　　現金を稼ぐ方法
5 月 18 日　あなたはキャッシュを獲得しました！　一晩中キャッシュの
　　　　　ストリームをつくる
5 月 22 日　総額予測！　1,000 ドル、500 ドル、または 250 ドルの現金ゲット
5 月 24 日　最終オファー！

　これらの 5 つの電子メールは、14 日間にわたって全加入者の 1 万 1,000 人に

私にはたくさんの借金がある。金は一銭もない。残ったものは、すべて貧しい者たちにゆずろう。

（フランソワ・ラブレーの最後の言葉）

223

送信されました。

　そして最終日には、私は4種類の情報パッケージのオファーをだしました。

パッケージNo.1　ミリオネア育成指導者による電話会議 $ 97

パッケージNo.2　ミリオネア育成研修会　$ 297 × 3回

パッケージNo.3　プライベートサークル　$ 997 × 3回

パッケージNo.4　バナー広告 希望入札額 $ _____

　実際には全部で173人が4つのパッケージのどれか1つを申し込むか入札するかという結果になった。

　24時間の締切後に入ってきた注文も含めると以下の合計金額になった。私が予想していたものの3倍、すなわち1.5% の応答率であった。

パッケージNo.1　申込者83人が97ドルを払う・・・8,051ドル

パッケージNo.2　41人が297ドルを3回分・・・3万6,531ドル

パッケージNo.3　17人が997ドルを3回分・・・5万0,847ドル

パッケージNo.4　29人が入札参加・・・1万9,478ドル

その他3名が個別の商品を注文・・・597ドル

注文金額合計・・・・・11万5,504ドル

　以後3ヵ月で私たちはキャンセル分を差し引いてもざっと90,000ドルの代金を受け取り、その約90% の利益を上げることができた。

　あなたは多分、どうやったら、同じことができるのだろうと考えているに違いない。この章では、のちほどオンラインで大金を稼ぐ日本のマーケッターの実例を紹介します。

ネットビジネスの成功モデル
インフォメーション・マーケティング

　前章で情報ビジネスについて学んだすべてのことを、そのままインターネットに当てはめてください。多くの人がオンラインで情報をマーケティングし、

第 8 章　インターネット　ワンクリックで成功への道が開かれる

大きな成功を収めています。

　このビジネスは、インターネットの強みを最大限に活かせるビジネスなのです。

　かつて、新参の情報起業家が出版の世界に入っていくのは、とても難しいことでした。従来型の出版社から本を出版できる確率は非常に低いものです。

　しかし、インターネットでなら話は別です。

　出版社も、エージェントも、印刷会社も、在庫も、広告担当者も、書店も、倉庫も、営業スタッフも、運送会社も、オフィスも、従業員も、必要ありません。実に簡単に始められるのです。

　ここで1つの仮説を検証してみましょう。

　あなたはすでに情報ビジネスの世界に身を置いており、情報起業家として株式投資のノウハウを売っていると仮定します。

　あなたは自分の経験と学習に基づき、テキストと6本のオーディオからなる自宅学習用コースをつくりました。またときどき、セミナーを開講しています。個人コンサルタントの仕事もするようになりました。あなたには3人の従業員がいて、自宅にほど近いところに小さなオフィスを持っています。

　ほとんどのビジネスがそうであるように、広告宣伝費とマーケティング費が総収益の40～50%を占めています。いくつかの業界誌に広告を出している他、ある程度ターゲットを絞ってダイレクトメールも発送しています。TVやラジオのコマーシャルもやってみましたが、反応は今ひとつでした。

　あなたは一生懸命働いていますが、かかった経費を考えると、それだけの価値があるのかわからなくなってしまいます。ときどき、給料をもらう安定した生活がうらやましくもなります。

「おっと、いけない、いけない、そんなことを考えては！」

　あなたは日頃、Eメールや投資案件調査、ブローカー業務にインターネットを利用しています。そこで、ビジネスの拡大にネットを利用できないものだろうかと考えました。あなたは自問します。

　このインターネットなるものは、「本物」なのだろうか？　それとも、一過性のはやりものに過ぎず、やがて従来のビジネススタイルに戻るのだろうか？

　より具体的な質問を以下にまとめてみました。

225

切手代、製品コスト代、郵送費がまったくかからなければ、利益は上がりますか？

オフィスも従業員も持たずに、1日24時間、365日営業することができれば、収益が増えますか？

イエス？　そう、実はこれがインターネットというものなのです。

仮説のケーススタディに話を戻しましょう。ネットの利点を調べていくにつれ、あなたはインターネットでマーケティングをやってみたいと思うようになります。

あなたはすでに、実世界で自宅学習用コースの販売をまずまず成功させています。この商品は、顧客をあなたの「じょうご」の中に引き入れるための第1の道具となってきました。自宅学習コースで勉強した人の約20％が、より高価でより利益になるサービスを求めるようになります。

テキストの印刷代、オーディオの複製代、間接費、マーケティング費、郵送費などを考慮すると、この商品を5,000円以下で売るのは無理なことです。しかし、より多くの人が購入してくれれば、利益は確実に上がります。

このことを念頭に置いて、あなたはインターネットでマーケティングをすることにしました。ウェブサイトの作成を行っている会社に勤めている友人が、安くホームページを開設するのを手伝ってくれることになりました。

そんな彼らや、インターネットに詳しい人に教えてもらい、あなたは www. networksolutions.com や www.register.com や www.godaddy.com などのドメイン登録サイトの1つでドメインネームの登録をしましょう。

続いて、週末や夜の時間を使って、他人のホームページを閲覧していきました。ゼネラルモーターズや USA トゥデイ、CBS などの大企業のものにも目を通しました。

また IBM のホームページにアクセスして、インターネット放送を聞くためのフリーソフトをダウンロードし、IBMの社長がある大規模な展示会でスピーチするのを聞きました。そのときあなたは、まるで自分がその場にいるような感覚で社長の肉声を聞けることに興奮を覚えます。

「これはすごい！」とあなたは思いました。「私のセミナー風景をオンライン化して、今自分が IBM の社長の声を聞いているように、人々に聞いてもらう

第 8 章　インターネット　ワンクリックで成功への道が開かれる

$$$デジタルで行こう！$$$

　ニコラス・ネグロポンテは、名著『Being Digital』※の中で、世界は物あるいは原子を動かす時代からデジタルビットあるいは思考を動かす時代へと変化しつつあるという説得力ある理論を展開している。

　かつて、普通郵便で本を送るのにどれだけの時間がかかったか、あなたもよく覚えていることだろう。その後、「絶対・確実に、翌日受け取れる」ようになるべきだと考える人が現れた。こうして、フェデックスが生まれた。

　しかし今、そのフェデックスも問題を抱え始めている。本は紙という形の原子でできている。スペースを取り、重さがあり、目に見え、1 つの場所から別の場所へ運ぶのに時間とお金がかかる。もし、その本を紙の原子からコンピュータのデータへ変換して、それらのデータを電話線経由で送ったらどうなるだろう。

　それらのビットはスペースを取らず、重さもなく、目にも見えない。そしてほんの数秒で、ほとんどコストをかけずに送ることができるのである！

　デジタル化の利点には、計り知れないものがある。音楽、ビデオ、オーディオ、TV、映画、情報、雑誌、新聞、写真、手紙。世界は今、度肝を抜くような速さでデジタル化されている。

　デジタルの世界に国境はない。

　が、もちろん普通郵便で本を送るといった古いやり方を選ぶことも自由だ。あなたは本を梱包し、郵便局まで出向いていって高い切手を貼り、ポストに投函する。続いてそれは、次から次へとさまざまな人の手（時には間違った人の手）を経て、ついにどこかの国境にたどり着くと高い関税をかけられたのち、ようやくはるか彼方の地にあるあなたの顧客の郵便受けに届くのである。

　あるいは、指 1 本でコンピュータのキーをクリックして、本のデータを E メールで送信し、ほんの数秒で地球の反対側にいる顧客が受信すれば良いだけの方を選ぶか。

　面倒なことは一切なし。時間、スペース、お金の壁は、一切取り払われた。デジタル世界では、かつてフォーチュン 500 に名を連ねる企業だけが享受していたパワーを個人が持つことができるのだ。

　あなたは、そんなパワーを手にする用意ができていますか？

※邦版タイトル『ビーイング・デジタル』（アスキー）

ことも可能だろうか？」

「セミナー風景をデジタル化するにはどのぐらいの費用がかかるだろう。おそらく何千ドルもするんだろうな……」。そんなことを考えながら、あなたは次にCNNのウェブサイトにアクセスし、最新ニュースの映像をダウンロードします。

どこかで起こっている戦争、大統領候補者によるディベート、南部の竜巻。すごい！　パソコンでビデオ映像が見られるなんて！

あなたは「マネー・メイキングについてレクチャーする自分をビデオにしたらどうだろう」と考えます。でも、ビデオをデジタル化するにはどのぐらいの費用がかかるのだろうか。おそらく何千ドルもするんだろうな……。それに、それでうまくいくという保証もない。

ところがネット通の友人に聞いてみると、2、3ページのシンプルなホームページなら比較的安くつくれるとのことです。彼は、あなた自身のガイダンス映像とビデオの短い抜粋を、合わせて200〜300ドルでデジタル化してくれると言っています。

友人があなたと情報商品の写真を何枚かスキャンしてサイトに載せた瞬間、あなたはもうネット上の人物です。残りについては、当面は「工事中」としてのちの掲載を予告しておけば良いのです。

さて、ここで友人があなたに、どんな商品を提供したいのかと聞いてきました。何を売りたいのか、そして自分のウェブサイトを訪れてもらうために、人々に何を与えるつもりなのか。

与える？　あなたは、自分の情報を「与える」という考え方はしたことがありません。一番安い商品でも5,000円します。それだって、ほとんどぎりぎりの値段です。しかし、ちょっと待てよ……。

5,000円の自宅学習コースは「じょうご」の入り口となる商品です。それが、顧客をあなたの情報ビジネスの「じょうご」に誘い入れるきっかけとなるのです。実際に利益を上げるのは、その後に続く商品やあなたのライブセミナーです。

5,000円という価格は、広告費、印刷費、製作費、郵送費から算出した、赤字にならないぎりぎりの値段でした。もしコストをもっと下げることができたら、価格を下げることも可能です。あなたは頭の中で、いくつかの数字を検討

第8章　インターネット　ワンクリックで成功への道が開かれる

し始めました。

　まず、テキストに書かれている情報をウェブサイトに反映するのは難しいことではありません。すでにオフィスのコンピュータにデータが入っています。それは図やグラフを使った75ページにも及ぶ貴重な情報源で、顧客はいつも、「とっても役立つ内容ですよ」と言ってくれます。

　また、あなたのネット通の友人によれば、（IBMの社長のスピーチのように）あなた自身のセミナー風景の映像をデジタル化してウェブサイトに載せることはもちろん、最新のマネーメイキング・アイデアを紹介しているあなたが登場する、短いビデオも合わせて公開できるとのことです。

　さて、コストの方はというと？

　まずテキストには印刷代がかかりません。ネット上の顧客は、テキスト全体を自分のコンピュータにダウンロードして、必要であれば各自レーザープリンターでプリントアウトすることになります。

　郵送代もかからなければ、マーケティングコストもほとんどかかりません。

　あなたの5,000円の導入セットは、ほとんどコストをかけずに、ほしい人のもとへ瞬時に届けられるのです。

　さあ、これであなたにもいよいよ可能性が見えてきました。

　あなたと友人は、テキストの最初の章と教育用動画の第1巻を、サイトに立ち寄ってくれた人全員にまったくの無料で提供することを決めました。

　コースのその先の部分もほしいという人は、氏名、普通郵便用の住所、Eメールのアドレス、電話番号を登録するだけで、それを手に入れることができるようにしました。

　それらのデータを登録した人たちは、「メンバーズオンリー」のページに入る特権を得ることができるのです。あなたは登録した人に、あなたのとっておきの情報にアクセスできるパスワードをEメールで送ります。

　パスワードを入手するために、このほんのちょっとの手間を惜しまなかった人たちは、つまり、あなたの提供する情報に大きな関心を持っている顧客だということです。

　彼らこそ、あなたが求めている、「ホット」な見込顧客なのです。

　これらのホットな見込顧客たちは、無料の情報にアクセスできるからといって、実際の商品、つまりあなたのサイン入りテキストや車の中で聞けるオーデ

決して屈するな。決して屈するな。決して屈するな。

（ウィンストン・チャーチル卿）

ィオダウンロード商品をほしがらないとはかぎりません。

　また、マーケティングコストが非常に低くて済むため、それらの商品も買いたいという彼らには、インターネット特割で提供することもできます。「2,995円」でどうですか？

　このようなプランに基づいて、あなたはウェブサイトを開設します。

　あなたもとうとう、ネットの世界に仲間入りです。しかし、忘れないでください。ウェブサイトの開設が最終ゴールではありません。ゴールは、できるだけ多くの人々にアクセスしてもらうことです。

最新のインターネット成功事例

ケーススタディ 1
　森達郎さんは、自分のノウハウをインターネットで販売して、成功しました。

　大阪の伊丹空港から車を10分ほど走らせた閑静な住宅街に住んでいる森達郎さんも、インターネットをうまく活用してビジネスをしている1人です。

　彼は31歳のとき、大学を卒業して以来8年間英語講師として勤めていましたが、働いていた塾が倒産して職を失いました。そこで、自分のノウハウをインターネットで販売できないかと考え、インターネットのおかげで、ほとんど初期投資を必要とせずにビジネスを立ち上げることができたと言います。

　彼のビジネスモデルはこうです。

　まず、Google に代表されるような検索エンジンで上位に表示されるウェブサイトをつくります。彼のウェブサイトは英語の文法や英単語の覚え方についての情報で満載です。

　次に、そのウェブサイトへ訪れたユーザーへ向けて、とても魅力的ですぐにでも悩みを解決してくれそうな無料の動画(この場合は英語学習に関する動画)

第8章 インターネット ワンクリックで成功への道が開かれる

を提供します。

　その無料の動画を訪問したユーザーが見たいと思ったら、Ｅメールアドレスを登録してくれます。

　こうして、英語学習に興味がある見込顧客を、検索エンジンから無料で集めています。

　あとは、後続の無料動画を受け取るためにＥメールアドレスを登録してくれたユーザーに向けて２週間ほど毎日自動的にＥメールを送り、関係性を構築したうえで、自身の有料プログラムを販売します。こうした基本的な流れに加えて、蓄積された見込顧客の読者に向けて新商品の案内をすることで、毎月100万円から500万円ほどの収益を上げていると言います。

　それも、広告費を一切かけることなく。

「インターネットビジネスを始めて、もっとも変わったことは？」と聞くと、彼はこう答えてくれました。「私にとってもっとも価値があった変化は、人生で一番重要なことに充てられる時間が増え、その質を上げられたことだ。それは、愛するパートナーと共有する時間だ。一日の仕事を早めに終え、夕暮れ時に妻と伊丹空港のそばの公園を散歩しているとき、かけがえのない幸せと安らぎを感じるよ。」……と。

ケーススタディ２
　モリアツさんは、自分の商品を持たずに、インターネットで成功しています。
　自分の商品を持たない人でも成功する具体的な成功事例をお伝えします。

「何も売る商品を持っていない自分は、どうすればいいのか？」
　このような悩みを持っている人も多いと思います。

231

岡山県に住むモリアツさんもそんな1人でした。

彼は正社員として働くかたわら、副業でインターネットを使ったビジネスを構築し、自由を手にしました。

もともと彼にPCスキルがあったかと言えば、まったくそんなことはない。

彼のPCスキルといえば、Eメールの返信やインターネット検索、あとはAmazonでの買い物がなんとかできるくらいのレベル。サーバーやドメインの意味すらわからず、SEO対策（Search Engine Optimization）を「セオ対策」と発音するほどのインターネット音痴でした。

まずはアクセスを集めることが最大の目標。それはわかっていても、昨日参入したばかりの素人がサイトを立ち上げただけでアクセスが集まるはずはないと思っていました。

だが状況を悲観しても仕方ない。やるしかありませんでした。

最近のGoogleはユーザーが求める内容（コンテンツ）をしっかりと書いていけば、検索エンジンで上位表示をして、アクセスを無料で大量に集めることが可能です。

自分のメディアとして、ためになる良い記事を書いていって検索エンジンから無料でアクセスを集める自分用のメディアをオウンドメディアと言います。

オウンドメディアの想定読者にとって「真に役立つ記事を毎日1本投稿する」というコンテンツマーケティングのベイビーステップを彼はコツコツと実践し続けた。仕事でどんなに遅く帰ってきた日もこれだけは欠かさずに続けました。

検索の需要はオンラインのみならずオフラインの雑誌やTV番組、ドラッグストアの店頭でもリサーチした。女性向けメディアサイトのため、リサーチの

第8章　インターネット　ワンクリックで成功への道が開かれる

対象はスキンケアからダイエット、恋愛、転職に至るまで女性の悩みに関すること全般。

　彼がやったことはシンプルです。

　検索ニーズのリサーチ→キーワード選定→ライバルチェック→記事執筆→SNS拡散→解析結果を見ては記事の見直しと追記。

　疲れた体にムチ打って書いた渾身の記事を公開・拡散しても1日のアクセスが数えるほどしかないという日はザラにあり、心が折れそうになる日もありました。

　しかし、モリアツさんは、ビジネスをつくり上げるにはある程度の期間が必要だと思い直し、このサイクルを止めませんでした。何事も0から1のフェーズが一番たいへんなことをよく理解していました。

　その結果、彼は4ヵ月目で最初のキャッシュを手にすることができました。収入源はクリック課金型広告。金額は4,800円でした。「売る商品がなくてもお金が稼げるんだ」とわかった瞬間でした。

　その後も記事を投稿し続けるたびにアクセスは右肩上がりに増え続け、翌月には2万円、翌々月には3万円と売上を伸ばしていき、6ヵ月後には成果報酬型の広告（アフィリエイト）を導入し、初月で売上は11万円に達しました。

　ここから売上は加速度的に伸びていきます。その2ヵ月後には60万円、さらに4ヵ月後には101万円、アフィリエイト開始から10ヵ月で売上は327万円に達しました。

　この時点で彼はそれまで勤めていた会社を退職し、自分の会社を設立しました。今では月の売上はさらにその2倍ほどになっています。

233

これを聞いてどう思っただろう？

「インターネット上に自分のサイトをつくるなんて難しそう…」
「もう若くないし今さら PC 操作なんて覚えられないよ」
　そんな人は思い出してほしいのです。

　モリアツさんがインターネットに参入した当時、Amazon で買い物するのが
やっとのパソコン音痴だったことを。

　さらにそのとき、彼が 40 歳だったことも付け加えておきます。

　できない言い訳を探すのは簡単です。

　〜資料：収入の推移〜

2015 年 3 月：0 万円　→ メディア運営開始
2015 年 4 月：4,800 円（アドセンス）アドセンス開始＊
2015 年 5 月：2 万 0,660 円（アドセンス）
2015 年 6 月：3 万 1,980 円（アドセンス）
2015 年 7 月：3 万 8,329 円（アドセンス）
2015 年 8 月：4 万 7,484 円（アドセンス）

2015 年 9 月：11 万円（アフィリエイト）アフィリエイト開始＊
2015 年 10 月：18.6 万円（アフィリエイト）
2015 年 11 月：60.5 万円
　・
　・
　・
2016 年 3 月：101.2 万円 →【メディア開始から 12 ヵ月】
　・

2016年5月：150.6万円
2016年6月：161.1万円
2016年7月：327.2万円 →【メディア開始から16ヵ月】
・
・
・
2016年11月：株式会社設立（脱サラ）→【メディア開始から20ヵ月】
・
・
・
・
2017年4月：416.4万円 →【メディア開始から25ヵ月】
2017年5月：651.7万円 →【メディア開始から26ヵ月】

ケーススタディ3

　インターネット広告は、使い方がわかっていると大きな結果を出すことが可能です。

　インターネット広告は少額からすぐにテストができ、広告媒体ごとの効果測定ができるので、どの広告が利益が出るのかがわかります。

　効果のいい広告を見つけられたら、そこに予算を集中して利益を一気に伸ばすことが可能です。

　しかし市場の拡大や変化とともに効果の良い広告を探すのは簡単なことではなくなってきました。

　高騰している広告費でも利益を増やすためにはどうしたらいいのか？

　インターネット・マーケティングはすべての数値が把握できるので、どこに課題や問題があるのかを分析することができます。

登録率や決済率などそれぞれの過程の数字を改善することで利益を増やしていく施策が重要になってきています。

利益を2倍にするというと何から手をつけていいかイメージがつきにくいですが1つひとつに分解してそれらを10%ずつでも改善できると全体としては大きな改善になります。

新しいものでうまくいく方法を探すのではなく、すでにあるものをどうやって改善したらもっとうまくいくのかという考え方をすることでビジネスを成長させることができます。

インターネットで成功する1つのカギはオートメーション化ですがオートメーションのどこが課題なのかをまず探して分析します。

じょうごの出口からチェックしていくと取りこぼしが少なくなりますので出口から調査をしてみてください。

例えば……

●商品購入前の入力フォーム

フォームはユーザーにとってできるだけストレスがないようになっていますか？
入力項目が1つでも増えるとユーザーは手間を感じます。Amazonを見てください、Amazonは購入のストレスをなくすために1クリックで買えるようになっていますよね。

●商品をセールスするステップメール

そのEメールは本当に読まれていますか？

第 8 章　インターネット　ワンクリックで成功への道が開かれる

魅力的なオファーになっていなければユーザーは商品を購入してくれません。
Eメールが読まれているか、クリックしてくれているか分析してみましょう。

●見込顧客を集めるランディングページ

読んでもらえるようなファーストビューになっていますか？
ほとんどのユーザーは最初の画面を見てすぐに離れています。興味を持った
ユーザーに登録してもらいやすいようなアクションになっていますか？

これらは一部の改善箇所にすぎません。
改善は終わりのないものなので、テストをコツコツ繰り返していくことが成
功への近道です。

実際の改善の数値イメージを掴んでもらうために事例を1つ紹介します。

Eメールアドレス獲得 ⇒ 無料相談への誘導の改善事例

・Eメールアドレスの登録率を1.5倍に改善

ファーストビューのキャッチコピーとアクションボタンのテストをしました。
その結果、登録率を12％から18％へ改善することができました。じょうご
の入り口となる窓口を広げることで同じアクセスでもたくさんの見込顧客を集
められるようになりました。

・途中のフォームを改善することで無料相談への誘導を2倍に改善

数回入力してもらうフォームでの離脱率が高かったので、入力ストレスをで
きるだけ減らすように入力項目を減らしたり、同じ情報は自動で入力されるよ
うにしたところ、無料相談への応募数がEメールアドレスの登録数の10％か
ら20％へ改善することができました。

・全体で３倍の改善になり売上も比例してほぼ３倍に！

　広告費が高騰して利益があまりでない状況から、無料相談の顧客獲得単価が下がったことで広告費をかけてもしっかりと利益が出る体制になりました。そうすることで、費用が高くライバルが手を出せない広告媒体にもテストすることができるようになるのです。

　このように１つひとつの小さな改善を積み重ねることで全体の利益が掛け算で増えていきます。今後はAIの発達によりオートメーション化の精度がますます加速していくでしょう。

ケーススタディ４

　私の名前は臂守彦（ひじ　もりひこ）です。現在はHC（株）という会社のCEOを務めています。私が、実際にどうやって売上をつくり出しているかを事例を通してお話ししたいと思います。

　先日我々が行った、オンライン英会話スクールのプロモーションについて実際のデータとともにお伝えしていきます。このオンライン英会話スクールのプロモーションは１年に２回の頻度で開催しています。

　具体的にどんなことをどんな手順でやっていったのか、その経験をシェアします。

（１）見込顧客の集客

　まずは、見込顧客のリストを集めなければいけません。

　我々がリスト集めに使った方法は２つ。１つはアフィリエイト。もう１つはFacebook広告です。
　実際にプロモーションを行う人によってはさらにさまざまな媒体を駆使する人もいますが、この２つだけでも十分に大きな効果を出すことができます。

第8章　インターネット　ワンクリックで成功への道が開かれる

① アフィリエイト（オプトインアフィリエイト）

　アフィリエイトというと、成果報酬型の広告を思い浮かべる方も多いと思いますが、我々が使うのはオプトインアフィリエイト（無料オファー）と呼ばれる方法です。

　集めたい顧客属性に近いリストを持っているアフィリエイター（アフィリエイトをする人）に、Eメールアドレス登録で無料プレゼントがもらえるというオファーをするLP（ランディングページ）を紹介してもらうことで、見込顧客のEメールアドレスリストを一気に集めることができます。

　この、オプトインアフィリエイトを使った手法には大きなメリットがあります。アフィリエイターへの報酬支払時期を、ユーザーに購入してもらう商品の販売後に設定することで、広告費の持ち出しをすることなくリストを集めることができるということです。

　また、キャンペーンとして一斉にアフィリエイターに紹介してもらうことで、短期間で一気に大量の見込顧客リストを集めることができます。

　かかる広告費ですが、以前は、1リスト300〜500円という価格でリスト獲得することができたのですが、この手法の広まりとともに広告費が高騰し、現在では1,000〜2,000円（我々の場合）、他社などキャンペーンの種類によっては5,000円、6,000円、1万円以上の報酬を支払う場合も出てきています。

　しかしながら、実際に広告費の支払いを行うのは商品が売れた後なので、しっかりマーケティングフローをつくり込めば、売上金が入金できてから広告費の支払いができるのでキャッシュフローが回らなくなることはまずありません。

　広告運用に関する専門的な知識もあまり求められないので、非常に効率の良い広告媒体と言えます。

239

今回のキャンペーンでは、アフィリエイトで約1万2,000リストを集めました。

② Facebook広告

我々が現在使っているもう1つの方法がFacebook広告です。

以前と比べてFacebook広告の費用対効果が上がっているので、現在（2018年9月時点）は、これを使いこなすことが必須と言っても過言ではないと思います。

今回のプロモーションはLPの登録率（何人がLPを見て何人が実際にEメールアドレスを登録してくれたか）が40％を超える質の高いLPをつくることができたので顧客獲得単価（CPA）をかなり抑えてリストを獲得することができました（通常は10％台後半〜30％の範囲に収まることが多いです）。

前回同じコンテンツで行ったキャンペーンと比べてもかなり広告費を抑えて見込顧客を獲得することができました。

今回のキャンペーンでは、Facebook広告で約3,000リストを集めることができました。

（2）見込顧客との信頼関係構築（価値提供あるいは教育）

実際に集めた見込顧客に対しては、見込顧客にとって価値のあるコンテンツを無料で提供しながら販売する商品に対する興味を持ってもらい、さらにはその商品をほしくなってもらう必要性があります。

Eメール（最近はLINEを併用しています）と動画を使って無料のコンテンツやさまざまなプレゼントを提供し、コメントやメッセージでコミュニケーションを取りながら見込顧客と信頼関係を構築していきます。

第 8 章　インターネット　ワンクリックで成功への道が開かれる

　　見込顧客の反応を見極めつつ購買につなげていくために、コメント内容を見たり、実際に上がってくるデータを見ながら伝えるメッセージを当初の計画から変更することも珍しくありません。

（3）実際の商品販売

　　今回のケースでは、動画を 4 本公開したあとに期間限定で販売する商品の販売ページを見込顧客に公開しました。関係構築がうまくいっていると、販売開始時点で一気に大量の申込みが入ります。

　　行うプロモーションによっては、この段階で対面のセミナーを行ってセールスをしたり、オンラインでの個別相談会を開催してセールスを行う場合もあります。

　　今回のプロモーションでは、ゼロから新しく 1 万 5,000 人の見込顧客リストを獲得して、単価が 25 万～35 万円の商品を約 300 人の方に購入してもらいました。その結果、約 7,000 万円の売上が上がりました。

　　ここまでで、最終的にかかった広告費や諸経費は約 2,000 万円なので、経費を差し引いても 5,000 万円ほどが残ります。

　　商品も、リストも、広告費予算もない文字通りゼロの状態から、たった数名のチームで 3 週間程度という短い期間でこれだけのお金を生み出すことができるのがプロダクトローンチの最大の魅力です。

　　詳細を書いていくときりがないので手法の概略を述べましたが、このやり方で毎回数千万～1 億円以上の売上をつくり出しています。

ここからは、こうしたプロダクトローンチを実際に行う場合、特に大きな売上をつくっていく場合に、私が気をつけていることで、知っておいた方が良いことをいくつか簡単にお話しします。

　例えば、ターゲット顧客の設定や、コンセプトやオファーを決めることなど、どんなマーケティング手法を取る場合でも前提として当然行う内容についてはここでは割愛します。

① 全体像（マーケティングフロー）を理解する

　このプロダクトローンチという手法は、特に情報コンテンツや高額の商品（30万円以上の商品）を販売するのに有効な手法です。

　単純に1つのウェブサイトで集客して商品を販売するのではなく、何種類かのページや動画など、製作物は多岐にわたります。

　したがって、どのページが集客の全体像の中でどんな役割を果たしているのか、何のためにEメールやLINEメッセージを配信しているのかを把握しないと実施することができません。

　そのため、何より一番大事なのはプロモーションの全体像を把握することになります。

　全体の大きな流れの1例です（実際に私はこのやり方に則って進めています）。

・集客（見込顧客集め）
・価値提供（見込顧客に無料コンテンツを提供し信頼関係構築）
・販売（セールスレターやセミナー、個別相談でクロージング）
・エバーグリーン化（やる場合とやらない場合あり）

　この流れに沿ってマーケティングの流れを構築している、ということをまず

第 8 章　インターネット　ワンクリックで成功への道が開かれる

は理解しなければなりません。

　セールスレターや販売ページに誘導していきなり売り込みをする、ということではなく、実際に販売する前に、見込顧客の心の準備を整えておく（興味を持ってもらい、ほしくなってもらう）ために、自分から先に見込顧客に価値提供をすることが重要、と考えるとわかりやすいと思います。

　全体像を把握したうえで、それぞれのページや動画、その他の製作物が何の目的を達成するために存在しているのかを理解する必要があります。

② 大きな成果を得るためにチームプレイをする

　実際に必要なページなどをつくっていきますが、先ほど、製作物が多岐にわたると申し上げたとおり製作のボリュームはかなり多いです。

　例えば、1つのプロジェクトを遂行するためには実際に下記のような内容を用意します。

・オプトイン用のLP（1～3種類、時にはもっと）
・価値提供用の動画（15～30分の動画を3～5本というパターンが多い）
・コンテンツサイト（見込顧客に動画コンテンツを提供するためのサイト）
・WordPressや専用システムを使う
・セールスレター（実際の販売ページ）
・見込顧客へ告知を行うためのステップメール用原稿、LINE用原稿（30通～50通くらい配信することが多い）

　これをたった3週間程度で何から何まで全部1人でつくり上げていくのは時間的にも労力的にもかなり厳しい作業です。

　もし何もインターネットの知識がない場合には、実際に、LPをつくるのにデザインを学んだり、コピーを書くためにコピーライティングを基礎から学ん

243

だり、メール配信システムの使い方などを時間をかけて学ぶところからスタートしなければならないわけですが、そんな時間はかけていられないですよね。

ですので、それぞれの分野のスペシャリストとチームを組んでプロジェクトを進めています。

チームのつくり方はいくつかあるのですが、実際に私たちは下記のようなチーム構成をしています。基本的にはジョイントベンチャー先などの社外のパートナーにそれぞれのパートの仕事を依頼してプロジェクトを遂行しています。

・プロジェクトマネジャー
・コピーライター
・デザイナー
・システム担当
・オペレーション担当
・サポート事務

この他に、外部のパートナーに Facebook 広告の運用を依頼したりしています。

その気になれば1人だけで全部やることができるのもインターネットを使ったビジネスの良いところですが、仲間とチームを組んで行うことで、より大きな成果を早く、簡単に、確実に手に入れることができます。

自分のビジネスの規模やステージにもよりますが、何から何まで自分でやることが、結果として遠回りになってしまうことも往々にしてあるので、自分がやることとやらないことを明確に線引きして、やらないことは自分より優秀な人に任せる、という考え方を持った方がうまくいくことが多いです。

成果が上がらないときは自分の責任、うまくいったときはチームメンバーみんなのお陰です。協力してくれるメンバーと、そのメンバーの仕事を尊重しな

第8章　インターネット　ワンクリックで成功への道が開かれる

がら、協力して進めていくと良いでしょう。

③ メンバーの力を引き出して効果を最大化するプロジェクトマネジメント

同時に何人ものチームメンバーが動いているのですが、すべてのメンバーが全体像を把握しているわけではありません。

逆に、それぞれのスペシャリストは自分の専門分野、あるいは役割分担については理解していますが、それが他のメンバーや他の製作物との関係でどのような役割を果たしているのかを理解していることは基本的にありません。

また、それを理解してもらうようにするには非常に大きな労力と時間がかかります。

そのため、マーケッターはマーケティングフローの全体像に基づいてそれぞれの役割と人の相互関係と現在の動き、そしてプロジェクト全体のスケジュールとタスクを計画して、円滑に管理していく必要があります。

②で列挙した製作物をタイミングが遅れないように、間違えないように計画通りに見込顧客に公開していくことも重要です。

④ KGI（目標）とKPI（目標達成するための中間指標）の設定と管理

全体の流れや、製作物相互の関係を理解することができても、実際にアクセスを流したときにどういう反応が出ているのかについて、判断して対策をとることができなくてはいけません。

そのため、KGI（目標の売上額に設定するのが良いと思います）から逆算したKPI管理が必要です。

目標の売上額をつくるために、商品単価がいくらで何人が申込まなければい

245

けないのか、その人数に申込みをしてもらうためには何人の人にセールスレター（販売ページ）を見せなければいけないのか、あるいはセミナーの現場に来場してもらわなければいけないのか。そのためには何人の人に動画を見てもらわなければいけないのか……など、目標から逆算してKPIを設定し、そのKPIを管理することが大切です。

　実際の数値を見ながら判断をして、改善するための施策をテストして、結果を評価してさらに改善をしていく。この繰り返しで各指標を達成していきます。

　これはプロダクトローンチにかぎりませんが、ウェブ・マーケティングを実行するときには常にデータを見ながら施策をするという考え方を持つ必要性があります。

　KPIを見ながら発信するメッセージを変えたり、動画を掲載しているページの構成を変えたり、伝えるメッセージを変えたり、場合によっては販売する商品の内容や価格自体も変更することもあります。

　通常、完全に計画した通りに進むことはあまり多くないので、私も毎回数字を見ながら改善するための施策を常に打ち続けています。

　リアルタイムで数字として現れた顧客の反応を見ながら判断して施策を実施できるのが、プロダクトローンチの面白いところでもあり、また、難しいところでもあります。

　ここまで、実際のプロダクトローンチの事例の紹介と、プロモーションを行うときに理解しておきたい考え方について説明してきました。

　もしかしたら、規模感としてあまり参考にはならないと思われる方もいるかもしれませんが、大きくやる場合でも小さくスタートする場合でも、大事な考

第８章　インターネット　ワンクリックで成功への道が開かれる

え方は同じなのです。ここまで説明してきた事例や手法、考え方を是非あなたのビジネスにも活用してください。

　マーケティングの全体像を把握して、上手に他の人の力を借りながら、マーケティングフローの通りにプロモーションを遂行し、数値や見込顧客の反応を見ながら改善を進めていくことで、大きな結果を出すことができるようになるでしょう。

ケーススタディ５

　私、臂守彦は、今回、ロバート・Ｇ・アレンのミリオネアクラブのウェブ・マーケティングを担当し、プロダクトローンチという手法をアレンジしてプロモーションを実施しました。具体的には下記の流れに沿ってプロモーションを設計、遂行しました。

　プロモーションの結果としてはゼロから１億円を大きく超える売上を上げることができました。

　では、インターネットを基軸にゼロからこれだけの売上をどうやってつくったのか、しかも参考価格360万円という高額商品をこれまで一度も会ったことのない多数のお客様に喜んで購入してもらえたのか、これから、実際にその方法をお話しします。

　今回のプロモーションは、大きく分けて下記の４つのフェーズに分かれています。

　フェーズ１：見込顧客集客（Ｅメールアドレス＋LINE取得＋有料セミナー集客（3,000円））
　フェーズ２：見込顧客への無料での価値提供
　フェーズ３：販売（ミリオネアクラブ：参考価格360万円）
　フェーズ４：エバーグリーン化（広告運用による継続販売の実施）

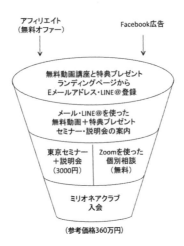

　それでは、1つひとつのフェーズについて具体的に実施したことを解説していきます。

【フェーズ1：見込顧客集客】

①Eメールアドレス取得

　見込顧客集客のために使った手段は2つ。アフィリエイト（無料オプトイン）とFacebook広告です。

　ロバートの教えについて解説する動画講座と役立つ特典シート類を無料でプレゼントするというオファーのLP（ランディングページ）をつくり、アフィリエイター経由、Facebook広告経由でアクセスを集め、EメールアドレスとLINEを無料登録してもらい、見込顧客を集めました。

第８章　インターネット　ワンクリックで成功への道が開かれる

（※ちなみに、日本で初めて無料オプトインという仕組みのアフィリエイトキャンペーンを開催したのは私たちです。以降、日本国内でのプロダクトローンチの集客方法のスタンダードになりました。）

これが実際に見込顧客の集客に使用したLPです。

LPには、３つのミリオネアシートと動画講座の無料プレゼントというオファーを提示しました。

249

　アフィリエイターに対しては、アフィリエイターの保有リストの属性（経営者・起業家向け、投資家向け、サラリーマン向けなど）に合わせた各種の広告文（LPを紹介するための文章）とともにLPを提供し、LPをアフィリエイター自身の保有リストに紹介してもらいました。

　見込顧客を短期間で爆発的に集めるのにはアフィリエイターとのジョイントベンチャーが非常に有効です。広告運用についての専門的な知識がなくても見込顧客を短期間で大量に集めることができます。

第8章　インターネット　ワンクリックで成功への道が開かれる

　そのため、見込顧客1人あたりの獲得単価にもよりますが、短期間でゼロから一気に新規プロジェクトを立ち上げるのにアフィリエイト（無料オプトイン）は非常に有効な手段ということができます。

　また、Facebook広告に関しては下記のような画像や動画を使って広告出稿を行いました。
（※現在は広告出稿を終了していますが、出稿時の内容と同じデモ画像を添付します。）

　こうした実際に表示される広告文や動画はもちろん、類似オーディエンスを複数パターン使ってテストをしながら広告の最適化を行って見込顧客を集めていきました。

251

約2週間のキャンペーンでアフィリエイトで約4,200リスト、Facebook広告で1,200リストを取得することができました。

②**LINE取得、セミナー集客**

Eメールアドレス登録直後のページでは、LINEのアカウント取得とセミナーへの招待を行いました。SNSの台頭で、プロモーションEメール自体が非常に到達しにくくなっているため、到達率が100％、そして開封率がEメールと比較してかぎりなく高いLINEを連絡手段として持っておくことは非常に重要になります。

そのため、LPでEメールアドレスを登録したあとに遷移する画面を表示されるデバイスにより切り替え、パソコンで見ている場合には「LINE登録＋セミナー招待」LPを、スマートフォンで見ている場合にはLINEの友達追加画面を表示させて、LINE登録を促していきました。

特に重要なのはスマートフォン対応です。Eメール登録直後に友達追加画面に直接遷移させて、LINE登録を促していきます。

第 8 章　インターネット　ワンクリックで成功への道が開かれる

友達追加後に、セミナー集客用の LP へ誘導しています。
セミナー集客用にはこの LP を用意しました。

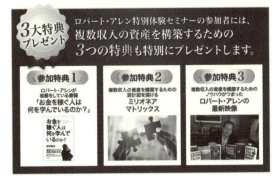

セミナー参加者へは下記のオファーを提示しました。

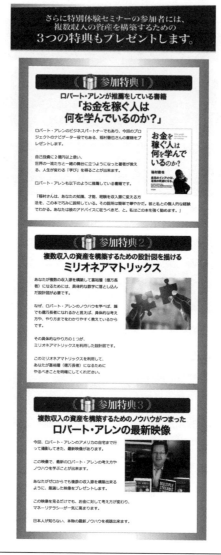

第 8 章　インターネット　ワンクリックで成功への道が開かれる

　Eメールアドレスの登録直後に LINE 登録やセミナー招待のオファーをするのが一番登録してもらいやすいのですが、LINE 登録やセミナーへの集客はフェーズ2の見込顧客への無料での価値提供でも繰り返しオファーを行い、LINE 登録とセミナー集客の最大化を行っていきます。

【フェーズ2：見込顧客への無料での価値提供】

　フェーズ1で登録していただいた見込顧客に対して、毎日 Eメールと LINE で動画講座（全4回）視聴の案内や、セミナーへの招待を行っていきます。

　実際に LINE で送っているメッセージの一例です。LINE はコミュニケーションツールなので、できるだけ文章量を少なく、必要な情報だけを端的に伝えています。

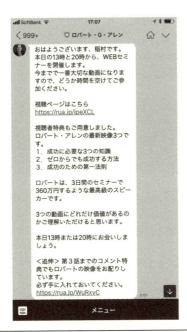

255

Ｅメールでは、逆に伝えるべき内容をできるかぎり余すところなく伝えています。実際に送っているＥメールの一部分です（実際は、この数倍のボリュームのＥメールを配信しています）。

第 8 章　インターネット　ワンクリックで成功への道が開かれる

　LINE も E メールも、目的はできるかぎり公開しているすべての動画を見てもらうこととセミナーへ誘導することです。配信している URL から、このような動画ページに誘導しています。

　動画ページのコメント欄や LINE でのメッセージで視聴者とやり取りをしながら、信頼関係を構築していきます。

（例）http://robertgallen.mylaunch.jp/articles/l1-r-b

　コメント欄にも多数のコメントが入るので、返信をしてコミュニケーションをとっています。

> **334 件のコメントが寄せられています**
>
> ★★★★★
> **mantarouさん**
> 1. 複数の収入源を持つことが大事だということは以前から聞いていたが、不動産を頭金なしで購入できるということは聞いたことがなく新鮮だった。
> 2. これまで複数の事業を並行して行っていたが、人的能力の制約からどれも中途半端になり結果として成功できなかった。
> 3. ビジネスで成功するための秘訣について詳しく教えてください。
>
> **稲村徹也**
> mantarouさんコメントありがとうございます。
> 頭金0円で不動産を購入するできることを話すと多くの方に驚かれます。ですが、実際に再現できるノウハウです。
> まだ、腑に落ちない点があるかもしれませんが、これからの動画で解消されると思いますので、次回の動画を必ずチェックしてくださいね。
>
> **mantarouさん**
> お返事いただきありがとうございます。
> 今後の動画に期待しています。
> よろしくお願いします。
>
> [返信]
>
> ★★★★★
> 杉下さん

このように、登録してくれた見込顧客には、

LINE・Eメールの配信→動画視聴（セミナーへの誘導）→コミュニケーション（コメント返信等）

を繰り返して、無料でできるだけ多くの見込顧客にロバートの教えのすばらしさを体験してもらいながら、さらに商品へ興味を持ってもらい販売につなげていきます。

【フェーズ3：販売】

いよいよ実際の商品販売です。

ロバート・アレンミリオネアクラブの販売では、対面でのセミナー（説明会）とZoomによる個別相談で販売を行いました。

第 8 章　インターネット　ワンクリックで成功への道が開かれる

　今回は、オンライン上では一切販売を行いませんでした。

　購入する気がない方へオンライン上で販売を行うことがロバートのブランディングに必ずしもプラスに働かないことと、例えば今回の希望価格360万円という高額商品を販売する場合に、オンラインのみで販売してもまず売れることが期待できないためです。

　逆に、対面で話ができるセミナーや、Zoomのような1対1でプライベートな形式でコミュニケーションがとれる場を設けることによって、高額の商品は非常に販売しやすくなります。

　セミナーでは、セミナー集客用のLPやLINE、Eメールで集客をしたお客様をセミナー会場にお迎えして、商品特性やお客様のベネフィットを知っていただいたうえで、実際の販売を行います。

　セミナーを開催する際、定員は1回につき20名程度が現状のベストな環境です。開催規模が大きくなると実際の商品の購入率は下がるので、いくつかテストをした結果、開催規模と成約率の両方を高い水準で満たせる数が上記という訳です。

259

ここで重要なのが、中途半端にしか興味がない人や、ただ安く（あるいはできれば無料で）学びたいと思って来ている人に売り込みを行わないことです。会場の雰囲気づくりを考慮し、本当に購入につながる方だけに詳しい説明を行うようにして、勉強だけをしに来られた方には、失礼のないように早めにご退出を頂くようにさせて頂いています。

　セミナーへは、事前に動画やLINE・Eメールで価値提供をしているお客様が来場するため、事前に何も情報がなくセミナーをする場合と比べて高い成約率を出すことができます。

　2～3時間で、セミナーから始まり、販売する講座の説明と受講に関する個別相談、そして決済の手続きまで一気に行うことができます。

　地方在住者など都心のセミナー会場へはどうしても参加ができない方や、セミナーには参加したくない（！）という方もいるので、そういう方へはウェビナー（ウェブセミナー）を実施し、講座の説明と受講に関する個別相談受付を行います。

　個別相談に関しては、事前に相談日程を予約してもらい、パソコンかスマートフォンにZoomアプリをインストールしておいてもらいます。話す内容はセミナーと基本的に同じですが、Zoomによる個別相談は、相談者の現状の問題把握と課題解決を意識して行うことによって、より高い確率で申込みをしてもらうことが可能になります。

　ライブセミナーとZoomを使ったオンライン個別相談で日本全国、また海外からも多数の方にミリオネアクラブの申込みをいただくことができました。

【フェーズ4：エバーグリーン化】

　フェーズ3まで、短期集中で一気に行うキャンペーンでの販売手法を解説し

第 8 章　インターネット　ワンクリックで成功への道が開かれる

てきました。

　フェーズ4では、このプロモーション手法を継続的に実施するエバーグリーン化を行いました。

　例えば、フェーズ3までの販売は1ヵ月で約6,000名の見込顧客を集めて、50名の方に購入をしてもらう方法ですが、フェーズ4の販売は、毎月約1,000名の見込顧客を集めて10名ずつコンスタントに購入してもらう形を構築していく、そんなイメージを持ってもらうとわかりやすいと思います。

　ここでは集客の方法として、フェーズ1で最適化してきたFacebook広告を使います。

　ある程度、見込顧客の獲得単価が見えている状態になりますので、費用対効果が合うようにマーケティングのプロセスを再構築していきます。

　アフィリエイト（無料オプトイン）とFacebook広告で集客から販売まで行ったフェーズ1〜3までのプロセスとまったく同じ形を、Facebook広告だけで見込顧客を継続的に集めて実施すればうまくいくかというと、そのままではうまくいかないケースが多いです。

　そこで、エバーグリーン化する過程では、キャンペーンでの販売と同じ効果が出せるように、主に価値提供のフェーズの調整をしていきます。

　非常にマニアックな内容になるので詳細は割愛しますが、ステップメール（LINE）の構成（シナリオ）を組み直して、動画公開やメッセージを配信していくタイミングの調整を行ったり、着地点をセミナーへの集客にするのか、個別相談に申込みが入るようにしていくのか、などをフェーズ1〜3での各販売手法の数字などを見ながら判断し、シナリオの再構築を行うことによって最適化を行っていきます。

261

今回のミリオネアクラブのプロモーションでは、このプロセスの再構築により、ROASを約500％に持っていくことができました。Facebook広告で集客しているプロモーションとしては悪くない数字だと思います。

　以上が、ロバートのミリオネアクラブのプロモーションにおいて、実際に私が今回実施してきた内容になります。

　細かいテクニックはいくつもありますが、大事なのは、前述したフェーズ1〜4の全体の構成を理解し実施することで、あなたもインターネットを使って大きな売上をつくることができるということです。

フェーズ1：見込顧客集客（Eメールアドレス＋LINE取得＋有料セミナー集客（3,000円））
フェーズ2：見込顧客への無料での価値提供
フェーズ3：販売（ミリオネアクラブ：参考価格360万円）
フェーズ4：エバーグリーン化（広告運用による継続販売の実施）

　最初からうまくいかなくても、この流れに沿ってプロモーションを組んでいくことが、現在私が知り得るかぎり、個人でも小規模のビジネスオーナーでもインターネットを活用して【短期間に爆発的な】売上をつくるために一番良い方法なので、ぜひ試してみることをおすすめします。

　この流れを意識して、あなたの商品でも是非大きな売上をつくってみてください。

ネットビジネスの成功モデル　会員制プログラム

　もし、わざわざ自分のウェブサイトを設置しなくても、あらゆる人気商品を高いコミッションをもらって販売できる、自分のオンライン・ショッピングモ

第8章　インターネット　ワンクリックで成功への道が開かれる

ールを持てるとしたらどうしますか？

　もし、自分のウェブサイトが、商品の写真と注文フォームを完備した状態でつくってもらえるとしたら？

　もし、クレジットカード確認システムがすでに設置されているとしたら？

　若干のカスタマーサービスとトレーニングを提供するだけで、あとはビジネスの拡大に専念できるとしたら？

　ただ商品のマーケティングをするだけで、数週間後、売れた商品に対して小切手が送られてくるとしたら？

　これらは、実際に存在するプログラムであり、「会員制プログラム」と呼ばれています。今日、インターネットの会員制プログラムを通して生み出されるお金は、天文学的な数字となっています。そして専門家たちによると、この爆発的な勢いは、ここ数年はまだ続くということです。

　では、会員制プログラムとはいったい何なのでしょうか？　そして、その魅力とは？

　会員制プログラムとは、社外の会員、提携者、あるいはディストリビューターといった人たちに、コミッションを引き替えに会社や商品を第三者へ紹介したり宣伝してもらう制度を採用している会社に与えられた名称です。

　インターネット上の会員制プログラムとしてもっとも有名なのが、世界最大のオンライン書店「アマゾン・ドット・コム」です。Amazon がこれほど成長した理由の1つは、会員制プログラムの草分けとして大きな成功を収めたことです。それでは、その仕組みについて、詳しく見ていきましょう。

　あなたはアマゾン・ドット・コムとの提携を希望していると仮定しましょう。

　まず、www.amazon.com にアクセスして、会員あるいは提携者として登録をします。そして、Amazon の協力のもとにあなた個人のアマゾン・ドット・コム書店を立ち上げるのです。

　あなたはウェブサイトで本の宣伝をします。サイトにアクセスした人があなたの推薦に基づいてそれらの本を購入すると、紹介料として毎月、売上の数％が Amazon から支払われる仕組みです。

　どうです、うまいアイデアでしょう？

　Amazon は当初、本の販売を始めましたが、今や Amazon は何百万点という他の商品をも販売しています。これは世界最大のオンラインストアの1つです。

263

では、商品紹介報酬を得るビジネスパートナーとしての立場で Amazon を使ってみてはどうでしょう？

私の息子アーロンと彼の友人ブライアンは、アマゾンブランドの力を使って、副収入を得ると決断しました。彼らは Amazon アフィリエイトプログラムに加わり、アマゾンオンラインストアで新しい商品を紹介する方法を研究しました。

そして、彼らは、どのような種類の商品が Amazon における最大の販売銘柄なのかを見つけるためにいくつかの調査を始めました。

さらに彼らは、今もっとも流行している商品の傾向を見つけるためのツールを検索しました。そこで彼らは、男性のためのヘアケア製品に特別なニッチ市場があると判断しました。

もう少し詳しくお話しすると、あご髭を生やしている男性が、より豊かな髭を育てるために、栄養補助商品を頻繁に購入することに気づきました。

このカテゴリーのトップ2社の販売業者は、多くの研究を行いマーケティング力を持つ大企業でした。しかし、このカテゴリーの第3位および第4位の企業は、見劣りする商品を持つ弱小企業でした。彼らはこの会社こそが新しい商品ラインに最適だと判断しました。

彼らは、ジェネリックの髭用育毛剤をすでにつくっていた数社の製造メーカーに連絡をとりました。自社ブランド製品をつくりたがっている起業家に「ホワイトラベル」をつけるというアイデアがあったからです。「ホワイトラベル」とは、他人が製作した既存の商品に自分のブランド名をつける許可を得たときに使用される用語です。

そこで、若き2人の起業家は人を雇い、ブランドイメージと一流の見た目にこだわるラベルを作製しました。彼らは100本の新商品を注文し、Amazon の倉庫に出荷しました。つまり、彼らは顧客に商品を流通させる準備を整えたのです。

髭の育毛剤を探している人は、Amazon のウェブサイト上の競合商品のページに表示されます。私の息子の商品は、このカテゴリーの最初のページに表示され始めました。彼らのユニークなブランドは、キャッチーなネーミングと競争力のある価格を武器に、すぐに注文を受け始めました。もちろん Amazonはすべてのお金を回収し、顧客に向けての商品の出荷を処理してくれます。

第 8 章　インターネット　ワンクリックで成功への道が開かれる

　その結果2人のパートナーは収益を上げ始めました。最初の売り上げこそ小
規模でしたが、最終的に毎月数千ドルの純利益を得るまでに成長しました。現
在、彼らはアマゾンオンラインストアにさらに多くの商品を出品しています。
　　Amazon はアフィリエイトプロセスをシンプルにし、オンラインマーケティ
ング商品の面倒な部分を取り除きました。オンラインオーシャンで最大のク
ジラの背中で成功に乗るのはいかがですか？

　ですが Amazon・モデルで感心していては、早計です。
　市場にはさまざまな新しい会員制プログラムが登場してきています。
　それに、1つのプログラムに絞る必要もないのです。ネット上には、月何百
ドルもの収入につながる、よりダイナミックなプログラムが何千と存在するの
ですから。

自動Eメール・テンプレートと自動応答プログラム

　オンラインマーケティングの強みは、Eメールによって顧客のフォローアッ
プができることです。顧客への型の決まったコンタクトはすべて自動化し、シ
ステム化することができ、またそうすべきでもあります。顧客からの同じよう
なリクエストには、テンプレート化された返答を即座に送ることができます。
　ある人は、「テンプレートによって、私は驚くべきワンマン発信センターと
なる。従来のオフィスワークでは、何日もあるいは何週間もかかったことが、
ほんの数分でできてしまう。こうした高い生産性は利益の増加につながり、利
益の増加は私を実にハッピーなキャンパーにしてくれる」と書いています。
　パターンの決まった情報要求への対応は、自動応答プログラムで行うことが
できます。これは、あなたが指定する内容をEメールで返信するコンピュータ
プログラムです。
　たとえば、ネットワーク・マーケティング・ビジネスについての情報がほし
いという要求を受けると、私たちのプログラムは、7日の間に7通の特別に用
意された貴重な情報満載のEメールを送信するようになっています。
　最初の1通は、要求が入った直後に送信されます。これには「鉄は熱いうち

神様は何かわかりやすい啓示をくれるべきだよ！　例えば、スイス
の銀行に僕名義でお金を振り込んでくれるとかさ。

（ウディ・アレン）

265

に打て」の効果があります。

　インターネットの主な利点の1つは、顧客との最初のコンタクトから商品購入までの時間が短いということです。実世界では、この期間が2、3週間はあります。例えば、案内広告を使った実世界でのネットワーク・マーケティングにおける購入までの期間を見てみましょう。

1日目午前　案内広告を見た人が電話をかけてきて、留守番電話にメッセージを残します。

　　　午後　あなたはメッセージを聞いて、その人の留守番電話にメッセージを残します。

2日目午後　その人から電話が来ないので、あなたからもう一度かけてみます。

3日目午後　依然として電話が来ないので、あなたから3回目の電話をかけます。

4日目午前　やっとその人から電話があり、留守番電話にメッセージが残されます。まるでイタチごっこです！

5日目午後　ようやくその人と直接話すことができ、情報を送る約束をします。

6日目午前　あなたは優先扱郵便で情報パッケージを送付します。

8日目午後　あなたは、情報がきちんと受け取られて読まれたか確認するために電話をします。しかし、その人は忙しくてまだ情報に目を通せていません。週末に目を通すということで、あなたは3日後に再度電話をする約束をします。

11日目午後　その人はまだ情報に目を通していません。

12日目午後　その人は情報に目を通し、興味があるのでさらに詳しい情報がほしいと言います。

13日目午前　あなたは優先扱郵便で、さらなる情報を郵送します。

　このプロセスが、さらにまだ2週間は続きます。

　最終的に、見込顧客はあなたのプログラムを却下することにしました。約30日をかけて、10本の電話をかけ、2セットの情報パッケージを郵送し、フォローアップのために幾日もの夜を犠牲にしたあげくに、結局断られるのです。どうせ断られるのなら、今すぐ断られたいものです。そうすれば、誰もが多く

第 8 章　インターネット　ワンクリックで成功への道が開かれる

の時間とお金を節約できます。

　次に、インターネットにおけるプロセスを見てみましょう。

1 日目午前	9：00	見込顧客が情報を要求してきます。
	9：01	自動応答プログラムが情報をEメールで送付します。
	10：37	見込顧客がEメールをチェックします。情報が気に入り、具体的な質問事項を書いたEメールを送ってきます。
1 日目午後	12：19	あなたはEメールをチェックし、マーケティングのために特別に設計されたFAQテンプレート（FAQ：よくある質問とその回答とを集めたもの）を送付します。
午後	4：12	見込顧客がEメールをチェックします。忙しいので返事を保留します。
2 日目午前	9：00	自動応答プログラムが、見込顧客のモチベーションを刺激するようデザインされた、フォローアップ用テンプレートの 1 通目を送信します。
	9：45	見込顧客がEメールをチェックします。あなたのサイトにアクセスして、少しリサーチしてみようと思い立ちます。そして約25分間、ビデオクリップを見たり、音声メッセージを聞いたり、経験者からの推薦文を読んだり、会社のウェブサイトをチェックしたりして、あなたのサイトをじっくりと見ていきます。
	10：00	見込顧客は電話会議をリクエストするEメールを送ってきます。
	11：15	あなたはEメールをチェックし、見込顧客に電話をかけます。その人は、あなたのメッセージをとても気に入ったが妻（夫）に相談したいと言います。あなたはその人の妻（夫）のEメールアドレスを教えてもらい、自己紹介のメールを出します。
3 日目午前	9：00	自動応答プログラムが 2 通目のフォローアップ・メッセージを送信します。見込顧客はメッセージの内容とあな

たくさんのことを片付けるための一番手っ取り早い方法は、一度に
1 つのことをやることだ。

（サミュエル・スマイルズ）

たのマーケティングの力量に感心します。見込顧客はあなたに、妻（夫）との話し合いの結果を報告するEメールを送ります（妻（夫）もあなたのサイトを見て賛同）。

さあ、これで彼らの準備は整いました。

実世界の例でのプロセスは、うんざりするようなものでした。まさにイタチごっこです。夜に仕事の電話など、誰がほしがるでしょうか？

一方、インターネットの例では、プロセスは至ってシンプルです。たとえ、見込顧客があなたの商品を買わないことにしたとしても、その決定は簡単かつ迅速になされ、安上がりに済みます。

ビル・ゲイツは『BUSINESS @ THE SPEED OF THOUGHT』※の中で次のように述べています。「コミュニケーションはEメールを通して行い、すべての紙の作業はデジタル化するべきである」。このアドバイスに迅速に従うほど、あなたはより早くお金持ちになります。テンプレートと自動応答プログラムが、そのための強い味方となるのです。

リストの重要性

私は先に、１万人分のリストをつくりましょうと述べました。マーケティングは数のゲームです。いかなる集団でも（たとえ小さくても）、そのうちの一定割合の人々は、与えられたマーケティング・メッセージに興味を持つものです。

仮に、１万円の情報商品を売り出すことにしましょう。あなたが笑顔になるためには、１万人のリストのうち、何％の反応が必要でしょうか。そうそう、あなたの商品はデジタルですから、コストはほとんどゼロに近いものです。

1,000人につきたった１人しか反応がなかったとしたら、顧客は全部で10人です。10人×１万円は10万円。１日に10万円を稼ぎ出すことが十分現実的であることがおわかりになりましたか？

カギとなるのはリストです。リストが多ければ多いほど、クリック１回で最低10万円稼げる日が来るのも早まるというものです。

1,000万人にアプローチする必要はないのです。１万人の「ホット」な見込

※邦版タイトル『思考スピードの経営』（日経ビジネス人文庫）

第 8 章　インターネット　ワンクリックで成功への道が開かれる

顧客を「じょうご」の中に誘い入れることさえできれば、一生安泰です！

さて、おわかりになったでしょうか。

えっ？　何千人分もの名前を掲載したデータベースをつくるにはどうしたらいいかって？　そうくると思いましたよ……。

インターネットで成功するためのカギ：「マーケティング」

ウェブサイトのデザインは専門家を雇って簡単に行うことができます。技術的なサポートも提供してもらえます。しかし、そのサイトを生かすも殺すも、すべてはマーケティングにかかっています。

中には生まれながらにマーケティングの才能を持っている人もいます。彼らは、人々がいつ「その気」になり、いつならないかを直感的に知っています。

もしあなたがそうした才能を持っていないのなら、すばらしい結果を得るためには、「学ぶ」ことによってマーケティングのエキスパートにならなければなりません。

マーケティング力を鍛えるために、以下のことをやってみてください。

■１日、自ら顧客となり、検索エンジンを使ってショッピングに出かける
■似たような考え方のウェブマスターやサイトオーナーにインタビューし、
　マーケティング情報を探る
■あなたのターゲットとなる顧客や商品に関する情報をかき集める

１．１日、自ら顧客となり、検索エンジンを使ってショッピングに出かける

あなたの顧客がどこで買い物をするかを知るためのもっとも良い方法の１つは、人気の高い検索エンジンでキーワード検索をしてみることです。

２．似たような考え方のウェブマスターやサイトオーナーにインタビューし、マーケティング情報を探る

失敗の最大の原因は、往々にして、粘りが足りないことである。

（ジグ・ジグラー）

269

自分のビジネスや顧客に関連するさまざまなサイトを見ていく際、それらのサイトのウェブマスターにどんどん質問をしましょう。サイトオーナーによっては自分の成果を自慢するのが大好きだったりしますから、喜んで情報をくれるでしょう。

３．あなたのターゲットとなる顧客や商品に関する情報をかき集める

　ターゲットとなる顧客についてより良く知るためのもう１つの方法は、あなたの顧客が興味を持ちそうなニュースグループに参加して、ニュースレターを定期購読することです。また、マーケティング情報の収集に関しては、オフラインの世界も忘れてはなりません。あなたの顧客が読みそうな雑誌を読み、見そうな番組を見て、常にそれらに対する彼らの感想に耳を傾けることです。

自分のサイトを立ち上げる

　以上の準備が終われば、いよいよあなた自身のサイトの立ち上げ準備完了です。あなたのサイトの目的は、あなたの掲げるテーマや提供する商品に関心のある人たちにとって有益な情報源となることです。
　あなたのサイトにとって、もっとも重要な３要素は以下のとおりです。

１．**無料のスペシャルレポート**
２．**無料のオーディオ／ビデオクリップ**
３．**無料のニュースレター**

　訪れた人の誰もが、思いがけず貴重な情報の宝庫（しかも無料の）にたどり着いた、という印象を抱くようなサイトでなくてはなりません。
　例え物理的な「もの」を売っているとしても（たとえばバグパイプなど）、あなたのサイトは無料の情報を提供するべきです（バグパイプの手入れの仕方についての無料のスペシャルレポート、無料でダウンロードできるバグパイプ用の楽譜、バグパイプファンのための無料のニュースレターなど）。
　目的は、すばらしい特典を多数提供することでニュースレターへの登録を促し、サイトを訪れた人たち全員のＥメールアドレスを入手することです。

保険代理人が悲しみに沈む未亡人に２００万ドルの小切手を持ってきた。未亡人は涙目でじっと小切手を見つめると、こう言った。「ジョージを生き返らせてくれるなら、喜んでこの半分を返すわ」

第8章　インターネット　ワンクリックで成功への道が開かれる

　無料のニュースレターに登録することで、彼らは、あなたが自分たちにコンタクトする許可を与えることになるのです。したがって、今後あなたが提供していくコミュニケーションは、不必要なジャンクメールではなくなるわけです。

　あなたのニュースレターは、選ばれた人たちのみが手にできる特権的なコミュニケーションとなるのです。

　あなたの目標は、このニュースレターの登録者リストをできるだけ早くつくり上げることです。ニュースレターリストは、あなたの金鉱です。これが、あなたの商品にもっとも強い関心を持つ見込顧客たちのデータベースとなるのです。

　私の好きな日本のインターネット専門家は横山直宏さんです。彼はすばらしいマーケッターであり、私はこの章を準備する際に彼といろいろ相談をしました。

　インターネットは強力です！　しかし、インターネットの問題点は、ルールが絶えず変化していることです。この章でお伝えしている基本的なマーケティング理論は時代を超越しています。しかし、テクニカルな部分はほぼ毎日変動しています。

　そこで私は、横山さんに、現時点における最新のテクニックや戦略をあなたに教えてもらうよう依頼しました。貴重な情報を無料ダウンロードするには www.millionaireclub.jp にアクセスすることを忘れないでくださいね。

好きなことがやれて、しかもそれが意義のあることに思えるとしたら、これ以上楽しいことなどある？

（キャサリン・グラハム）

271

第9章

パーソナルフランチャイズ
究極のマネー・マシン

「自分で１００％の努力をするよりも、むしろ１００人の１％ずつの努力を味方にしたいところだ」

J・ポール・ゲティ

　では、パーソナルフランチャイズ、ネットワーク・マーケティング（マルチレベル・マーケティングあるいはMLMとしても知られています）の話をしましょう。

　組織内起業家、急発展するネットワーク・マーケティング業界で組織のインディペンデント・ディストリビューター（独立販売人）となることについて、お話ししていきたいと思います。

「ネットワーク・マーケティング」

　この言葉を耳にするだけで、多くの人がさまざまな感情を抱くことでしょう。たいていは、「大好き」か、「大嫌い」かのどちらかに分かれると思います。あるいは両方の感情がある、という場合もあるでしょう。では、このネットワーク・マーケティングとはいったい何なのでしょうか。

　すばらしい映画を観たり、おいしいレストランを見つけたりして、それを友達に教えたことがあるでしょう？

　これが「口コミ」というやつです。

　ビジネス界は口コミを非常に歓迎します。なぜなら口コミは、彼らが大金を投入して行う他のいかなる形態の広告、プロモーション、マーケティングよりも効果があるからです。ネットワーク・マーケティングは、この口コミ宣伝の

英語におけるもっとも美しい２つの言葉は、"Check Enclosed"（小切手在中）。

（ドロシー・パーカー）

第 9 章　パーソナルフランチャイズ　究極のマネー・マシン

威力を活用して行うビジネスです。

　1つ架空の例を挙げて、説明してみましょう。

　あなたがあるすばらしいレストラン（店の名前を仮に「シェ・ボブ」とでも
しましょうか）をあなたの妹に勧めたと仮定します。

　あなたの妹はさっそく夫と一緒に、予約をしてディナーに行きました。食事
の途中、ウエイターがこの店のことをどうやって知ったのか尋ねたので、2人
はあなたの名前を言います。もし、それを聞いたレストランのオーナーが、店
を推薦してくれたことへのお礼として、あなたに感謝の手紙と食事の無料招待
券を送ってきたとしたら、あなたはどのように感じるでしょうか。きっと、す
ばらしい気分になると思います。

　レストランのオーナーは手紙に、「あなたのおかげで、『シェ・ボブ』はこれ
から長いお付き合いをしていけそうな、新たなお客様を得ることができました」
と書いています。この顧客をもたらしたのは、新聞の広告やTVのコマーシャ
ルではありません。だからこそオーナーは、口コミによって新しい顧客を紹介
してくれたことに対し、あなたにお礼がしたいのです。

　今後、あなたの妹がレストランを訪れるたびに、彼はあなたに食事代の10
％相当の小切手を送ってくれることになりました。

　これにより、あなたは数カ月おきに小額の「感謝の小切手」を受けとること
になります。店の対応に感心したあなたは、他の友人たちにも「シェ・ボブ」
に行くよう勧めます。その結果、あなたのもとにはさらなる食事の無料招待券
と10％の〝口コミ料〟が送られてくることになります。

　1年後、あなたは毎月、小額の小切手を何枚か受けとるようになっています。
そして数年後には、あなたがお店に生み出した顧客は何十人にも上り、彼らに
よって毎月、数百ドルもの「苦労知らずの収入」があなたの手元に入ってくる
ようになっているのです。素敵だと思いませんか？

　これが、ネットワーク・マーケティングの理論です。

　ただ、私は「リレーションシップ・マーケティング」という呼び方の方が好
きです。なぜなら、口コミのパワーは人間関係から生まれるからです。

　これを「パーソナルフランチャイズ」と呼ぶこともできます。　大規模で成
功したフランチャイズビジネスモデルの小規模個人事業版ということです。
また、この業界を説明する別の方法は「ダイレクト・セリング」です。

273

今日のビジネスは、商品価格の50％までを広告やマーケティングに費やしています。

　最近、これらの広告費をお金持ちの新聞社や雑誌社、局に支払う代わりに、自分たちの得意客と分かち合う会社が現われ始めました。得意客の推薦によって、別の誰かがその会社の商品を買った場合、会社はそのつど、一種の〝紹介料〟としてその得意客に報酬の小切手を送るのです。

　リレーションシップ・マーケティングのパワーがもたらした最近のサクセスストーリーの１つが、「アマゾン・ドット・コム」です。

　この業界の草分け的存在である彼らは、ウェブサイトを立ち上げて間もなく、あるすばらしいアイデアを思いつきました。それは、「インターネット上でアマゾン・ドット・コムに顧客を送り込んでくれた人すべてに、紹介料を支払う」というものです。

　彼らは「会員制度」をつくり、大勢のウェブサイトのオーナーたちにアマゾンのサイトにリンクするよう働きかけました。

　ネットサーフィンをしていた人が会員のサイトを訪れ、そこからアマゾンにリンクして商品を買った場合、アマゾンはその会員に３〜７％の紹介料を支払うのです。

　この制度は、何万もの衛星のようなミニパートナーたちをつくり出しました。彼らは皆、〝マザーシップ〟であるアマゾン・ドット・コムの成功によって自分も利益を得る、という利害関係を持つのです。

　この戦略は、アマゾン・ドット・コム大躍進の要因の１つとなりました。現在、この方法はインターネット上でさかんに行われるようになっています。

　ネットワークの持つ力、そして、パーソナルフランチャイズ、あるいはリレーションシップ・マーケティングは、すばらしく効果的です！　まさに時代に適した戦略だと言えるでしょう。

　しかし実をいうと、私は初めてこのビジネスを耳にしたとき、まったく興味を持ちませんでした。恥ずかしながら、それをにべもなく退けてしまったのです。

　これから、そのときのことをお話ししましょう。

274

第 9 章　パーソナルフランチャイズ　究極のマネー・マシン

すばらしいレバレッジ効果

　事の始まりは、私の妻の親友であるコレット・ヴァン・ルーセンでした。
　彼女は当時、辛い離婚をしたばかりで、5人の子どもと高額な弁護士料の支払いを抱え、まったくお金のない状態でした。彼女は仕事を探していたため、私は彼女を自分のアシスタントとして雇いました。その数カ月後、彼女は私にアドバイスを求めてきました。
「ボブ」、彼女は言いました。
「ここ最近、弟と、彼がかかわっている会社について話をしているんだけど、彼が『新たな収入を得る方法』というのを教えてくれたの。私はやってみたいと思っているんだけど」
「どんな会社なんだい？」
「ディストリビューターのネットワークを通して、サプリメントを売っている会社よ」
　そのひと言でもう十分です。
　私はすぐさま、「やめた方がいい！」と言い放ちました。
　しかし、彼女は「なんだかいい予感がするの」と言って私の反対を押し切り、それをやることにしました。
　果たして、どう進展していったのか？　その数週間後、彼女は最初の小切手100ドル分を受け取りました。その後、毎週支払われる小切手の額は、500〜600ドルに増えました。そして、それは間もなく週1,000ドルになりました。
　もちろん、私は依然として彼女はどうかしていると思っていましたが、同時に「いったいどんなことをやっているんだろう」とも思い始めていました。
　そうしているうちに、彼女は私に「会社を辞めたい」と言ってきたのです。
「ボブ、今週受け取った小切手は2,000ドルだったの」
　これには私も驚かざるを得ませんでした。「1週間で2,000ドル？　いったいどんなことをしているんだい？」
「だからずっと言っているじゃない。これは本当にすごいビジネスなのよ」
　私は言いました。「きっと君には向いている仕事なのだろうけど、僕は自分が1軒1軒サプリメントの小さなビンを売り歩くなんて想像できないよ。『ピンポーン、お薬をお届けにあがりました？』なんて……」

275

彼女は答えました。「全然そういうのではないのよ。ただ、この商品がいかに自分たちの生活を変えたかという個人的な話をするだけなの。それに興味を持った人は、試してみようとする。フリーダイヤルに電話して注文すれば、会社がその人の家まで商品を郵送するの。私は誰のところにも何も持っていったり、届けたりしないわ。そういうことは会社が全部やって、私は小切手を受けとるだけ」

　彼女はさらに続けます。

「すばらしいのはここからよ。この商品はとても良いものだから、人々はすぐに気に入って、毎月繰り返し注文するようになるの。そして彼らが注文をするたびに、私は小切手を受けとるのよ。

　でも、これで終わりじゃないわ。それらの人たちもサプリメントの効果を人に話さずにはいられなくなるの。そうして彼らが商品の宣伝をすると、私もほんの少し利益のおすそ分けをもらえるの。これがどんどん積み重なっていって、今では世界中に何千人という愛用者が存在するようになっているわ。

　皆会ったこともない人たちなのよ。でも毎週金曜日には、私は何千ドルもの小切手を受けとるわけ。私自身の、そして他の何百人もの人たちの努力のたまものとしてね」

　私はいよいよ本格的に興味をそそられました。私は、小さな額のお金で大きな額の物件をコントロールすることができる不動産での経験から、レバレッジの威力はよく認識していました。しかし、これはそれ以上にすごい話です。

　コレットは、何百人もの他人の力を通して自分自身のビジネスをパワーアップしていたのです。それらの人々は世界中に散らばっているため、彼女は1日24時間、眠っているときでさえも収入を生み続けているのです。

　私は別の章で、ジョージ・デイビッド博士の次の言葉をご紹介しました。

　　「貧は、大きな努力が小さな成果しか生まないときにもたらされる。
　　　富は、小さな努力が大きな成果を生むときにもたらされる」

　これこそまさに、コレットが行っていたことを完璧に表現する言葉でしょう。小さな努力で、莫大な成果を得る。週に2,000ドルの収入は、年収に換算する

財産を築く最短で最良の方法は、あなたに利益をもたらすことが自分たちの得になるということを人々にはっきりとわからせることである。　　　　　　　　（ジャン・ド・ラ・ブリュイエール）

第9章　パーソナルフランチャイズ　究極のマネー・マシン

と10万ドルになります。

　北アメリカでそれほどの収入を得ている家族は、全体のほんの一部に過ぎません。そのレベルの収入を得られるようになるには、何十年もフルタイムで働く努力が必要です。しかしコレットはそれを、18カ月足らずでやってのけました。

　そして収入は、週に3,000ドル、4,000ドル、そして5,000ドルと、さらに増え続けているのです。もっともすごいのは、この収入が一生型収入である、という事実です。

　「ボブ、ネットワーク・マーケティングって本当にすごいわよ！」ある日、コレットはそう言って、私たちの家に1本のビデオテープを置いていきました。

　妻と私はさっそくそのテープを見始めました。そのときのことを私は一生忘れないでしょう。ビデオを見ながら、私は自分の直感が「これなら本当にいける」とささやき続けるのを感じていました。

　皆さんは、直感というものを感じたことはありますか？

　心の一部が、「これは何かすばらしいことだ」と確信しているのです。他の部分がまだ疑わしいにもかかわらず。

　私はたいてい、直感に従うことにしています。1970年代、市場の高騰が起こる直前に不動産投資を開始したのも、これと同じような直感を感じたからでした。

　あの時代のことを覚えていますか？

　私はそのときに一財産を築きました。また、投資顧問としてのキャリアを捨てて、最初の著書『NOTHING DOWN』を書いたのも、直感に基づく行動でした。初めての著作が出版にまで至る確率は1万分の1だと言います。しかし私の中の一部が、「直感に従えば何かとても良いことが起こる」ということを訴えていました。

　『NOTHING DOWN』が『ニューヨーク・タイムズ』紙のベストセラーリストの第1位を達成するなんてことを、いったい誰が想像したでしょう。2冊目の『CREATING WEALTH』も第1位に輝きました。その後、私は「人材育成会社を始めるべきだ」という直感を得ました。それらの会社は続く15年間で1億ドル以上を生み出すことになりました。

　このように私の直感は、たいていが「良い直感」でした。そして例のビデオ

277

については、私の直感はまさに叫び出さんばかりでした。

「これだ！」

　翌日、コレットが電話をしてきました。

「ビデオを見てどう思った？」

　鋭い直感があったにもかかわらず、私はこう答えていました。

「悪いね、コレット。でもやっぱり興味が持てないんだ」

　ですが、彼女は私の拒絶に対し、少しもひるむことはありませんでした。彼女は私の妻をランチに誘い、彼女たち２人は私抜きで実行することを決めたのです。私はかたくなで、申込書にサインすらしませんでした。しかし間もなく、コレットが言ったとおり、我が家にも妻の銀行口座宛に小切手が送られてくるようになりました。

　それから数年後には、毎週金曜日になると、非常に大きな額の小切手が自動的に妻の銀行口座に振り込まれていました。しかしそこに私の名前は書かれていませんでした。それは私の妻のものでした。ここにいる疑い深い男は、あのとき一切かかわりたくないと言い張ったのです……（今では時折、私も妻のおすそ分けにあずかっています）。

　私の妻が毎週受けとるような小切手を、どうすればあなたも手に入れることができるのかを、これからお話ししていきたいと思います。ただ、それを実現するためには、あなたが当時の私のようなカチカチの石頭ではないことが条件となりますが。

間違った情報が物事を見えなくする

　さて、ではなぜ私が自分の直感に従わなかったと思いますか？

　それはおそらく私が、ネットワーク・マーケティングについて否定的なことを耳にしていたからです。そして自分自身で確かめもせず、勝手に間違った結論を下していたのです。

　私が犯したそもそもの間違いは、コレットが参加していた会社を1960年代、1970年代、そして1980年代に存在したアムウェイ、ハーバライフ、ニュースキンのような古いタイプのマルチレベル企業だと思ったことです。

　それらの初期のネットワーク・マーケティングでは、ディストリビューター

第9章　パーソナルフランチャイズ　究極のマネー・マシン

は、自分の倉庫を商品で満杯にして、それらを1つひとつ友人や親類に売り歩かなくてはなりませんでした。

新たな会員を集めるために、彼らは平日の夜に行われる決起集会に、知人を片っ端から引っぱってくるよう求められました。言うまでもなく、成功する人はほんのわずかで、その他大勢は大いなる不満を抱えてやめていきました。しかも倉庫には商品が山と積まれたまま……。

このことが、多くの人々に非常に悪い印象を残しました。

コレットは「この新しい会社は、従来のものとはまったく違うものよ」と主張しました。

私はその後、『サクセス』誌の元編集者、リチャード・ポーが書いた『WAVE 3 : The New Era in Network Marketing』という本を知りました。彼は本の中で次のように述べています。

　　……第3の革命の波の萌芽は……50年前にカール・レンボーグがネットワーク・マーケティングを発明したときに生まれた。

　　これは、誰もが簡単に起業家になれるよう設計されたビジネスだった。まだ荒削りだったMLMの時代は40年続いた。

　　この黎明期を私は第1の波と呼んでいる。

　　第2の波は1980年代に確立された。

　　パソコンの普及により、MLMビジネスを自宅のガレージから始められるようになったのである。当時、MLMの会社は爆発的に増加した。

　　しかしこの第2の波も、依然として、それをもっとも必要としない人たちにとってもっとも効果を発揮するという傾向があった。つまり、もともとアグレッシブで営業能力に長けた起業家たちである。

　　そして今始まろうとしている〝第3の波〟になって、ようやく、その他大勢の人々にも経済的自由の現実的な約束が提供されつつあるのだ。

　　新しいシステムとテクノロジーによって、〝第3の波〟は、スーパー営業マンではないごく普通の人々が、大きな苦労をせずに事業の成果を味わうことを可能にしたのである。

言うまでもなく、コレットはこの〝第3の波〟を実行する会社に出会ったのです。

ポーのすばらしいリサーチに感銘を受けざるを得なかった私は、しぶしぶながら、コレットと私の妻に、比較的小規模な私のセミナーで彼女たちのビジネスを紹介することを認めました。私は依然としてとても懐疑的でしたが、数週間すると、セミナーを受けた人たちが私に電話をかけてきて、いかに体調が良くなったかを訴え始めたのです。

私は驚きました。私はそれまで、サプリメントの類は一切飲んだことはありませんでした。私は自分の健康状態は良好で、特に何も必要ではないと思っていました。

実は、現代人の健康が非常に危うい状態にあり、誰もが日々の栄養補給について真剣に考えなくてはならないということにようやく気づいたのは、もっとあとになってからです。

ビジネスとしてのネットワーク・マーケティングについては、セミナーの受講者が電話でこんなふうに言ってきました。

「ボブ、これはあなたが教えてくれたマネー・メイキングの方法の中で一番すごいものですよ！」

「私は今週、1,000ドル稼ぎましたよ！」

「ネットワーク・マーケティングは前にもやったことがあるけど、これはもっとずっと簡単ですね！」

私はいよいよ考え直さざるを得ませんでした。

「うーむ、やはりこれは、ちょっとただごとじゃないかもしれない！」

車椅子に乗った両手両足がまひした男性が、ネットワーク・マーケティングで稼いだ最初の小切手1,000ドル分を受け取ったのを見たとき、私はとうとう考え方を変えました。

もし彼にできるのであれば、誰にでもできるはず……。

そのとき私は、「自分たち自身の」健康食品ビジネスに本格的に取り組み、収入の流れの1つに、ぜがひでもそれを加えることを決意したのです。

私たちはこれまで、さまざまなビジネスをやってきましたが、ネットワーク・マーケティング、つまり、パーソナルフランチャイズはもっともやりがいのあ

私たちは常に、自分が密かに一番愛しているものに引かれていく。人が努力の末に手に入れるのは、結局、自分が求めるものではなく、自分そのものなのだ。 　　　　　　　　　　　　　　　　　　　　（ジェームズ・アレン）

280

第 9 章　パーソナルフランチャイズ　究極のマネー・マシン

るビジネスの 1 つです。

　間接費は一切かからず、借金も必要ありません。このパワフルな収入の流れ
は、従業員を 1 人も雇うことなく維持できるのです。秘書さえ必要ありません。
そして、このビジネスは完全にポータブルです。

　つまり、バスローブ姿で自宅にいながらでも、ジーンズ姿で車内電話つきの
車を運転しながらでも、あるいは E メールを使ってタヒチから行うなんてこと
も可能なのです。このビジネスに難点はほとんどありません。そして何より、
このビジネスは「一生型収入」をもたらすのです。

　もし今日、「ネットワーク・マーケティングをしていますか」と聞かれたら、
私は大きな声で「もちろん！」と答えるでしょう。

　皆さんのネットワーク・マーケティングに関する経験がどんなものかはわか
りませんが、私自身のそれは「すばらしい！」のひと言です。いったん収入の
流れが始まれば、それはまるで自宅の裏庭に油田を持つようなものです。ひた
すら利益を生み続けます。

　今振り返れば、私もよくもあんなに長い間、このような強力なマネー・メイ
キングの手段を軽視してきたものだと思います。そして、同じような誤解が、
他にも多くの聡明な人たちをこのビジネスから遠ざけていることを、あらため
て残念に思うのです。

自分を中立の立場に置く

　あなたが、当初の私ほど疑い深くはないものとして、話を進めていきましょ
う。あなたには、少なくとも偏見のない中立の立場で、このような形の新たな
収入の流れを自らの生活に加えることを考慮する用意があると仮定しましょう。

　ここで、人々が抱く疑問の上位 3 つについて、答えていきたいと思います。

質問 1　それは本当に合法的なのですか？

質問 2　従来のフランチャイズよりも、このパーソナルフランチャイズビジネ
　　　　スを選ぶべきだという理由は何ですか？

質問 3　この方法で成功するためには、具体的にどんなことをやれば良いので
　　　　すか？

質問1 「それは本当に合法的なのですか？」

　正直に言って、それは私が最初に抱いた疑問でもあるのです。

　私は自分自身を、そして私の誠実な読者たちを、ねずみ講のようなものに巻き込みたくありませんでした。

　そこで私は、このビジネスについて詳しく調べました。

　その結果、それがすでに何百億ドルもの売上を達成し、世界中に数千万人以上の現役ディストリビューターを持つということがわかりました。

　そうです。それは合法的であるだけでなく、将来非常に有望なビジネスとして評価を受けているものだったのです。このビジネスには、コルゲート・パーモリーブ、ジレット、エイボン、コカコーラ、そしてMCIなど、〝フォーチュン500〟（経済誌『Fortune』が毎年掲載する売上規模上位500社）に名を連ねる多くの企業も注目しています。

　テレコミュニケーションの巨大企業、AT&Tがネットワーク・マーケティングによる長距離電話サービスを開始しています。

　また、世界でもっとも有名な大富豪であるウォーレン・バフェットも、ダイレクトセリングの業界やMLMビジネスモデルが好きで、2002年に彼自身もアメリカのMLMカンパニーを買収するのにおよそ10億ドルを支払ったと伝えられています。「バークシャーの家族にThe Pampered Chefを加えることに喜んでいる」と語ったとされています。

　皆さんは、日本の製品は劣悪だと言われた時代のことを覚えていますか？

　私が子どものころは、「メイド・イン・ジャパン」の製品は、たいてい安くて質の悪いものばかりでした。ところが今日、日本製品の評判は180度異なるものになっています。日本から送り込まれる製品は、一級品ばかりです。

　これと同じ見方の転換が、ネットワーク・マーケティング業界または、ダイレクト・セリング業界にも起こっているのです。社会は、高品質で、しかもリーズナブルな商品がネットワーク・マーケティングによっていくつも販売されていることを、敏感に察知し始めています。さもなければ、ウォーレン・バフェットがそれを採用しようと思うでしょうか？

　ウォーレン・バフェットがその評判に賭けるなら、私もそれを信用したいと

第9章　パーソナルフランチャイズ　究極のマネー・マシン

思います。そしてその他多くの聡明な成功者たちも、同じ考えのようです。

　医者、教師、宇宙飛行士、フォーチュン500の経営陣、有名な俳優、ベストセラー作家、健康関連のプロ、大学教授、スポーツの監督、オリンピック選手、世界記録保持者、カイロプラクティック療法士、看護師、科学者、銀行員、弁護士など、あらゆる業界の賢人たちが、このビジネスに群がり始めているのです。

　これまでネットワーク・マーケティングなど考えもしなかった多くの人たちが、今現れ始めた〝第3の波〟を心から歓迎しているのです。

タイミングがすべて

　この業界の成長にとっては、今がベストなタイミングだと言えます。2008年の経済危機・崩壊以来、在宅ビジネスが爆発的に増加しています。どの国の人も、所得を補うために収入を得る方法を模索しているのです。

質問2「従来のフランチャイズよりも、このパーソナルフランチャイズビジネスを選ぶべきだという理由は何ですか？」

　マーケティング・マウンテンから収入の流れを確保する際に大切なのは、自分が納得できる商品を売るビジネスを見つけることです。

　あなたが栄養や健康にとても興味がある人だと仮定しましょう。人々を健康にすることでお金を稼ぐということは、あなたにとってやりがいがあるはずです。あなたはさっそく、いくつかのビジネスモデルをチェックしてみることにしました。

　あなたは『Entrepreneur』誌で、健康食品のトップ企業の広告を目にします。「わずか5万8,500ドルで、有効性が立証されたシステムを実践する世界規模の会社のサポートのもと、自分のビジネスを始めることができる」と謳っています。なかなか成功の確率は高そうですよ。しかし、いくつか不都合な点もあります。

　まず、リース契約にサインして、従業員を雇って教育し、在庫や器具、保管用の棚を購入したりしなければなりません。しかし、短期間の集中トレーニングを経れば、自分のビジネスを始められて、あなたはそのボスとなれます。

金がすべてじゃない。でも、今一番ほしいものは、やっぱり金なんだ。

283

とても魅力的な話ではあります。5万8,500ドルの手持ちさえあれば……。家を担保に入れて、ローンを組みますか？

そのビジネス誌には、パーソナルフランチャイズのモデルで高品質の健康食品を売る会社の広告も載っていました。あなたはその会社と商品、そこで働く人々について調べてみました。その結果、1,000ドル弱（通常はそれよりももっと安い）でディストリビューターになることができ、（数カ月ではなく）数日のうちに収入が入り始めるということがわかりました。

おそらく、もっとも大きな利点は、それが一生型収入をもたらす可能性を持つということでしょう。あなたの先に広がっていくディストリビューター網の流通からもたらされる恩恵である、いくつもの収入の流れです。

ほんの数年で、放っておいても多額の収入が入り続けるシステムができ上がり、事実上引退することも可能になるでしょう。在庫品を購入したり、帳簿をつけたり、従業員を管理したりといった苦労は、一切する必要がありません。

ですが、欠点がないわけではありません。自宅で行うビジネスであるため、しっかりとした「自己管理」が必要です。時には孤独を感じることもあるかもしれません。

しかし、それも大した問題とはならないでしょう。家を抵当に入れずに済ん

フランチャイズ	"第3の波" ネットワーク・マーケティング
多額で前払いのフランチャイズ料	小額のディストリビューター登録料
オフィスや店舗をリースで借りる	自宅でできる
従業員を雇い、教育し、管理する	他のディストリビューターをスカウトし、教育する
商品の在庫を保管する	在庫はほとんど持たない
商品を郵送あるいは配達する	会社が顧客に直接、商品を郵送する
小売店の営業時間に拘束される	時間は自由に使える
それきり型収入（あなたは現場にいなければならない）	一生型収入の可能性
高い間接費	低い間接費
固定された場所	どこにいても、参入自由な市場

第9章　パーソナルフランチャイズ　究極のマネー・マシン

だことでセーブできたお金を数えていれば、十分忙しくしていられるでしょうから。

ネットワーク・マーケティングから入る収入の質を、過去20年間に自分がやってきた他のビジネスと比べると、圧倒的にネットワーク・マーケティングの勝ちとなります。

私はこれまで、レストラン、洋品店、チョコレート工場、アパートメントビル、商業ビル、人材育成会社、ニュースレタービジネス、そしてダイレクトメールやマルチメディア、ソフトウエアを扱うビジネスなどを経営してきました。ブロードウェイのショーに投資し、プロのバスケットボールチームである「ユタ・ジャズ」の一部を所有したことさえあります。

しかし、パーソナルフランチャイズやネットワーク・マーケティングは、そのいずれをもしのぐものです。

間接費は、私が以前所有していた250人の従業員を持つ会社のそれに比べれば、微々たるものです。それだけの従業員を管理することを考えただけで、今では身震いがします。私はもう、給料や手当を支払う必要もなければ、社会保障税や労災、医療費、退職金を払う必要もないのです。雇用主の立場を経験した者にとって、これは奇跡のようなことです。

あなたはここで、「でも、必要もない商品をガレージいっぱいに抱え込むようなことはゴメンだ」と言うかもしれません。もちろん私だって、嫌です。

率直に言えば、これはまさに第1、第2の波のネットワーク・マーケティング会社が抱えていた問題でした。それらの会社は、新規のディストリビューターたちに事前に何千ドル分もの商品を購入するようプレッシャーをかけたのです。

ところが、この点こそ〝第3の波〟ネットワーク・マーケティング会社の異なるところなのです。ディストリビューターが自分のガレージを在庫でいっぱいにして、商品を1軒1軒売り歩き、終わることのないペーパーワークに追われながら、商品を梱包して全国に配送するという日々は、もう終わったのです。

こうした骨の折れる仕事はすべて会社がやります。あなたの仕事は、客を見つけ、最低限のペーパーワークをこなし、質問に答え、いくつかのトレーニングを施すということだけです。

あなたはここで、こう言うかもしれません。

285

＄＄＄有名フランチャイズ25社の開業コスト＄＄＄

	最低	最高
AAMCO トランスミッションズ	$151,000	$166,000
バスキン・ロビンズ・アイスクリーム	$78,000	$447,000
ブロックバスター・ビデオ	$245,000	$823,000
バジェット・レンタカー	$166,000	$449,000
デイリークイーン	$181,000	$585,000
デニーズ	$392,000	$711,000
ダンキン・ドーナツ	$46,000	$287,000
GNC（ゼネラル・ヌートリション・センター）	$112,000	$197,000
ゴールドジム	$434,000	$1,800,000
グレート・アース・ビタミンズ	$92,000	$111,000
ジェニー・クレイグ・ウエイト・ロス	$159,000	$314,000
ジフィー・ルーブ	$174,000	$194,000
ケンタッキーフライドチキン	$1,000,000	$1,700,000
クイックコピー	$216,000	$357,000
メール・ボックス ETC.	$115,000	$178,000
マンハッタン・ベーグルズ	$150,000	$337,000
マクドナルド	$413,000	$1,300,000
ミセス・フィールズ・クッキー	$45,000	$412,000
ワン・アワー・マーティナイジング・ドライクリーナーズ	$180,000	$260,000
レンタレック	$15,000	$207,000
スタンレー・スティーマー・カーペット・クリーナー	$80,000	$340,000
サブウェイ・サンドイッチ	$61,000	$170,000
スーパーカッツ	$90,000	$164,000
ターミニクス・ターマイト・ペスト・コントロール	$42,000	$75,000
ザ・アスリーツ・フット	$175,000	$325,000

資料：『Entrepreneur』1999年1月号

第9章　パーソナルフランチャイズ　究極のマネー・マシン

「これでは誰もがネットワーク・マーケティングを始めてしまい、私が新たに見つけられる客なんて残っていないのではないか……」

ご冗談を！　北アメリカだけで4.3億人の人間が存在し、そのうちネットワーク・マーケティングを一度でもやったことがある、という人は10％もいないんですよ。それに、世界を視野に入れれば、何十億という人がいるのです。

ネットワーク・マーケティングはアメリカで生まれましたが、日本ではアメリカ以上に盛んで、現在、アジア地域全体において爆発的な成長の兆しが見られるのです。

実はそれが、ネットワーク・マーケティングのすごいところなのです。

あなたは最初、自分の人脈の範囲内で個人的に数十人のディストリビューターをスカウトし、トレーニングします。しかしそれはその後、独自に成長をしていくのです。最初の数人が別の数人をスカウトし、その数人がまた新たに数人をスカウトする。

そうしていくうちに、ネットワークは国の反対側にまで広がり、やがては外国にまで拡大していくでしょう。頑張れば、あなたのグループは短期間に世界に何百、何千というメンバーを持つようになり、それらの人々が皆、商品を買うのです。あなたが会ったこともなければ、これからも会うことのないであろう人たちの購買や消費により、会社はあなたのために毎月何百ドル、あるいは何千ドルもの一生型収入をもたらすのです。

これこそ私が〝レバレッジ〟と呼ぶ、実に驚異的な力なのです。

質問3 「この方法で成功するためには、具体的にどんなことをやれば良いのですか？」

まず、やらなくても良いことからお話ししましょう。

たくさんの商品を自ら運ぶ必要はありません。もし近所の人たちに1軒1軒商品を配達することを想像しているのであれば、あなたはきっとがっかりするでしょう。〝第3の波〟ネットワーク・マーケティングの会社は、そのような仕組みにはなっていないのです。

ではあなたは、何をするのでしょうか。

あなたはただ何人かの人に、その商品がどれだけ自分の生活を向上させたか

287

を話します。そしてごくシンプルなペーパーワークをこなします。その後、興味を持った人が直接、フリーダイヤルで会社に商品の注文をするのです。配送は会社が行います。

　平日の夜に行われる旧来の商品説明会のような退屈なミーティングに何度も出席する必要もありません。でも、もし週に２、３回、ポジティブで前向きに生きている希望に溢れた仲間とのミーティングに出ることを楽しみにしているのなら、あなたはおそらく、成功の可能性は高く、このビジネスを大好きになれるでしょう。

　ではあなたは、具体的には何をするのでしょうか。

　あなたが選んだ会社の強力な募集ツールやウェブサイトの１つを、関心を示している人々と共有するだけで、それらがほぼすべての説明をやってくれます。

　また、直接セールスを行う必要もありません。セールスが大好きだという人、反対者の説得が得意だという人、契約を勝ち取ることにスリルを感じるという人には、残念ながら、あまり良くないニュースがあります。そういう人はおそらく、ある程度収入を確保できるようになるのに50〜100人の顧客を見つけなければならない、古いタイプのネットワーク・マーケティングでなら力を発揮できるでしょう。

　しかし、新しい〝第３の波〟の会社の多くでは、月にほんの２、３人の顧客を見つけるだけで、成功への道を歩み始めることができるのです。この地球上には70億の人がいます。自分の生活に新たな収入をもたらしたいと思っている人を月に２人見つけることは、そんなに難しいことではないのでは？

　それはおそらく、こんなふうに始まると思いますよ。

　あなたは知り合いに会社のウェブサイトを見てもらいます。それを見た知人はこう言います。「興味があるから、もっと詳しく教えて」。あなたは、あなたのスポンサー（あなたにこのビジネスを紹介した人）と一緒に、その人とランチをともにするアポをとることにします。３人は約束の時間に集まります。知人には、あなたのスポンサーがすべての説明を行います。あなたは横でそれを見ています（これはあなたにとっての実地訓練となります）。知人は書類にサインをし、注文を開始します。それにより、あなたは会社から紹介報酬としての小切手を得ます。

　難しすぎますか？　これはまさに、コレットが私の妻を誘った方法です。

机をはさんで賢者と交わす１回の会話は、１カ月かけて本を読むのに値する。

（中国の諺）

第9章　パーソナルフランチャイズ　究極のマネー・マシン

　彼女は私たちにビデオを見せ、それを見た妻は、「面白そうだから、もっと詳しく教えて」と言いました。コレットは「じゃあ、一緒にランチを食べましょう」と応えました。

　そして最終的に妻は、こう言います。「うちの気難しい夫がどうしても嫌だというなら、私たちだけでやりましょう」。そして2人は、そうしたのです。

　この方法で、コレットは何度かのランチの間に、ほとんどの人の月収分を稼いでしまいます。そしてその1つの努力に対して、何度も繰り返し報酬が支払われるのです。6カ月前に持ったある1回のランチミーティングに対して、何度も何度も報酬があるというのは、素敵だと思いませんか？

　ランチの時間すら取れない？

　大丈夫です。電話を使えばいいのです。実は電話の方が、早く、しかも安く上がります。その際、あなたのスポンサーにも参加してもらうことを忘れないでください（電話には、あなたとあなたのスポンサー、そして紹介相手の三者が参加するのです）。スポンサーが説明をしている間、あなたはそれを聞いています（実地訓練）。紹介相手があなたのチームに加わり、商品を注文すれば、あなたのもとに小さな収入の流れが入ってくるようになります。

　これだけです。

　あなたのスポンサーが話をして、あなたはそれを聞いているだけ。人々が商品を注文し、あなたは後日会社から小切手を受けとる。

　週にほんの2、3時間電話で話すだけで、すばらしい一生型収入の流れをつくることができるのです。週に2、3時間の空き時間を提供するだけで、2、3年後には週に20万～30万円の残余収入が確保できるとしたら、あなたはどうしますか？

気でも狂ったのかい？

　私が、このビジネスがいかにシンプルであるか説明すると、「気でも狂ったのかい？」と言わんばかりに私の顔を見つめ返す人たちがいます。そこで私は彼らに、「経済的自由度テスト」を行います。

「あなたは複数の収入の流れを持っていますか？」

（彼らの答はたいてい「ノー」）

「１回の労働に対して、何度も報酬が支払われますか？」
（再び「ノー」）

「あなたの時間単位の収入は無限に増える可能性を持っていますか？」
（またまた「ノー」）

「あなたの収入は、あなたが現場にいてもいなくても、２４時間入り続けますか？」（やっぱり「ノー」）

「あなたは自分の収入をコントロールできますか？」（これまた「ノー」）

「その収入は、あなたが死んだあとも入り続けますか？」（当然「ノー」）

「自分が望んだときに、いつでも収入の量を増やせますか？」（「ノー」）

「今、主要な収入源を絶たれたら、その状態で１年間生活していくことは可能ですか？」（最後まで「ノー」）

　そして私はこう言います。
「ネットワーク・マーケティングのおかげで、私はすべての質問に〝イエス〟と答えることができます」
　まったく、どちらの頭が「クレイジー」なのか考えてしまいますよね。

＜私の考える「クレイジー」の定義＞
　わずかなお金を得るために嫌いな仕事を50年も続けたあげく、貧乏なまま死ぬこと。

第9章　パーソナルフランチャイズ　究極のマネー・マシン

＜私の考える「スマート」の定義＞

　短い期間一生懸命働いて、いくつもの一生型収入を得て引退すること。

　私たちはすでに何年もの間、ネットワーク・マーケティングを通して、定期的な一生型収入を得ています。これこそ「スマート」であり、「インテリジェント」な実にすばらしい方法です！

　すでにおわかりのように、私はもう懐疑主義者ではありません。あまりにうれしくて、夜眠れないことさえあります。入ってくるお金の量に対してではありません。それがもたらす良いこと、生活の変化、個人的な成長がうれしいのです。

　まさに、「楽しい」のひと言です！

　しかし、残念なこともあります。それは私にとって、一番辛いことです。経済的に苦しんでいる人がいます。体調不良を訴えている人がいます。人生がどうしてもうまくいかない人がいます。

　私は彼らに、「ここにすばらしい解決法がありますよ！」と言います。

　ところが、かつて古いタイプのネットワーク・マーケティングを試してうまくいかなかった経験があったり、やってみて失敗した人を身近に見たりしていて、彼らは即座に拒否反応を示すのです。無理もありません。私もまったく同じだったのですから。彼らに、耳を傾けさせる説得力が自分にあればと思います。彼らは、新たな発見をきっと気に入るはずです。

誰かに導いてもらうことが必要なときもある

　多くの人は、自分の周りに存在しているすばらしいチャンスに気づかないまま生活しています。それを考えるとき、私は、今世紀初頭に生きたある女性の話を思い出します。

　彼女は何年もかかってアメリカに渡るための資金を貯め、ようやく大西洋を横断する大型定期船に乗り込むことができました。予算がぎりぎりだったため、彼女はほとんどの時間を自分の船室で過ごし、船に持ち込んだ食料を少しずつ食べていました。

　旅もあと1日となったとき、彼女は最後に一度だけ贅沢な食事をとることにしました。彼女は最終日の立食パーティに姿を現し、覚悟を決めて、主催者に

291

食事の値段を尋ねました。

すると彼は言いました。

「マダム、ご存じなかったのですか？　食事はすべてチケット代に含まれているのですよ。いくらでもお好きなだけ召し上がることができるんです、タダで……」

人生とはそういうものです。しかし人生の終わりまで来て初めて、誰かがちょっとアドバイスをしてくれていたら、ほしいものを手に入れることができたということに気づくなんて、私だったら絶対にご免です。あなたにその気さえあれば、今以上の努力をせずとも、人生のパーティを楽しむことは可能なのです。

では、ネットワーク・マーケティングで生涯続く収入の流れをつくるための具体的な方法をご紹介していきましょう。

まずは、悪いニュースを1つ。

ネットワーク・マーケティングを始めた人の90％が、途中で断念しているというデータがあります。

理由は次のとおりです。

ネットワーク・マーケティングを始めた人の大半が、真剣に取り組むことをしていません。大きな負担をせずに始められるため（ディストリビューター用のツール一式に約50ドル、商品代が200〜300ドル）、やめることにもそんなに抵抗がないのです（たいてい在庫を自分で使い切って、そのままやめてしまう）。

最初にちょっとつまずいた時点で、やめてしまうのです。始めるのも簡単なら、やめるのも簡単、ということです。

「簡単に始められる」というこのビジネスの特徴は、即座に金持ちになることを夢見る人々を引きつけます。彼らは、宝くじを当てるような一種のゲーム感覚で、ネットワーク・マーケティングを始めます。安いチケットだから、うまくいかなくても大した損はない、ということで、人によってはまるでＭＬＭ中毒のように、会社から会社へと渡り歩きます。

私の知る限り、そうした人たちが抜けたあとも、ネットワーク・マーケティングを真剣なビジネスとしてやり続けているのは、一生懸命で勤勉な、すばらしい人々ばかりです。

勤労の成果は将来味わえる。さぼりの楽しさは今味わえる。

第9章　パーソナルフランチャイズ　究極のマネー・マシン

　しかし、一生懸命取り組んでいるにもかかわらず、どういうわけかうまくいかないという人たちがたくさんいるのも、また事実です。このビジネスを何年間も研究してきた結果、私はうまくいかない原因と、うまくいかせるコツを、見つけ出すことができました。

　そして不動産でやったのと同じように、私はこのビジネス全体を〝3つの原則〟に集約しました。この3つの基本ステップに従えば、あなたも成功を収めることができるはずです。

原則1　良い会社を選ぶ
原則2　優れたマーケティング・システムを利用する
原則3　優れたリーダーシップ・システムを利用する

原則1　良い会社を選ぶ

　今日、ネットワーク・マーケティングを行っている合法的で永年続いている会社は、何百社もあります。おもちゃからスキンケア商品、長距離電話サービス、ファイナンシャルサービス、法律関連サービス、健康食品まで、扱う商品はさまざまです。この中から、自分にとって良い会社を選ぶ際には、次の3つの基準を参考にしましょう。

1．扱っている商品あるいはサービス
2．報酬の支払われ方
3．会社とその経営陣

良い商品あるいはサービスを選ぶ

　あなたが個人的に大好きな商品、あるいは使いたいと思える商品を選びましょう。そうすれば、それについて他の人に話すことも苦ではありません。それは単に生計のためにやることではなく、あなたの趣味の1つとなります。

　私の場合は、健康食品ビジネスを選びました。あなたの情熱の対象が健康であっても、化粧品であっても、あるいは宝石であったとしても、あなたが好き

293

になれる商品を扱う会社がきっと見つかるはずです。

ネットワーク・マーケティングの会社を選ぶ際にもっとも考慮すべきなのは、その会社が扱っている商品のタイプです。

ここでいう「タイプ」とは、消費の頻度を意味します。

顧客はその商品をどのような頻度で使うでしょうか。毎日か、毎週か、毎月か、あるいはめったに使わないか。

あなたが求めるべきなのは、使用頻度ができるだけ高い商品です。なぜなら、使用頻度が高ければ、注文の頻度も高くなるからです。通常、月ベースの注文が目安です。

注文の頻度が高ければ、一生型収入もコンスタントに発生します。したがって（これが非常に重要なのですが）、あなたのビジネスは、顧客の数が少なくても成長することができるのです。

一方、もし消費の頻度が少ない商品であれば、それだけ注文の頻度も少なくなります。その場合は、一定レベルの収入を得るのに十分なだけの注文を月ベースで確保するために、より多くの新規顧客を発掘しなければなりません。

どんなビジネスでも、その成長は、新規顧客の獲得と既存顧客からの継続的な注文にかかっています。既存の顧客からの注文が散発的でしかない場合は、ビジネスの成長は、新しい顧客の大量確保に頼ることになります。

ビジネスを営む人たちが口をそろえて言うのは、「新しい顧客の確保は、ビジネスを成長させる方法としてもっとも難しく、もっともお金のかかるものだ」ということです。

もし既存の顧客からの注文が頻繁で定期的なものであるなら、あなたはしっかりとしたビジネスの基盤を築くことができるのです。

一生型収入を得るためには、顧客にリピーターとなってもらえる商品であることが必要です。私が健康食品を好む理由は、そこにあります。人々は毎日それを消費し、毎月補充のために再注文を繰り返します。また、人々が体調の変化を〝実感〟できる点も、私は気に入っています。健康は人生において、もっとも重要なことの１つですから。

ここで、富を表す古代アラブの図式をご紹介したいと思います。

図9-1を見てください。数字の「1」はあなたの健康を表しています。そのあとに続く「0」は、人生におけるそれ以外のもの、車や家、株、宝石、不

第9章　パーソナルフランチャイズ　究極のマネー・マシン

動産などを表しています。見ておわかりのように、最初の1（健康）を取ってしまうと、残りは単に0の集まりに過ぎなくなってしまいます！

$$1,000,000,000,000$$

商品を選ぶ際には、「0」ではなく、できるだけ「1」の性質を持ったものを選ぶようにしましょう。これは、第3章で学んだマネーツリー・フォーミュラの「すべての人にとって毎日必要不可欠なもの」にも当てはまるものです。

図9-1　古代アラブの富の図

良い報酬プランを選ぶ

　ネットワーク・マーケティング会社が、その組織内起業家（あるいはディストリビューター、提携者、会員）への報酬支払方法として採用している主なシステムは、5、6種類あります。
　それらは、「ブレイクアウェイ」、「ユニレベル」、「マトリックス」、「ツー・アップ」、「バイナリー」、そしてこれらのさまざまな合体・混合プランです。
　なんだか、すでに複雑な感じですね。
　それでは、できるだけシンプルにご説明しましょう。
　この業界の75％の会社が、ブレイクアウェイ、もしくは階段式ブレイクアウェイを採用しています。業界の大手、アムウェイやハーバライフ、ニュースキンなどの会社によって有名になったシステムです。

私の意見では、それらは古いスタイルのネットワーク・マーケティングを代表するものです。こうした古い支払方法は、今、より公平でシンプルな新しい方法にその座を譲りつつあります。

　ユニレベルやバイナリーといった方法は一般的な報酬プラン体系です。例えば、最近、新進気鋭の革新的企業 ARIIX（アリックス）によって発表された、マルチライン報酬プランというものがあります。これは数ある新規事業プランの中でも、個人的に私の一番好きなプランです。古株の会社は現在、報酬システムの革新を迫られています。それらの巨大なディストリビューターのネットワークは今、たった1つの支払方法で縛られている状態なのです。

　報酬プランを吟味する際にもっとも重要となる点は、一定レベルの収入を得るために当初確保すべき顧客の数です。会社のビジネスにジョイントする前に、次の質問をしましょう。

「月に500ドル稼ぐためには、最初に何人顧客を確保すれば良いでしょうか？」

　人数は少なければ少ないほど良いのです。平均的な人でも比較的簡単に定期収入が得られるのであれば、収入を拡大していくこともそう難しくはないはずです。

良い会社と経営陣を選ぶ

　他の業界同様、ネットワーク・マーケティング・ビジネスにおいても、多くの会社が最初の5年以内に消えていきます。ですから、息の長い会社を見極めるため、会社選びは慎重に行う必要があります。

　そのためのもっとも簡単な方法は、最低でも最近の5年間、売上と収益が伸びている会社のみを選ぶことです。これにより、選択肢は大きく絞られます。

　さらに、その会社が上場企業であれば、なおいいのです。財務諸表や四半期ごとの収益報告を見ることは簡単でしょう。あなたが求めるべきなのは、優秀な経営陣が運営する、支払能力があり、負債のほとんどない会社、そのうえ成長を支えるのに十分な人数のディストリビューターがすでに存在し、設立当初に発生しがちな問題の解決をすべて終えている息の長い会社です。

私は貧乏だったことがない。ただ金欠だっただけだ。貧乏とは心の有り様を言い、金欠とは一時的な状況を言う。

（マイク・トッド）

第9章　パーソナルフランチャイズ　究極のマネー・マシン

　地元の商事改善協会で、あなたの住んでいる都道府県あるいは全国レベルで、その会社に対する苦情が寄せられているかどうかを調べてみましょう。その企業が問題を抱えているか否かを知る目安となります。

　何か問題を見つけたら、さらに都道府県の法務長官事務所に問い合わせて、その会社に対して、都道府県内でのビジネスが困難になるような訴訟などが起こされていないかどうかを調べてみると良いでしょう。

　もしとことんチェックしたければ、会社の本部を訪ねてみましょう。あなたの収入は会社の存続にかかっているのですから、経営のトップと話をしてみるのも良いと思います。

　会社、商品、報酬プランを選んだら、いよいよビジネスの開始です。

原則2　優れたマーケティング・システムを利用する

　ここで言うマーケティング・システムとは、顧客をどのように引きつけるか、ということを意味します。従来のネットワーク・マーケティングでは、ほとんどの人が次のようなシステムを使っていました。

■知っている人全員の名前をかき集めて、少なくとも100人をリストアップする。
■リストアップした人1人ひとりに電話をして、商品を売るか、ビジネスのシステムを説明する。

　なんというシステムでしょう！

　非常にシンプルで、安上がりで、ねずみ算式にすそ野が広がる可能性を秘めています。しかし、このシステムに従った人の9割が失敗に終わっているのです。

　なぜでしょうか？

　それは、平均的な100人のグループの中から、真の顧客を見つけ出せる確率が非常に低いからです。その時点であなたの紹介する商品やビジネスチャンスを求めている人は、おそらく1、2％に過ぎないでしょう。運が良くてせいぜい5％です。

297

経験豊かなセールスマンでも、良い顧客はせいぜい５人ぐらいしか見つけられないでしょう。他の95人は、彼または彼女を拒否することになるのです。仮に世界一のセールスマンであったとしても、95％の拒絶率です！

経験のない初心者が、このリストをもとに電話をしたらどういうことになるでしょうか。ことごとく断られたあげく、やめてしまうことになるでしょう。

これは必ずしも、商品が悪いとか、ビジネスが魅力的でないとか、さらには、電話をするのが営業ノウハウを知らない初心者だからということが理由ではありません。

それは、平均的な100人のグループの中に（それがどんなグループであるにせよ）、２人ほどの良い顧客が存在する確率自体が、とても低いものだからです。

しかし、初心者はそのことを知りません。

非現実的な期待に胸を膨らませて、次々と知人に電話をかけ、わずか２、３人にかけた時点で、誰ひとり興味を持ってくれないと思ってしまうのです。電話をかけるのはたいてい友人であるため、初心者たちは商品に対する拒絶を個人的なものとして受け取ってしまい、ショックを受けるのです。彼らがやめてしまうのは、それが大きな原因です。

登録するときにはあんなに簡単に思えたのに、現実には、最初の顧客２人を見つけることが想像以上に大きな壁となって立ちはだかるのです。

しかし、ここに良いニュースがあります。

たった５％の成功率にがっかりしている初心者に、通信販売業者は皆、「５％の反応率なんてすごいじゃないか！」と言うでしょう。通信販売業者は、１、２％でも反応があれば、狂喜乱舞するのです！

例えば、私がネットワーク・マーケティングについての２日間のセミナーを開催するとしましょう。参加費は３万円です。

私は２万人分のリストをレンタルして、ダイレクトメールを送付します。ダイレクトメールの作成費、リストのレンタル料、そして郵送代は、合わせて１万5,000円です。

もし１％の反応率、つまり200人の参加者を獲得できたら、私は大喜びです。売上は600万円（３万円×200）になります。かかった経費を差し引いても、大きな利益が確保できます。

いかなるネットワーク・マーケティングにも共通する成功のための基本原則

第9章 パーソナルフランチャイズ 究極のマネー・マシン

は、このひと言です。

「100人に当たって1人か2人の顧客を確保できれば、大成功！」

私の前の秘書、コレットは、初めてのミーティングに44人を招待しました。当日、現れたのは4人、そのうち2人は早々に帰ってしまいました。しかし残った2人は、彼女の話を大いに気に入り、登録しました。この最初の2人を出発点に、コレットは今、年間1億円を超える収入を得ています。

では、このような優良顧客を2人見つけるためには、どうしたら良いのでしょうか。

問題は、ほとんどの人が〝セールス〟を苦手としていることです。それどころか、セールスを〝嫌って〟います。ものを売ること自体がイヤなのではなく、拒絶されることが嫌なのです。

ネットワーク・マーケティングで成功するためには、次のようなシステムが必要です。

・拒絶率を大幅に低くするシステム。
・100人の中から、もっとも興味を示しそうな5人を自動的に選び出すシステム。
・その5人に、あなたに電話をかけさせ、興味があると言わせるシステム。
・もっとも熱心な2人に対して自動的にセールスのトレーニングをし、あなたに収入をもたらすシステム。

もしあなたがセールスを忌み嫌っていたとしても、人があなたに商品を売ってくれるよう頼んできたとしたら、あなたはそれを断りますか？　きっと断りはしないでしょう。

人があなたに電話をかけてきて、「商品を売ってほしい」と懇願するくらいの状況をつくり出す方法を、お教えしましょう。そのためには、まず、セールスの古いパラダイムを180度転換して、マーケティングのパラダイムに変える必要があります。

ほとんどの人の経済的な問題はごくシンプルである。彼らはただ単純に、金がないのだ。

299

以下は、パラダイムの変換を示したものです。

言い換えれば、私たちはセールスをするのではなく、マーケティングをする

ハイテク・ネットワーク・マーケティングのモデル	従来のネットワーク・セールスのモデル
内へ向かう 人があなたに電話をかけてきて、買いたいと言う。	**外へ向かう** あなたから電話をかけ、商品を売り込む。
拒絶はない 有望な候補者だけが電話をかけてくる。 可能性のない残り9人は電話をしてこない。 それで結構。どのみち彼らとは話したくないのだから。 不必要な拒絶を受けたがる人などいない。	**たくさんの拒絶** 10件電話をしたら、1人の有望な候補者を見つけるために、9人の拒絶に耐えなくてはならない。
インタビュー・モデル その人が自分たちの商品やビジネスに適した人かどうか判断するために、「面接」(インタビュー)をする。 相手が自分のチームに必要かどうかを、こちらが決める。	**セールス・モデル** 自分の商品がベストであることを相手に納得させる。

のです。私たちは、「手を挙げた人」にのみ、話をするのです。

さて、理論については、これで十分でしょう。ここからは、このシステムが具体的にどのように機能するかをご説明したいと思います。

第 9 章　パーソナルフランチャイズ　究極のマネー・マシン

　まずは、**図9-2**の「じょうご」をよく見てください。では、「有望な候補者を獲得するためのシステム」の説明を始めたいと思います。

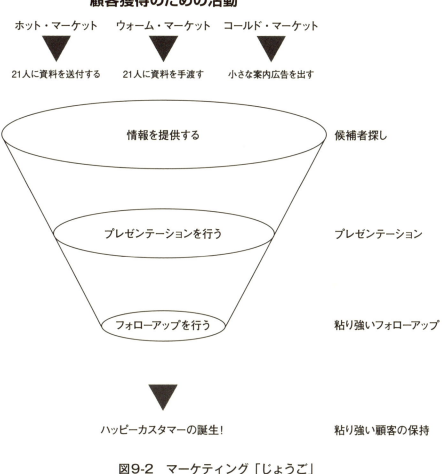

図9-2　マーケティング「じょうご」

301

今日が、月のはじめの日。ごく普通の月曜日だと仮定します。あなたは会社を決め、先日、この会社からディストリビューター・キットと商品のサンプルとマーケティング用のツール（DVD、パンフレットなど）が届いたばかりです。あなたの目標は、活動を開始してから21〜30日以内に最初の小切手を手に入れることです。

　ここで、あなたがこれから得ようとしている収入がどのようなタイプかを、もう一度確認しましょう。

　もし、あなたが単にいくらかの副収入を求めているだけなら、パートの仕事をしても良いわけです（時給1,000円で週20時間働けば、簡単に2万円の収入が得られます）。しかし、もちろんそこから、実費を引かなくてはなりません。税金、ガソリン代、保険料、そして必要なら託児所にかかる費用も。さらに精神的なコストも考慮しなくてはなりません。朝の身支度、通勤ラッシュ、機嫌の悪い上司、職場の複雑な人間関係、そして自由時間の犠牲。それらのすべてを収入から差し引くと、大した額は残らないでしょう。そして次の週も、今週とまったく同じ1週間が待っています。同じみじめな日々が、仕事を続ける限り繰り返されるのです。

　私がこれから説明するのは、繰り返し何度も得られる収入です。今後何年にもわたって入り続ける可能性を持つ収入なのです。通常の仕事では、こうしたタイプの収入を得ることはほとんど考えられません。

　しかし、ネットワーク・マーケティングの世界では、ごく普通のことなのです。そしてこの世界のすばらしいところは、何よりもその「ライフスタイル」です。

　私にとってネットワーク・マーケティングの意義は、お金ではなく、ライフスタイルです。例えば、毎朝、ベッドからオフィスまでの通勤時間は26秒です（実際に計ってみました）。

　これにより、私は毎日1時間の通勤時間を節約することができます。その1時間分、私はより長く家族と過ごすことができます。それはお金に代えることのできない大切な時間です。

　自分がボスであれば、服装は自分で決めることができます。私の場合は、トレーニングウエアです。私は午前中に鬚を剃ることはめったにありません。電話では（ほとんどの仕事を私は電話で行います）、私がどんな格好でいるか相

第 9 章　パーソナルフランチャイズ　究極のマネー・マシン

手にはわかりません。私はこのやり方が気に入っています。

　私のホームオフィスには、職場のやっかいな人間関係など存在しません。そして何よりすばらしいのは、ネットワーク・マーケティングの世界では、通常の仕事と違って、得ることのできる収入の額に限度がないということです。ネガティブな側面はほとんどなく、ポジティブな側面は際限なく拡大する可能性があります。

　悪くない組み合わせでしょう？

21日間の挑戦

　あなたはどのようなライフスタイルを望んでいますか？
　それを手にするために、どのぐらいの犠牲を払う用意ができていますか？
　プレッシャーだらけの毎日から離れ、「もうこんな生き方は嫌だ！」と言って、生活を変えるために何かをしようとするには、確固としたビジョンが必要になります。例え高い収入を得ていても、それに伴うライフスタイルが悪いものでは、手放しでは喜べません。
　ここに「21日間の挑戦」という 7 つのステップからなるプランがあります。

ステップ1　週に少なくとも5〜10時間を費やす

　だいたい 1 日に 1 時間の計算になりますが、多くの人にとって、これは難しいことでしょう。なぜなら私たちの生活にはすでに予定がぎっしり詰まっているからです。
　でも安心してください。私が、ちょこちょことほんの数分ずつ空いた時間を使ってこのサイド収入を得る方法を、お教えします。時間の使い方を少し変えて、優先順位を見直すだけで、どれだけ豊かな収入の流れをつくれるかということに、あなたはきっと驚くはずです。どうです、やってみますか？

ステップ2　謙虚になる

　ほとんどのビジネスが、どれだけ大金を稼げるかを謳い文句にしています。「年収1,000万円が生涯入ってくるようになる、たったの 3 週間で！……」などなど。これらはあまりに非現実的です。

私は決して障害に屈しはしない。いかなる障害も、私の中に強い決意を生み出すのだ。

（レオナルド・ダ・ビンチ）

303

もう少し目標値を下げてみましょう。ひと月百～数千ドルといったところにねらいを定めます。

実際に小切手が送られてくるようになり、自分の性格、時間、環境を考慮してもそれが現実的だと証明できたら、より高い金額に挑戦するのも良いでしょう。

ステップ3　チャンスを求めている意欲的な人21人をリストアップする

21人にしてください。それ以上でも、それ以下でもありません。新たな収入の流れをつくることに興味を持ちそうな人を、知人の中から選びます。

もう一度言います。その人が新たな収入の流れをつくることに興味を持ちそうになければ、リストに載せてはいけません。

私は、これらの人たちを「ホット・マーケット」と呼んでいます。彼らは、あなたの友人だったり、会社の同僚、親戚、あなたの所属する何らかのグループのメンバーだったりする人たちです。あなたはその人たちに、強制的ではない情報パッケージを送ります。これは、こちらが持っているものに興味を示してくれる人を1人（21人の中からたった1人です）見つけることを目的としています。

もう一度言います。このリストから、たった1人興味を示してくれる人が現れれば、それで十分なのです。

会社に登録する際、スポンサー（あなたをスカウトした人）に、オーディオ、DVD、特別レポート、パンフレット、オンライン資料等、その会社が用意し得る、もっとも強力なスカウト用の資料一式※をそろえるのを手伝ってもらいましょう。郵便、電子メール、テキストメッセージ、ソーシャルメディア、電話、面会などの連絡手段で特別な21人にどのように連絡をとるかを決めます。しかし、この時点ではまだ何もしないでください。

デジタル社会である現代において、実際に郵便物を受けとることはたいへん希になってきています。それゆえに、あなたはこの郵便物を送ることで目立つことができます。その後、フォローアップの段階で、テキストメッセージやEメールを使用することは効果的でしょう。

※私は自分のチームのために、42本のDVD、21枚の封筒、そして21通のマーケティング・レターを取っ手のついた箱に収めたスターター・キットを用意しています。それには「自由への21日間」という名前がついています。

第9章　パーソナルフランチャイズ　究極のマネー・マシン

ステップ4　配布するためのスカウト用資料を21セット用意する

　日々の暮らしの中には、新しい出会いもあります。今後あなたが知り合う人の中にも、新たな収入の流れを得ることに興味を持っている人がいるかもしれません。

　私はそんな人たちを「ウォーム・マーケット」と呼んでいます。彼らは、日常生活の中で出会う人たちです。

　これから21日間で、それらの情報を21人の見込みある人たちに、決して強制ではないやり方で配る方法をお教えします。これは、21人の中から1人、そう、たった1人だけ、興味を示してくれる人を見つけることを目的とした活動です。

ステップ5　いよいよアクションを起こすときが来た！―21個のセットを投函する

　リストアップした21人宛に資料のセットを投函したらすぐに、今度は毎日1本ずつ、「ウォーム・マーケット」に情報パッケージを配ることに気持ちを切り替え、それを習慣にしてしまうのです。何があっても1日1セット、21日間連続して毎日です。できそうですか？

　方法はこうです。毎日、何人の人に出会っているか考えてみましょう。昼休みに、買い物中に、スポーツジムで、ＰＴＡのミーティングで、ショッピングモールで、あるいは職場で……。可能性は山のようにあります。

　あなたの使命は、毎日1人ずつ、興味を持ってくれそうな人に情報パッケージを1本手渡すことです。

　では、その人が興味を持ってくれそうかどうかはどう判断すれば良いのでしょうか。

　会話を交して、少し打ち解けたら、「新たな収入源を得たいと思ったことはありますか？」と尋ねてみましょう。

　もし「イエス」という答が返ってきたら、あなたはこう言うのです。
「もちろん、私もです。実は、そのために行動することにしたんです。これから21日間、新たな収入の流れをつくりたいという人を1日1人見つけて毎日情報パッケージを提供するのです。ここにとっても良いウェブサイトがあるんですが、見てみませんか？」

305

その人の名前と電話番号を聞き、こちらから電話をかける時間をセッティングします。立ち去る前に、こう言いましょう。

「あなたが、実際にこれをやるかどうかにはこだわりません。私はただ、『人生を劇的に変えたい』という人を1人見つけられれば、それでいいんです。

その人が30日以内に収入を得始めるようにすることが私の目標です。電話をしても、あなたを強制的に勧誘したりなんて絶対しませんからご安心ください……情報を聞いても気持ちが動かされなかったのなら、きっとこのビジネスはあなた向きではなかったということですから。

ただ、感想を聞くために電話はしますよ。だから率直に思ったことを言ってください。良かったにしても、悪かったにしても。私にとってはどちらでも構いません。唯一、残念に思うかもしれないのは、あなたが私の電話に出てくれないときです。

私が電話をしたら、とにかく率直に言ってください。『面白そうだから、やってみよう』でもいいし、『私向きではないみたいだ』でもいいですから」

ステップ6　フォローアップ

これはもっとも重要なステップです。このステップが、成功と失敗の分岐点となります。

ただ情報を提供したり、手渡したりしただけで、人々があなたにお金を放り投げてくるというわけにはいきません。私たちは皆、忙しいのです。新しいアイデアを理解するためには、それに何度も接触する必要があります。

フォローアップの仕方は次のとおりです。

リストアップした21人に情報のパッケージを郵送したらすぐ、その日のうちに全員に電話をかけて、それを送ったことを伝えます。そうすることで、彼らがそれを受け取ったとき、知らずにそのまま捨ててしまうという事態を避けることができます。それから、彼らが目を通したころを見計らって、感想を聞くために電話をしてもいいか尋ねましょう。相手が留守だった場合は、ボイスメモにメッセージを残します。

人によっては、「ホット・マーケット」の人たちにアプローチするのをとても嫌がります。なぜでしょうか？

おそらく、以前同じ人たちに同じような試みをして、良い成果が得られなか

第9章　パーソナルフランチャイズ　究極のマネー・マシン

ったからかもしれません。つまり、もう一度コンタクトをとるのが〝気まずい〟のです。だからこそ、手紙を送るという方法をとるのです。もし興味がなければ、彼らは返事をしてきません。逆に興味があれば、返事をしてきます。彼らにそれを決めさせるのです。

　私の経験では、100人いれば、そのうち必ず、与えられたチャンスに反応を示す人が2、3人はいるものです。興味本位であったとしても。前回コンタクトをとって断られた人の中にも、今回は何らかのチャンスを求めている人がいるかもしれません。あなたからの手紙を神様からのプレゼントと感じてくれる人もいるかもしれないのです。誰かの祈りに応える存在になるのは、悪い気分ではないでしょう？

　こうして21日の間に、あなたは合計42人と話をすることになります。フォローアップの電話では、まずこう切り出します。

「で、どう思いましたか？」

　そして、彼らに話をさせます。あなたは口をはさまず、ひたすら聞きます。新しい従業員を雇おうとしている雇用主になったつもりで、彼らの話を聞くのです。「この仕事にもっとも適した人物は誰か」を見るわけです。あなたが実際に雇用主だったとして、その人が採用したいと思える人でなければ、きっとこの新しいビジネスを一緒にやりたいとも思えないことでしょう。この42人全員から、「イエス」か「たぶん」か「ノー」のいずれかの返事をもらってください。そのためには、1人につき何回か電話をする必要があります。フォローアップのためのチェックリストを添えておきます（図9-3）。

　マーケティング・ビジネスのトップたちは、常に次の統計を口にします。「セールスの80％は5回目のコンタクトのあとに発生する」なぜでしょうか？それは、そこまでフォローアップする人は誰もいないからです！

　粘り強い人が勝利を手にするのです。

　要は、2人の顧客を見つけて、その2人が新たに2人の客を見つける手助けをするということです。どうでしょう、できそうですか？

　では、その2人の顧客が早く見つかる確率を劇的に上げる方法をお教えしましょう。

エキスパートとは、ごくかぎられた分野で、ありとあらゆる間違いをすべて経験した人物である。

（ニールス・ボーア）

307

ステップ7　21人中の1人がイエスという可能性を高める
1.三者間通話を行う

1回目の電話には、あなたのスポンサー（あなたをスカウトした人）にも参

顧客確保のための重要な3つの活動

ホット・マーケット

ウォーム・マーケット

コールド・マーケット

目標：21人の候補者について、できるだけ速くフォローアップじょうごを埋めること

候補者名	1回目	2回目	3回目	4回目	5回目
1.					
2.					
3.					
4.					
5.					
6.					
7.					
8.					
9.					
10.					
11.					
12.					
13.					
14.					
15.					
16.					
17.					
18.					
19.					
20.					
21.					

図9-3　フォローアップ「じょうご」

第9章　パーソナルフランチャイズ　究極のマネー・マシン

加してもらうことを強くお勧めします。精神的なサポートのためだけでなく、相手に対する信頼性を高めるためにです。フォローアップの電話の際も、スポンサーに参加してもらいましょう。これは、成功の確率を劇的に高めます。２人が力を合わせると、不思議な魔法が働くようです。ネットワーキング業界では、これを ABC と呼びます。　あなたのスポンサーは A さんです。あなた自身は B さん。あなたのお客様は C さんとなります。

２．可能であれば、直接相手に会って話をする

　できれば、昼食をともにするなどして、相手と直接会って話をしましょう。可能であれば、その人をあなたの会社に興味を持った人たちが集まる会合に誘ってみましょう。

３．ハイテク・スカウト・システムを使う

　興味を持った候補者を、あなたの会社のウェブサイトやホットライン、電話会議などにアクセスするよう促すことでも、信頼性を高めることができます。

　もし、あなたがこのようなシステムがどのように機能するのか体験したいのであれば、是非ウェブサイト www.FF90.us をチェックしてください。

　あなたは最初の21日間で合計42人に、資料セットを配布することになります。目的は、やる気のある人を２人見つけることです。

　仮に、その２人を〝ボブ〟と〝スー〟としましょう。ボブとスーがあなたのチームに加わり、自分で使用する目的で商品を購入すると、あなたのもとに最初の小額の小切手が入ることになるでしょう。

　この時点では大した額には思えなくても、これが今後繰り返し発生し続けることになる収入の流れの始まりであることを忘れないでください。

　次の21日間は、あなたのスカウトした最初の２人が、彼らにとっての最初の２人を同じ21日間のシステムを使って見つけ出すのを手助けすることに使います。各21日間の集中する活動期間は３週間です。90日間（約12週間）に３週間の期間が４回あるということになります。私はこの90日間の活動期間をFF90と呼んでいます。経済的自由を90日で得ることができるとすれば、たい

309

へん短い期間だと言えます。あなたがこのシステムを90日間忠実にフォローするなら、あなたは経済的自由の道を見つけることができるでしょう。

www.FF90.us

仮に、彼らがそれを達成したとしましょう。

2カ月目にして、あなたは自分以外に6人のメンバーをチーム内に持つことになります。チームの誰かが会社の商品を買うたびに、あなたは小額の紹介報酬を手にします。その後も引き続き、あなたはボブとスーとともに、彼らの見つけた2人がそれぞれ新たな2人を見つける手助けをします。

3カ月目の終わりには、あなたのチームは14人のメンバーで構成されていることになるでしょう。あなたの先にボブとスー、彼らの先に4人のメンバー、その人たちの先に8人のメンバーということで、合計14人です（2＋4＋8＝14）。

この3カ月目には、すべてが計画通りに進み、チームの全員が商品を消費しているとすれば、あなたのもとに入ってくる小切手の額はどんどん大きくなっているはずです。ボブとスーが手にする小切手の額も大きくなっていることでしょう。そして彼らの先にいる人たちの多くも、最初の小切手を手にしているころです。

このころにはチームの上位にいる人たちは、プランに従って日常的にこのすばらしい商品を使いながら今後も2、3人の新たなメンバーを見つけていきさえすれば、誰もが収入を得られるということを実感するようになります。

ここまで来れば、あなたは自ら他人に語れるサクセスストーリーを持てるようになります。知り合いに会ったときには、自信をもって、自宅をベースにやっているパートタイムビジネスが軌道に乗り始めたのを話すことができるのです。そして、あなたの情熱は伝染していきます。

理想的な展開で行けば、6カ月後には、あなたのチームには100人以上のメンバーがいることになります。そのうちあなたが直接スカウトしたのは、ほんの一握りです。その他は、あなたが何もしないのに生まれたメンバーたちです。あなたはいよいよ、レバレッジの威力を実感し始めるでしょう。

そのうち新しいメンバーが、遠く離れた県からも、やがては外国からも生まれるという、すごいことが起こり始めます。家から一歩も外へ出なくとも、あなたの影響力が世界中に広がっていき、地球のあちこちから小さな収入の流れ

第 9 章　パーソナルフランチャイズ　究極のマネー・マシン

があなたのもとに注ぎ込んでくるようになるのです。

オンライン広告を出す

　ビジネスの成長をさらに加速させたいと思う段階に来たら、あなたの携帯電話を鳴らすため、そして、Eメールで情報を届ける最速のもっとも安い方法は、ローカルのFacebook広告を出すことです。これらの広告を出すことは優れた実践であるということになります。Facebook広告を出すことによって新たな候補者探しを行いましょう。これは3つのアプローチのうち、もっともエキサイティングな反面、もっとも確率の低い方法でもあります。

　例えばあなたの「じょうご」に50人の候補者が入ったとして、最後まで残るのはわずか1人か2人です。彼らを熱くさせるのは容易ではありません。しかし、彼らもまた、システムの大切な一部ではあるのです。

　あなたの電話を鳴らすためのもっとも早くてお金のかからない方法は、安価な案内広告を出すことです。これで集めた見込み客に折り返し電話をかける作業は、とても良い練習になります。彼らはまったく見知らぬ他人ですから、たとえ断られたところで、大したことではありません。

　これらの「コールド・マーケット」を相手にしたときの成功率は非常に低い、ということをきちんとわかってさえいれば、数のゲームだと割り切ってトライすることができます。あなたのチームに参加する人もいれば、そうでない人もいます。ただそれだけです。どんどん次へ進みましょう！

　しかし、こうした中にも金塊は埋もれているものです。確率は低くても、定期的に広告は出しておくべきでしょう。

　以下は、その際に参考にしていただきたいガイドラインです。

１．予算は低めに抑える
　この活動の予算は月5,000円から1万円。それ以上は費やさないこと。

２．広告やリンク先ページで多くの見出しをテストする
　あなたの仕事は、どの広告が最良のリードを引っ張るのかをテストすることです。見出しと本文のコピーを別々に試してみてください。頻繁に広告を変更

311

するなどして、良い広告が見つかるまでテストを続けてください！

　そして、どんな広告をどのサイトに載せるのがもっとも効果的かをテストするのです。広告内容は頻繁に変えましょう。見出しと本文を何種類か用意し、組み合わせを変えて掲載します。

　まず、最初は地元に密着してください。小規模な地元チームを構築するまでは、オンライン広告を地元市場に集中してください。あなたの地元地域の人々との親密な関係を構築することの方が簡単だからです。また、地元のサポートグループを作ることも簡単です。地元にシステムを完成させたら、あなたの視野を広げることができていくでしょう。

原則3　優れたリーダーシップ・システムを利用する

　先ほど、あなたの成功は３つの基本原則にかかっていると述べました。
（１）良い会社を選ぶ
（２）優れたマーケティング・システムを利用する
（３）優れたリーダーシップ・システムを利用する
　さてここからは、リーダーシップについてお話ししましょう。

　本書で紹介するさまざまな収入の流れは、それぞれビジネスの異なる側面に焦点を当てています。株式投資は「数字の管理」、不動産投資は「不動産の運用」が焦点となります。インターネットはテクノロジーの活用、情報ビジネスはコミュニケーションの管理、そしてパーソナルフランチャイズやネットワーク・マーケティングは人の管理とリーダーの育成です。

　グループが大きくなり始めたら、あなたにとってまったく新しい挑戦が始まります。一生型収入を大きくしていく真の秘訣は、あなたのグループの中にリーダーを育てることです。彼ら自身の利益のために、そして、間接的にあなたのビジネスを成長させてくれる、意欲に満ちたリーダーたちを育てるのです。

　グループの中にリーダーを育てるためには、トレーニング、サポート、そして評価が必要です。**図9-4**に、リーダーシップ育成システムを示す「じょうご」が描かれています。現時点では、あなたにとって大した意味を持つようには見えないかもしれませんが、やがてあなたのグループが大きくなっていったとき、

不満は、進歩するために最初に必要となるもの。

（トーマス・エジソン）

第9章　パーソナルフランチャイズ　究極のマネー・マシン

私がそうだったように、この図が活力のある息の長いチームの育成のためにいかに重要であるかが実感できるでしょう。ですから、私はあなたに以下のことをぜひ実行していただきたいのです。

1．毎週1回、グループの中心となるリーダーたちとトレーニング・セッションを持つ

　ミーティングは、費用のかからないスマートフォン、またはコンピュータ会議システム、またはインターネットを利用して行うことができます。私はこのインターネット会議を、毎週月曜日の午後遅くに行っています。これにより、その1週間、皆が新たな意欲をもって臨めるようになるからです。

2．毎週1回、すべての新規メンバーとトレーニング会議を行う

　毎週1回30分のインターネット会議が、グループのやる気の維持と重要なスキルの指導にどれだけ有効であるのかに、きっとあなたは驚くことでしょう。

　私は www.zoom.us のような安価なオンラインビデオ会議システムを好んで使用しています。

　私はこの方法で、世界のどこにいても、何百人というメンバーたちを同時にトレーニングすることができています。私はこれを「パワー・トレイン」と呼んでいます。

　私はこれまで、このインターネットによるトレーニング会議を、シンガポール、シドニー、ニュージーランドのオークランド、ロンドン、カナダのウィニペグ、トロント、シカゴから行った他、一度はアラスカ州ホーマーのオヒョウ釣りのボート上から携帯電話を使って実行したこともあります。

3．毎週1回、スカウトのためのインターネット会議を行ってチームをサポートする

　新米ディストリビューターたちは、最初の数週間は、商品やビジネスの内容についてなかなかうまく話せないものです。そのため私は、毎週1回、「リクルーティング・コール」を行っています。

　これは30分間のスマートフォンやコンピュータによるミーティングで、私は新しいメンバーとともに、彼らが招待したゲストを相手に商品とビジネスの

313

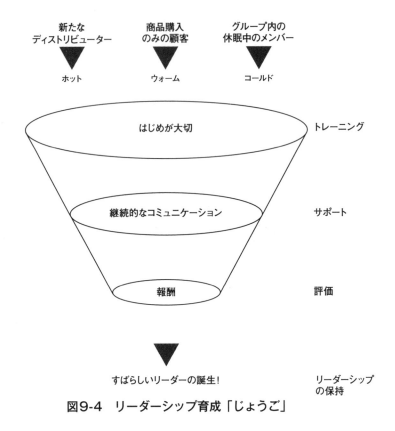

図9-4　リーダーシップ育成「じょうご」

仕組みについて話をします。これは2つの重要な機能を果たします。
（1）新しいチームのメンバーたちは、どのように説明を行えば良いかを勉強できる。
（2）彼らのゲストたちは、熟練者から質の高い説明を受けることができる。
　このインターネット会議は非常に効果がありますよ。
　是非あなたにパーソナルフランチャイズ事業を楽しみ、大きな成功を収めてほしいと望んでいます。

第9章　パーソナルフランチャイズ　究極のマネー・マシン

成功モデル　ネットワーク・マーケティング

　近年、多くの人がオンラインでネットワーク・マーケティングビジネスを大成功させています。このビジネスは、インターネットの強みを最大限に活かせるビジネスなのです。

　かつては、ネットワーク・マーケティングの初心者がそのビジネスを軌道に乗せるのは、容易なことではありませんでした。彼らがまず最初にしなければならないのは、友人、知り合い、近所の人、などをかき集めた200人のリストをつくって、商品を買ってくれるまでその人たちを追い回すことでした。

　彼らが近所中からのけ者にされるようになるのは時間の問題でした。あっという間に、ＮＦＬ（友人が誰もいないクラブ）の仲間入り、というのがオチだったのです。

　ネットワーク・マーケティングを、本来のマーケティングの姿に戻すときがやってきました。友人たちを困らせるのをやめて、私たちが提供する商品やサービスを心から求めている人たちを見つけるときがやってきたのです。

　私は、ネットワーク・マーケティングの将来はインターネット上にあると、固く信じています。そして、オンライン・ネットワークマーケティングの優れた戦略を開発できた人こそが、競争のはるか先を行くことになるのは確かです。

　ここで、ネットワーク・マーケティングが現在、オンラインでどのように行われているかを、簡単なケーススタディを通して見ていきましょう。

　あなたは、自分のネットワーク・マーケティングビジネスがうまくいかずに、困っているとしましょう。あなたは自分の商品が気に入っています。というか、夢中になっているほどです。

　しかし、どういうわけか、あなたと同じぐらいその商品を気に入ってくれる人を見つけることができません。両親だけが、ほとんど義理で商品を買ってくれました。

　あなたは、知人たち全員に声をかけてみましたが、いったん興味を示して商品を買ってくれる人がいても、そのあとが続かず、間もなく購入は途絶えてしまうのです。

　こうしているうちに、あなたのグループにいる会員の減少率は、増加率を上回ってしまいました。これでは、ちっとも先へ進むことができません。あなたに必要なのは、意欲のある「ホット」な顧客なのです。

315

やがてあなたは、「オンラインでネットワーク・マーケティングビジネスを大成功させている人たちがいる」ということを耳にします。そこであなたも試してみることにしました。

ネット通の友人の協力を得て、間もなく www.successfulpeople.com でビジネスを開始しました。

以前、第8章でご紹介したマーケティング戦略のいくつかを使って、あなたは自分のサイトに人々を引きつけ始めます。サイトには世界中からアクセスがありました。あなたが提供しているような商品やビジネスチャンスをちょうど探していたという人たちがアクセスしてくるのです。

もちろん、みんな見ず知らずの他人です。長い間、追いかける側にいたあなたは、今度は逆に人々の方からあなたのところへやってくるという状況がとても新鮮に思えました。

これまではお金のない人ばかりを相手にしてきましたが、インターネットが連れてきたこれらの人々は、お金を持った羽振りの良い人ばかりです！　まるで金の鉱脈を掘り当てたような気分です。

しかし、本当にすごいのは、ここからです。

インターネットのオートメーション機能を活用して（これについては第8章で詳しく説明しています）、ほとんど何の労力もなしにマーケティングができるのです。

例えば、あなたのサイトにアクセスしてきた人々がより詳しい情報を希望した場合、あなたはそれを瞬時に、しかも「無料」で彼らに送ることができるのです。DVD や資料を郵送する必要はもはやなくなりました。彼らが、さらなる情報を要求するためのボタンをクリックしたとたんに、Eメールが自動的に送信されるのです。

それだけではありません。続く1週間、貴重な情報を乗せた新たなEメールが毎日、自動的に送信され続けるのです。これぞまさに「マーケティング」です。

これらはすべて、自動的に行われます。あなたは、それが起こっていることさえ気づかないのです。顧客は、あなたのサイトで24時間、好きなときに音声や映像で情報をチェックすることができます。

彼らはまた、あなたのサポートでみごとインターネット・ネットワーク・マ

第9章　パーソナルフランチャイズ　究極のマネー・マシン

ーケティング・ビジネスを成功させた人たちのサクセスストーリーを読むことにもなります。彼らは、あなたの会社のウェブサイトもあわせてチェックし、さらに関心を強くするでしょう。

　これらの顧客は、あなたのセールス活動を必要としていません。彼らは、自らを売り込みにきているのです。

　これらのことは、すべてネット上で起こります。それゆえ他人から拒絶されるのが嫌なら、これはあなたにとって最高の方法となるはずです。

　具体的にはこうです。サイトを訪れた人たちに、次のようなオファーをします。

「私があなたを納得させたのと同じ方法を使って、今度はあなた自身がインターネット・ネットワーク・マーケティング・ビジネスを成功させましょう。私がそのお手伝いをします。次々と顧客を確保できるすばらしいスカウト戦略のすべてをお教えしましょう」

　こちらがまったくお金をかけなくても、顧客予備軍はこの先ずっと、毎日、インターネットを通じて流れ込んでくるのです。もう誰かを追いかけ回す必要はありません。見ず知らずの人を相手にしながら、気づかないうちに巨大なビジネスが構築されているのです。ご機嫌な顧客たちのネットワークが、世界中に広がっていくのです。

　あなたの顧客が開拓した新しい顧客への商品の配送は、すべて会社が直接行います。在庫管理、経理、倉庫管理、リサーチ、商品開発、従業員、間接費、配送など、従来型ビジネスに不可欠だったさまざまな事柄は、もはや必要のないものとなりました。

　まだこれで終わりではありませんよ。トレーニング、サポート、承認手続きなどのコミュニケーションも、ネット上で行うことができるのです。実に速くて、安くて、パワフルなツールです。

　これぞ、私がエキサイティングだと考えるビジネスモデルです。

ロバート・アレンに学んだ 丸山拓臣のストーリー

　現在、全米 No.1 トップミリオネアメーカーで偉大なメンター ロバート・G・アレンのビジネスパートナーとして、さまざまな業態での活動をともにさせていただいています。

今回、「人との出会い」が劇的に私の人生を変えた経験から、人脈構築と開拓、人と関わる能力やスキルの開発がいかに人生に大きなインパクトを与えたのかについてお話させていただきます。

　ロバートとの初めての出会いは約6年前に遡ります。ある起業家を介し偶然にも彼に出会ったのです。その日は軽い挨拶だけをし、私とは無縁で住む世界も違えば、それ以降二度と会うことはないだろう程度に思っていました。

　当時、私は大手町にある商社と江戸川区の自宅間を、超満員電車で毎日往復を繰り返す会社員生活を送っていました。残業の多さや自分のコントロールが利かない環境に大きな違和感を感じ、人生にも嫌気がさしていました。また、昭和を支えた日本を代表する大企業が続々とリストラを敢行しており、将来に一抹の不安を抱えていた時期でもありました。

　そして時が経過し、耐えられないほどのストレスを感じており、このままでは自分の人生はお先真っ暗で、かすかな希望さえ感じることが難しいと思い、会社を去る覚悟をしていました。私には、人生を変えたい！という目標がありました。年収を当時の10倍以上、つまり、億を稼ぐことを夢見て、会社を辞め独立を目指したのでした。ところが、10倍以上の年収を稼ぐつもりが、一転、年収の10分の1すらも稼ぐことができない時期が続き、どうしようもないほど精神的にも追い込まれ、絶望していました。人生崖っぷちの断腸の思いの日々でした。それもそのはず、安定志向の両親のもとに育った私には、起業家としての考え方やスキル、戦略のかけらもなかったわけです。

　苦しく眠れぬ夜、以前に世界的指導者ロバートとの出会いがあったことをふと思い出しました。勇気を振り絞り彼に連絡をとり、傍でゼロから学び指導を受けられるような環境に身をおきました。それから、人生における知恵、複数収入源構築の戦略を授かることができ、人生が変わり始めたのです。

第 9 章　パーソナルフランチャイズ　究極のマネー・マシン

　ある日、私は彼に尋ねました。「あなたほどの大富豪が、人生でもっとも大切にしているものは何ですか？」

　財産、富、名声……そんな答を想像していた当時の私には、とても意外な答えが返ってきました。愛する妻や家族以外に、もっとも大切にしているのは、「健康！」であると断言していました。

　逆に彼からは、シンプルにこう聞かれました。「あなたの夢は何ですか？」

「成功した起業家になりたいのです！」私は答えました。

　たくさんの助言をもらいましたが、中でも、「まずは、心（思考や精神）の健康、そして、体の健康を充実させなさい」との意味深い言葉が心に響きました。

　それからというもの、当時、60代後半の年齢にもかかわらず信じられぬほどにエネルギッシュに生きる彼の世界観にますます惹き込まれ、小さい思考の枠が急速に拡大していくのを感じていました。彼から人生とビジネスの成功の秘訣を徹底的に学ぶことを新たに誓いました。活躍する起業家になるためには、心と体の両方の健康を充実させる必要があると理解しました。そして、彼自身が日々どのように学び、体のメンテナンスを行い、健康管理をしているのかを知りました。

　世界最高峰の品質を確保し、健康促進の商品群を充実させているダイレクトセリング企業 ARIIX 社に自ら出資、投資をし、更に健康のために同社商品を毎日の生活に取り入れているというのです。この企業の商品は、TVCM などへ莫大な広告宣伝費をかけることがないため、一般流通の商品と比べて製造開発に多くの資金を投下可能で、高品質を保ち生産することができるのだそうです。

　私は同時に、なぜ彼がその会社に積極的に投資を行っているのか？　深く調べてみたくなったのです。まさに、この会社のモデルは、ディストリビュータ

319

ーとしての活動を行ううえで、マネーツリーの公式に完全に当てはまり、次の
ビリオンダラーカンパニーを目指せる革新的企業であることが明白に理解でき
たのです。

　また、クリントン元大統領や、ドナルド・トランプ、大投資家バフェットら
偉人たちも、サポート、支援、推奨する産業であり、同社はその一翼を担う優
良企業であることがわかり、彼が投資先に選定した理由もたいへん良く納得が
できました。非常にダイナミックなこの産業において、どのようなかかわり方
があるのだろうか？　それは、いち個人がディストリビューターとして参加す
ることであり、（良い会社が前提になるが）そこから得られる恩恵はたいへん
に大きいのです。例えば、ビジネス教育、人間的成長、能力開発、リーダーシ
ップ力向上、積極的肯定的で夢を持つ仲間、収入源構築など実にさまざまな恩
恵があり、真に平等な機会が求める人誰にでも提供されているのです。

　パーソナルフランチャイズは、副業として月5万円程度の収入源を確保した
い主婦から、天井なき大きな継続収入を得たい独立指向のビジネスマンまで、
実に幅広い層に大きなチャンスが広がるのです。まさに、21世紀型パーフェ
クトビジネスと言えるでしょう。

　私自身が、これらのモデルや産業の研究から得たヒントを活かし、そして、
何より複数収入源構築の戦略と教えに沿い、行動し実践することで得られた恩
恵は計り知れないものがあります。健康はもちろん、彼に出会った当時は5万
円の商品すらも怖れを感じて売ることさえできなかった私が、日当たり500万
円超のセールスに成功したり、毎月継続的にもたらされる500ドルの小切手収
入源の確保、世界で活躍する成功した起業家との業務提携など、従来の自分に
は想像もできなかったような充実したライフスタイルを得ることができました。
こういうわけで、人脈構築と開拓の重要性を再度強調したいと思います。好機
は人との出会いが運んでくれるものです。人生のあらゆる領域において導いて
くれたロバートには心から感謝しています。

第9章 パーソナルフランチャイズ 究極のマネー・マシン

『もしあなたがもっと学びを得たければ、また日本でのロバート・G・アレンの活動全般に関わること、www.FF90.us についてのお問合せなどは、是非、親愛なるビジネスパートナーである丸山拓臣（Takumi Maruyama）さんに気軽に連絡を取ってみてください。きっと気さくな彼が、あなたを導いてくれるでしょう！
　Eメール： rga@takumimaruyama.ws 　』
『ニューヨーク・タイムズ』No.1ベストセラー作家 Robert G. Allen

第10章
ライセンシング
知的財産を超高速で

「良い本は、時代を超えて生き続けるよう大切に保存加工された、偉大な
精神の貴重な生き血である」
　　ニューヨーク公立図書館の大閲覧室へと続く扉の上に掲げられた言葉

　第7章では、知的財産を売ることでお金を稼ぐ人々、情報起業家について学
びました。私がこれからお伝えしようとしている情報は、もっとも強力であり
ながら、もっとも理解されていない形態の知的財産です。

　それは、「ライセンシング」と呼ばれるものです。

　ライセンシング……そう言っても、ほとんどの方はぽかんとしていることで
しょう。「不動産」、これならわかります。「ネットワーク・マーケティング」、
聞いたことがあります。でも、「ライセンシング？」　私が、それが何なのかを
説明したとたんに、皆さんもきっと、あちこちでその存在に気づくことでしょ
う。

　私は、ライセンシングの極意を教えてくれた友人、ケン・カーに感謝しなけ
ればなりません。ケンは、世界中にあるウォルト・ディズニーのテーマパーク
のデザイン・ディレクターでした。彼は、ディズニーワールドの「未来都市」
をテーマにしたエプコット・センターや、東京ディズニーランドのオープンに
多大なる貢献をした1人です。

　彼はまた、スマーフ、グミベア、カリフォルニア・レーズン、ラガディ・ア
ン＆アンディなど、おなじみのキャラクターの制作とマーケティングにかかわ
った人物でもあり、これらの商品は何億ドルものライセンス収入を生み出して

第 10 章 ライセンシング 知的財産を超高速で

います。

　ライセンシングは、レバレッジ効果の究極の形態です。それは、あなたの頭の中にあるアイデアを「一生続く収入の流れ」につなげる、最速にして最短、かつもっともシンプルな道なのです。ではいったい、それはどんなものなのでしょうか？

ライセンシングの歴史

　ライセンシングは、約100年以上も前に、ほとんど結果論のような形で始まりました。今日、ライセンシングによる売上は、毎年数百億ドルにも上っています。あなたの家にも、今この瞬間、多くの会社や個人の懐を潤しているいくつものライセンス商品が存在しているはずです。

　一般的に言って、ライセンシングはお金のある巨大組織の専売特許のようになっており、あなたや私のような普通の人々には無縁のことに思えます。

　しかし、それらの組織のほとんどは、もともとごく小さい規模から出発したのです。ですから、あなたや私がそれと同じことをできないということはありません。そろそろあなたも、キャッシュフローを送る側ではなく、受け取る側に回ってもいい時期なのではありませんか？

　それでは、ライセンシングが生まれたときまで時間をさかのぼってみましょう。

　それは1928年のことでした。ニューヨークからロサンゼルスに向かう列車の中にウォルト・ディズニー夫妻が乗っていました。

　夫妻はニューヨークで、ウォルトの考案した漫画『ウサギのオズワルド』に対する権利を失ったことを知らされ、家へ帰る途中でした。権利喪失の知らせは、大きなショックでした。それは実質的に、仕事を失ったことに等しかったのです。

　しかし、列車の中で見つけた1匹の鼠が、ウォルトに新しいアイデアを芽生えさせました。ウォルトはこのとき思いついた新しい漫画のキャラクターにモーティマー・マウスと名付けたかったのですが、妻の意見の方が強く、それは「ミッキーマウス」と名付けられました。

323

ウォルトと弟のロイは、このアイデアを引っさげて、イーストロサンゼルスの貧しい地区のガレージから、世界最大のエンターテイメント組織への道を歩み始めるのです。ウォルトとロイの当初の夢は映画製作でしたが、今日、映画の制作は、ディズニー最大の収入源ではありません。

ライセンシングは、実は偶然に始まったことでした。結果論として生まれたものだったのです。

ある1人の起業家が、ミッキーマウス・ブームに乗ろうと、ディズニー兄弟にアプローチし、1万個の木製の筆箱にミッキーの姿を印刷する許可を求めてきました。兄弟は許可を出し、こうして近代的なライセンシングの概念が生まれたのです。

ライセンシングおよび商品政策部門は、やがてディズニーの稼ぎ頭となっていきます。

初めのうち収入は微々たるものでしたが、やがてミッキーがライオネル・トレイン（人気の鉄道模型）やホールマーク・カード、リトル・ゴールデン・ブックス（児童書のシリーズ）に登場するようになると、ライセンシングは大きな収入をもたらすようになっていきました。

ディズニー兄弟が、自分たちが手にしている金鉱の存在に気づくのに、そう時間はかかりませんでした。自分たちの側には苦労もリスクもほとんどないまま、巨大な額のお金が入ってくるのです。これこそがレバレッジ効果です！

ディズニーがあの最初のビジネスマンに売ったのは、ライセンスのみでした。商品にミッキーの絵を使用する権利だけです。ビジネスマンは、商品の製造からマーケティング、運搬まですべてを行いました。彼がすべてのリスクを背負い、お金の管理をし、ミッキーを使った商品が1つ売れるごとにライセンス料をウォルト・ディズニーに支払ったのです。

考えてみてください。

「製造はしない、準備資金はいらない、在庫は持たない、販売コストはかからない、営業力はいらない、流通コストはかからない、従業員はいらない、リスクはない、お金はかからない、そして時間とエネルギーもほとんど使わなくていい。それでいながら、商品の品質はコントロールできる……」

今日、世界中で何十億ドルものディズニー商品が売られています。すべては、このアイデアから始まったことなのです。これぞ、究極のレバレッジ効果です。

324

第 10 章　ライセンシング　知的財産を超高速で

　これと同じコンセプトを用いて、1960年代に、サンディエゴに住むあるサーファーが、サーファー用の水着をつくるというアイデアを思いつきました。

　当時一般的だった薄手の破れやすい素材ではなく、頑丈な生地でつくったトランクスです。彼は、粗目のキャンバス地で試作品をつくりました。

　そして、10本の足の指がサーフボードの端からぶら下がっている絵をロゴにし、この新しいブランドを「ハンテン」と名付けました。

　会社はサーフウエアで、どんどん大きくなっていきました。ピーク時には、南カリフォルニア一帯に工場を持ち、従業員は数千人にまでなっていました。

　今日、それらの工場は1軒もなくなりました。ハンテンは今、たった1つの建物に、当時と比べればほんのわずかな従業員を置くまでに縮小されています。

　こう言うと、ビジネスがうまくいかなくなったかのような印象を与えるかもしれません。しかし、そうではないのです。今年、ハンテンは世界各地からのライセンス収入が3億ドルを超える見込みです！

　ハンテンがライセンス契約しているものとは何でしょうか？　実は、あの「10本指のロゴ」なのです。世界中の洋服メーカーが、ただハンテンのロゴをTシャツやさまざまなサーフウエアにつけるためだけに、何百万ドルものお金をハンテンに支払っているのです。

　ハンテンの従業員たちは、もはや洋服づくりには目を向けていません。彼らはただ、まがいものが出ていないかどうかに目を光らせているのです。

　このことはすべて、ライセンシングがもたらした結果なのです。

　やはり同じコンセプトを用いて、ビル・ゲイツという名のコンピュータおたくと、生まれたばかりの彼の会社マイクロソフトは、5万ドルで新しいコンピュータ・プログラム、「DOS」（コンピュータ用の、ディスクを用いたオペレーティング・システム）の独占権を買いました。1979年のことです。

　結果的に、それは歴史に残る取引となったのです。ゲイツはそのあと、IBMとDOSのライセンス契約をし、同社最初期のコンピュータ「PC」に使用する権利を与えました。

　ここで注目すべきは、ゲイツはそれをIBMに「売った」のではなく、「ライセンス契約した」ということです。彼はまた、IBM互換機の製造業者にもライセンスを与えました。

325

このシンプルで、かつ鋭敏な彼の判断のおかげで、マイクロソフトの市場価値は、ＩＢＭ、ゼネラルモーターズ、そしてフォーチュン500に名を連ねるほとんどの会社よりも高いものとなっているのです。約10年で、ゼロから数十億ドルへ……。

ビル・ゲイツは、この地球上で最大の富豪となったのです。

もし彼が、そのアイデアをＩＢＭに〝売って〟いたなら、彼はその時点で、かなりのまとまったお金を手にしていたでしょう。しかしビル・ゲイツは「まとまったお金」に興味はありませんでした。

彼は「収入の流れ」がほしかったのです。それは、ライセンシングによってのみ可能となるものでした。

彼は、自分のソフトウエアを使うための複雑なハードを一切つくらなくてもいいのです。彼はただ、製造されたコンピュータの１つひとつに彼のソフトをインストールする権利を売ります。そして、それらのコンピュータの持ち主は皆、そのあともアップグレードされたバージョンを買っていくことになるのです。

彼が世界一の金持ちなのも不思議なことではありません。うーん、賢い…。実に賢い男です。

1990年代には、１人の発明家が、このコンセプトを応用して売上を伸ばすための、ある突飛なアイデアをニューヨークの大企業に持ちかけました。

発明家の要求は、商品１個が売れるごとに、会社が彼にほんの数セントを支払うというものでした。妥当な要求と言えるでしょう。

しかし、彼がアプローチした最初の企業は、そのアイデアを却下しました。それでも彼は諦めることなく、そのアイデアを別の大きい企業に持ち込んだのです。企業の経営陣は簡単なテストをしたのち、その有効性を認め、ライセンス契約にサインしました。

こうしてこの会社は、彼のアイデアを使う代わりに、１パックにつき数セントを彼に対して支払うこととなったのです。

さて、その結果は？　早くも１年目に、会社は総売上をいきなり１億ドルも伸ばしました。それ以来、この発明家の懐には数百万ドルが入ってきています。まさしく「一生ものの収入の流れ」です。

第 10 章　ライセンシング　知的財産を超高速で

　会社と発明家の両方にこれほどのお金をもたらしたアイデアとは、いったい何だったのでしょうか？

　皆さんは、電池を買ったことがありますか？　デュラセル社の電池には小さなバッテリーテスターがついていることをご存じですか？

　デュラセル社は、このコンセプトを導入した初めての会社です。これは、数億ドルの価値があるアイデアでした。

　そして、この発明家は、1960〜1970年代にかけてはやった「ムードリング」をつくったのと同じ人物だそうです。皆さんは、体温に応じて色が変化する、あのプラスチックの指輪を覚えていますか？　数十年後、その同じ人物が、同じ熱発生の技術を用いて、新たに巨大な「ライセンス収入の流れ」を築いたのです。

古いアイデア＋新たな応用法＋ライセンシングの威力
＝一生続く複数の収入の流れ

ライセンシングの適用

　では、ディズニーでもゲイツでもないあなたは、どうすれば良いのでしょうか？　ビジネスを始めるためのガレージさえない場合は？　これらの例をあなた自身にどのように応用すれば良いのでしょうか？

　よく考えてみてください。ディズニーもゲイツも、かつては名もない「ただの人」でした。

　かくいうこの私も、です。そして、それは大して昔のことではありません。ゲイツがコンピュータをいじり始めたのと同じころ、私は不動産を買い始めています。数年後、私は人々に「頭金なしで不動産を買う方法」を教え始めます。

　ユタ州プロボの小さなホテルの一室で始まったセミナーは、間もなく大きな都市で会場から溢れんばかりの受講者を集めて行われるようになりました。

　私は、自分でも気づかないうちに注目を浴びていました。私は「時代の寵児」としてもてはやされ、ライバルのセミナー会社は私の成功の秘密を知りたがりました。

書くこととは、自分の最悪の経験をお金に替えることだ。

（Ｊ・Ｐ・ドンリーヴィー）

そんなライバルの1人が、あるとき電話をかけてきて、非常に魅力的なオファーを提示しました。

「私どもに、あなたの名前とアイデアをライセンス契約させてください。私どもに、あなたのセミナーのマーケティングをさせてください。あなたはセミナーに姿を現す必要はありません。私どもが、セミナーのインストラクターを育てます。それが機能するようになれば、あなたがすることは、著作権料の小切手を現金化することだけです」

これを断る理由があるでしょうか。続く6年間、私の側ではほとんど何もしていないのに、この会社は私と私の家族に何百万ドルもの著作権料を払い続けました。

そのときは自覚していなかったのですが、私は小額の著作権料と引き替えに自分のアイデアを使用する権利を与えるライセンサーになっていたのです。

不動産投資ですでに成功はしていましたが、私の知的財産こそ、真の金鉱だったのです。

非常にパワフルで大切な概念なので、豊富な実例を踏まえ、おさらいを含め詳解します。

「知的財産」。それは、一体どういうことなのでしょうか？ それは、あなたが第三者に対してあなたの名前、肖像権、アイデア、情報、システムなどの使用許可を与えることで、売上などに対し一定割合の報酬を得るビジネスモデルを意味します。

ディズニーをイメージしてみてください。ライセンシー側（ライセンスを与えられる側）は、商品開発やマーケティングの仕事のほとんどを行います。ライセンサーであるあなたの仕事は、あなたの知的財産を保護し、ロイヤリティを受け取ることです。

「ロイヤリティ」。それは、なんだかうれしい言葉の響きですよね。あなたの知的財産が十分に価値がある場合、あなたはまるで王様や女王様のように暮らすことができます。

私の生涯にわたる情報マーケティングのキャリアで、私は自分の名前と知的

第 10 章　ライセンシング　知的財産を超高速で

財産を世界中の数多くの出版社と、少なくとも5つの別々の情報マーケティング組織に対してライセンシングを行っています。

では「出版社」と「情報マーケッター」の違いとは何でしょう？

出版契約とは、まさに出版社があなたのアイデアや情報を販売できるようにするための、あなたと出版社間におけるライセンス契約のことです。

出版社は通常、書籍やオーディオプログラムなどの安価な情報のみを販売しています。出版社はもっぱら「書籍ビジネス」のみにしか活動の領域を見い出していません。

一方で、情報マーケッターは、書籍、オーディオおよびビデオプログラム、セミナー、トレーニングプログラム、コンサルティング、グループコーチング、1対1コーチングなどを含む、あらゆる形態の情報を販売しています。

私が出版社や情報マーケッターに自分の情報をライセンシングした場合、これらのライセンシー側は私の情報を本、オーディオおよびビデオプログラムのセミナー、マニュアル、トレーニング、コーチングプログラムにパッケージ化するすべての仕事をします。彼らは従業員を雇い、セミナーインストラクターやトレーナーを育成し、Eメール配信などの通信費、新聞広告、インターネットやTV広告などの宣伝費用も負担してくれます。彼らはすべての詳細を把握し、処理してくれるのです。

さらに私と私のビジネスパートナーは、ロイヤリティを受け取るだけでなく、私はしばしば、私のライセンシングした情報商材を購入してくれた顧客データベースを受け取ることができたのです。

満足している顧客のデータベースというのは、知的財産の中でももっとも価値のあるものと言えます。なぜなら、それは潜在的なる継続的な収益の流れを表しているからです。

ある情報マーケッターが、アメリカとカナダの不動産投資初心者に対して、500ドルの週末のトレーニングを提供するために私の情報をライセンスしまし

329

た。このセミナーにはのべ10万人以上が出席し、その結果、私は何百万ドルものロイヤリティを手にすることができました。セミナーで私自身が直接に指導を一度も行うことなくです。私は単純にロイヤリティだけを手にしたのです。

　ライセンス契約の期限が切れたあと、私のチームは私が教えている不動産のコンセプトと名前を、別のマーケッターとの間でライセンス契約し、そのマーケッターは、セミナーやトレーニングプログラムを3,000ドル～30,000ドルで販売しました。そして、ここでもまた数百万ドルのロイヤリティを手にしました。

　別のライセンシーは、私の情報を個別コーチングプログラムとして販売しました。彼らの何千人もの顧客が「不動産投資を成功に導く1対1コーチングプログラム」を購入したのです。そして、ここでもまた数百万ドルのロイヤリティを手にしました。

　私の初期のライセンス契約のほとんどは、アメリカと英語圏で行われました。今、現在、インターネットが多くの国と言語の壁を越えて、世界中でのライセンスのチャンスという扉を開いてくれました。世界中で多くの言語を介し、私の名前と情報が国際的に販売され続ける可能性は非常に大きいのです。

　私がこの情報をあなたとシェアした理由は、決して私の業績を自慢したりすることではなく…… 適切なタイミングで適切な情報を持った人がどのようにして莫大なライセンス料を得ているのかを実例で示したかったからなのです。それはおそらく、あなたの周りに広がるすべての機会を再認識することにつながり、あなた自身を啓発してくれるでしょう。

　富は、私の所有しているものにではなく、私の頭の中にありました。あなたも、将来きっと、そう言えるようになるはずです。
　毎日、あなたの頭の中にはたくさんの考えが生まれています。その中には、莫大な富につながるアイデアがあるかもしれません。そうしたアイデアはいくつ必要でしょうか？

第 10 章　ライセンシング　知的財産を超高速で

　ディズニーのアイデアは「ミッキー」でした。ゲイツのアイデアはＤＯＳでした。私のそれは、「頭金なし」でした。

　あなたのアイデアは何ですか？　そのアイデアをライセンス収入の流れに変えるためには、何をすれば良いのでしょうか？

　まず、「自分のアイデアは、隣にいる人の頭の中にある考えなどには、ぜったい負けないくらいすばらしいものだ」と信じることです。あなたにはアイデアがある！　すばらしいアイデアが実行に移されるのを待っている。すべては信じることから始まるのです。「そんなことはどうせ誰か他の人に起こるのだ」という考え方から、自らを解放するのです。

　第 1 のステップは、意識の幅を広げることです。そうすれば、あちこちに可能性が見えてきます。そして間もなく（今年でなくても）いずれ近いうちに、ライセンス契約を生み出すチャンスがあなたの目の前に落ちてくるはずです。私がそうであったように。

知的財産は法によって守られている

　私は弁護士ではないので、これからする説明は厳密に言えば正確ではないかもしれませんが、とにかくお話ししましょう。

　アイデア、イメージ、情報、名前、そしてすべての形態の知的財産は、特許、著作権、サービスマーク、商標などによって守られています。

　あなたのアイデアが法的に著作権、特許、商標などで保護されているものなら、あなたはそれに対する権利を保有しており、あなたの許可なしに第三者が勝手にそれを使用することはできません。

　第三者があなたのアイデアを使用するためには、あなたの許可を得る、つまり、決められた使用料、手数料、著作権料と引き替えに、あなたからライセンスを提供される必要があります。

　ライセンシングはそれほど複雑なものではありません。すべては、ともにビジネスをやりたいと思っている二者間で同意がなされることから始まります。「私、ロバート・Ｇ・アレンは、ジョン・スミスに、商品ＡをＢの期間にわたって販売する権利を、著作権料Ｃを支払うこと、かつ下記の事項を満たすことを条件に与えます、云々……」

331

そして、それに弁護士がいろいろと決まり文句を付け加えたあと、彼（彼女）の同席のもと、ライセンス契約は成立するのです。

ライセンス商品にはさまざまな種類があります。

著名人ライセンシング

有名人は自分たちの名前を、使用料と引き替えにさまざまなプロジェクトに貸しています。

私はかつて、TVのトーク番組の司会者ゲイリー・コリンズに、５万ドルと総売上から一定のパーセンテージを支払う契約で、私のインフォマーシャルに出演してもらったことがあります。撮影当日は、長い１日となりました（１日で５万ドル！　有名人はお金がかかります……）。ゲイリーは本当に最高でした。本物のプロであり、人間的にもすばらしい人でした。

彼は巨額の出演料だけでなく、商品の売上から入る「さらなる収入の流れ」を確保して帰っていきました。こうして私たちは双方とも利益を得ました。私は信用を買い、彼は「収入の流れ」を引き替えに自分の知名度を売ったのです。

有名人が何らかの商品を推薦しているのを目にするたび、その裏にはライセンシングがかかわっていると思って良いでしょう。そして、こうしたことは実に一般的に行われています。

TVやラジオのコマーシャルからは、有名俳優の声が絶えず聞こえてきます。自分の名前のついた商品を出している有名人もたくさんいます。ジョニー・カーソンのスーツ、ラッシュ・リンボーのカラフルなネクタイ、そしてマイケル・ジョーダンのコロン、等々。

有名人の名前は、売上を伸ばします。名前の使用料と引き替えに、あなたの商品の売上増進に貢献してくれる有名人は、ごまんといるのです。

キャラクター・ライセンシング

ミッキーマウス、パワーレンジャー、グミベア、そしてカリフォルニア・ダンシング・レーズンなどは、すべてその好例です。

ライセンシングの権威、ケン・カーが、何年も前、ドイツのおもちゃ展示会で奇妙な青いプラスチックの人形を見つけ、いくつかサンプルを持ち帰ったところ、子どもたちはみな大喜びでその人形に飛びつきました。

第 10 章　ライセンシング　知的財産を超高速で

　そのとき彼は、「今自分はすごいものを手にしているのだ」と直感しました。彼はパートナーとともにヨーロッパへとんぼ返りし、製作者がベルギーにいることを突き止めました。そしてすぐに、そのキャラクターをアメリカで売り出すためのライセンス契約が結ばれました。そのあとの展開は、ご存じのとおりです。

　このキャラクターは「スマーフ」の名で知られており、アニメだけでなく、さまざまな商品に使われています。すべて、ライセンスに基づいて製作された商品です。挙げていけばきりがありません。

「ベッドシーツ、枕カバー、弁当箱、魔法瓶、おもちゃ、学用品、筆箱、消しゴム、鉛筆、ペン、教科書、Ｔシャツ、スウェットシャツ、その他の衣料品、帽子、シール、カレンダー、手帳、ネクタイ、ボタン、フィギュア、ぬいぐるみ、マグカップ、カード、漫画本……」

　ケン・カーの会社は、これらいずれの商品もつくってはいません。彼らは単に「自社の商品の売上を伸ばすためにスマーフのキャラクターを使いたい」という北米のいくつもの会社に、使用ライセンスを与えているだけなのです。それによって、商品の売上は何億ドルにも上り、何百万ドルものライセンス料がもたらされているのです。

　こうしたアイデアはどこで見つければ良いのでしょうか？　それはどこへいくにも、しっかり目を見開いてアンテナを張っていることです。

　仮に、あなたがまだ埋もれたままのすばらしいアイデアを発見したとしましょう。あなたがそれを世界中に売り出す権利を得るのを阻止するものは特にありません。

　自国でヒット商品を出している海外の会社は、より大きな市場で成功することを夢見て、マーケティングの権利をほとんど二つ返事で提供するような状況にあるのです。スマーフだって、アメリカに上陸する以前、すでに20年間もヨーロッパでヒットし続けていたのです。

　ところでキャラクター・ライセンシングと言えば、メットライフ生命は、広告にスヌーピーを使用する権利に対して、いったいいくら払っているのでしょうか。皆さんも、いろんな雑誌でその広告を目にしていることと思います。まあ相当な額であるのは確かでしょう。

333

インフォメーション・ライセンシング

私がセミナーのライセンシングでどのように収入を得たかについては、すでに触れたとおりです。どのようなアイデア、コンセプト、あるいは専門情報も、ライセンシングの対象となり得ます。

情報クリエイターのほとんどは、その情報をどのように商品化し売り出せばいいかがわからないために、何百万ドルも稼ぐチャンスを無駄にしています。

第7章でお話しした情報起業家の発想を用いて、新進気鋭の著作家のアイデアをライセンシングしましょう。ベストセラーのリストを常にチェックして、他に出遅れないことが肝心です。″流れ星″を確実にキャッチするのです。

このほかにも、ナイキのような衣料品ライセンシング、マイケル・ジョーダンやタイガー・ウッズ、ジャック・ニクラスのようなスポーツ・ライセンシング、デュラセルの電池のような発明品ライセンシングがあります。

ライセンシングで稼ぐ

以下は、ライセンシングの世界で利益を得る4つの基本的な方法です。

方法1：自分のアイデアでゼロから出発する

ディズニーは、まったくの無からミッキーをつくり出しました。アイデアを思いついたら、すぐアクションを起こしましょう。

1988年、2人の男性がガレージを仕事場に、自分たちのアイデア（知的財産）を白黒のラフなスケッチに表しました。このシンプルなアイデアはそのあと、実を結び、1991年までに世界中からのライセンス収入で4億ドルを稼ぎ出したのです。

巨額の利益を生み出した、このあまり知的だとは言えないアイデアの名は、「ティーンエイジ・ミュータント・ニンジャ・タートルズ」です。聞いたことはありますか？　あなたのティーンエイジャーの子どもたちなら、きっと知っているはずです。

未来は決して偶然起こるのではない。それは常につくられてきたのである。

（ウィル＆アリエル・デュラント『THE LESSONS OF HISTORY』）

第 10 章　ライセンシング　知的財産を超高速で

方法２：ライセンシングで「既存の自分のビジネス」に「複数の新たな収入の流れ」をもたらす

　ハンテンのロゴのように、他人の商品に自分のロゴをくっつけることによって、自分で商品をつくり出すよりも、多くのお金を稼げる場合があります。

　スポーツ・ライセンシングはこのコンセプトを用いて、すべてのメジャーなスポーツに巨大な収入の流れをもたらしました。スポーツ産業は、観戦チケットやTV放映権の販売売上だけでなく、自分たちのロゴをウエアや用具など、商品の宣伝に使う権利を売ることで、数十億ドル規模の産業となっています。

　チームは、ユニフォームや用具を自分たちでつくるわけではありません。他者にライセンスを与え、つくらせているのです。

　オリンピックが良い例です。ＩＯＣ（国際オリンピック委員会）は、ロゴを掲載した商品を、つくったり売ったりして自ら扱うことはありません。他者にそれをするライセンスを与えて、使用料を受け取っているのです。独立した事業家として、あなたも自分の商品の売上を伸ばすためにオリンピックのロゴを使用する権利を得ることができます。

　しかしやはり、「ライセンシー」（ライセンスを与えられる側）ではなく、「ライセンサー」（ライセンスを与える側）になりたいものです。

方法３：他人のアイデアに対するライセンスを取得して、ゼロから大きくしていく

　ビル・ゲイツを思い出してください。ＤＯＳは実際のところ他人がつくったプログラムでした。ゲイツはそれを５万ドルで買い、それを使って世界一の会社を築いていったのです。

　つまり、あなたに数百万ドルをもたらすアイデアは、あなた自身が考えたものでなくてもいいのです。

方法４：ライセンシングで「他人の既存のビジネス」に「複数の新たな収入の流れ」をもたらす

　ライセンシングの利点について十分に理解していない企業やビジネスは、世界各国にたくさん存在します。

　ライセンシングの利点とは、（スマーフをつくったベルギーのクリエイター

335

のように）自分の製品のライセンスを他者に供与してライセンス収入を得るか、
（デュラセルのように）自分たちの商品を売るために他人のアイデアをライセ
ンス契約のもとに利用するかの、いずれかになります。

　既存のビジネスから新たにライセンス収入をつくり出す人物に、あなた自身
がなってみてはいかがでしょう。

　ある情報起業家が、このアプローチを使って、彼自身とそのクライアントに
何百万ドルもの収入をもたらしました。伝え聞くところによると、その起業家
はある業界誌の記事で、ニューヨーク交響楽団がマリリン・モンローのキャリ
アと人生を偲んで「マリリン」と銘打ったコンサートを催す予定であることを
知りました。

　そのとき、彼の頭にあるすばらしいアイデアがひらめきました。

　彼は、マリリン・モンローの希少な写真のコレクションを残したある写真家
の遺産管理者にコンタクトをとり、同時にマリリン・モンローの名前に対する
マーチャンダイジング権を獲得して、コンサートに間に合うよう、商品化のラ
イセンス供与を行いました。

　続いて今度は、交響楽団にコンタクトを取り、コンサートに合わせてマリリ
ンの希少な写真を集めた特別展覧会を開いても良いか尋ねました。もちろん、
交響楽団は喜んで承諾しました。

　前宣伝を聞きつけて、マリリン・モンローの珍しい写真を持つほかのコレク
ターたちも名乗りをあげ、彼らのコレクションも写真展に出展されることにな
りました。

　この写真展のために、マリリン関連の限定商品がつくられました。写真カレ
ンダー、スカーフ、セーター、Tシャツ、ペン、その他のさまざまな関連グッ
ズ。これらはすべて、このプロモーターからのライセンス供与によってつくら
れたのです。

　宣伝によってイベントの知名度は非常に高いものとなり、マリリン関連商品
は数百万ドルの売上を記録しました。こうして、莫大なライセンス収入がもた
らされたわけです。

第 10 章　ライセンシング　知的財産を超高速で

そこへたどり着くには?

　ライセンシングで儲けるための5段階プランを見ていきましょう。

ステップ①　料金所になる方法を考える
　ビル・ゲイツと同じ発想をしましょう。

　彼は常に、人々がある特定の情報を得たいとき必ず通ることになる〝料金所〟のようなものになる方法について考えているようです。彼の名前がゲイツ（Ｇａｔｅｓ：門）なのも、うなずけるというものです。

　彼はみごと、小型コンピュータの世界へ通じる料金所になることに成功しました。これと同じ発想で、ゲイツは現在、世界中の有名なアート作品の写真を集めた巨大なライブラリーの制作に取り組んでいます。これらの写真はデジタル化され、それを使用する場合は、ビルに小額の使用料を支払うことになります。ここでもやはり、彼は〝料金所〟なのです。

　彼は世界中のビジネスと次々に戦略的提携を結んでいます。売れたもののすべてから少しずつ料金を取る、というシステムです。彼は料金所となることを望んでいるのです。

　私たちも、ビルのような発想を持つべきでしょう。彼の純資産の1,000分の1でも持てたら幸せだと思いませんか?

ステップ②　ライセンシングのプロになったつもりになる
　ライセンス化できそうなものを少なくとも1日1つ見つけて、シミュレーションをしてみましょう。

　人気のトレンドや人々を常にチェックし、新聞や業界誌を読みましょう。イケそうなアイデアやコンセプトを発見したら、自問してみます。
「彼らはもう世界規模の販売権を誰かに渡してしまっただろうか」
「これをTシャツにプリントしたらどうだろう」
「このビジネスはどんな形でライセンス化できるだろうか」
「すでに成功している彼らのビジネスから、さらに利益を絞り出すにはどんな方法があるだろうか」

337

「子どもたちはこれを気に入るだろうか」
「誰かを有名にして、2人とも金持ちになる方法はないだろうか」
「このアイデアを世界に売り出すには、どんな方法がいいだろう」

ステップ③　地元の図書館や書店で1日過ごしてみる

　私のベストセラー本の突拍子もないキャッチコピーを覚えている方は少なくないと思います。

　「私をどこかの町へ連れていき、財布を取り上げ、100ドルだけ持たせてください。72時間以内に、持ち金を一銭も使わずに、すばらしい物件を1つ買ってみせましょう」

　『ロサンゼルス・タイムズ』が賭けに乗ってきました。隣に記者を従えて、私は57時間以内に7件の物件を買うことに成功しました。これはとても良い経験となりましたよ。
　私はライセンシングのプロ、ケン・カーに、同じような挑戦をしてみないかと持ちかけました。
　事前の調査をまったくせずに見ず知らずの町にいき、72時間以内にライセンス化の可能なアイデアを見つけ、交渉し、契約をする、というものです。もちろん、高い利益の見込める契約でなくてはなりません。
　彼は承諾し、どのようにそれをやってのけるか、詳しく説明してくれました。彼の説明をご紹介する前に、まずあなたに質問させてください。あなたならどうしますか？

　彼のやり方はこうです。まずその町の公立図書館の本館へ直行し、図書館員に「特許の記録を見せてほしい」と頼みます。特許品の数は何千とあり、日々新たなものが加わっています。
　次に、記録に目を通しながら、成功の可能性がありそうな商品、アイデア、発明をリストアップしていきます。そしてその中から特に見込みのありそうなものを10件選び、併記されている考案者の連絡先に問い合わせます。
　ケンの経験では、そのような考案者の10人に9人はマーケティングあるい

第 10 章　ライセンシング　知的財産を超高速で

はライセンシング・エージェントを持っておらず、こうした話には積極的に乗ってくるそうです。

　最終的にもっとも有望なものを 1 つ選び、世界規模でのライセンシングの権利を設定し、同意書にサインをします。

　もし特許の分野で手応えが得られなかった場合は、次に図書館のハウツーの書棚をチェックするか、『ニューヨーク・タイムズ』紙のベストセラーリストのバックナンバーに目を通します。

　著作家や何らかの専門家には、自らの価値を市場で活かせていない人が大勢います。誰かが申し出れば、彼らは出版契約ではカバーされていない自らの情報商品に対するライセンシングの権利を喜んで供与するでしょう。

　図書館が最新情報をそろえていない場合は、町の大手書店にいけば、たいてい十分な資料が手に入るそうです。いずれにしても、彼によると 72 時間は十分すぎる時間だということです。

　ケンはかつて、ある有名な作家とその作品に対するダイレクトメールによるマーケティング権を取得したことがあるそうです。彼は短期間のうちに、その作家に対し、50 万ドル以上のライセンス料を払ったそうです。これにより、両者とも大きな利益を得たのです。

ステップ④　最終ライセンシーである製造業者を見つける

　1 つの特許に対してライセンシングの権利が獲得できたら、ケンは次に、種類別にすべての主要な製造業者をリストアップした「American Registry of Manufacturers」に目を通します。特許の内容に応じて、彼は製造業者にコンタクトをとり、ライセンス契約の話を持ちかけます。

　例えば、あるロゴをつけた野球帽のマーケティングがコンセプトだとします。「Registry」には数十もの野球帽の製造業者が載っています。各製造業者は、それぞれ独自の流通ルートを持っています。

　もしもアイデアが良ければ、何百という販売代理店を持つ製造業者の方で、初期投入資金、原材料、新製品キャンペーン、販売網の提供などもろもろ協力してくれる場合があるのです。

作家がもっとも書きたがるのは、小切手の裏のサインだ。

（ブレンダン・フランシス）

ステップ⑤　生涯続く使用料収入の流れを楽しむ

　確かに私は、非常に複雑なテーマを極端に単純化してお話ししています。

　私の目的は、皆さんにこのテーマに対する認識を高めてもらい、少なくとも一生に一度は、私がここにご紹介したアイデアを利用して利益を得ていただく可能性を、皆さんの中に芽生えさせることなのです。

　以下は、おそらく皆さんが聞きたがっているであろう質問と、それに対する回答です。

Q. 他人の商品を販売するライセンス取得のベストなタイミングはいつですか？

A. 彼らがまだ、ライセンスに対して大金を求めていないときです。

　今日、ディズニーはミッキーマウスの使用権として、前払いで50万ドル、さらに売上に対して卸値の15％を要求しています。これは業界でもっとも高いレートの1つです。

　もしTシャツが20ドルで販売されるとすると、卸価格は約10ドル。ディズニーはTシャツが1枚売れるたびに、10ドルの15％、つまり1ドル50セントを受け取るわけです。これは現在の話です。その昔、例のビジネスマンが最初にライセンスを獲得したとき、権利の取得に対しては、おそらく一銭も支払わなかったでしょう。

　ケン・カーは、かつて「キャベツ畑人形」に関するすべてのライセンスを無料で提供すると言われました。当時、考案者は人形を市場に売り出すためなら何でもするという状況だったのです。

　ですがケンは、業界のほとんどの人がそうしたように、そのオファーを断ってしまったのです。

「何事も経験」とは、まさにこのことです。ほんの数年後、彼はキャベツ畑人形に関するライセンスのごく一部を取得するために、38万ドルを支払うことになるのです。

　ですから、今後ブレイクしそうなものに対して常にアンテナを張っていることは大切です。彼らはたいてい、自分が手にしているものの価値をまだはっきりとは認識しておらず、収入を少しでも増やすことだけを望んでいます。

第 10 章　ライセンシング　知的財産を超高速で

　多くの場合、ライセンシングの権利はほとんどタダ同然で手に入れることができます。そしてそのあとの使用料は、下は３％から、高くても10％といったところです。

　パワーレンジャーのような今話題のキャラクターや、マペットのようなすでに不動の人気を確立したキャラクターを使って利益を獲得することも、もちろん可能です。お金さえあれば……。

　でも、マネーツリー・フォーミュラを忘れないでください。

　ＭＯＮＥＹのＮは、「Nothing down」（頭金なし）のＮです。そこにはそれなりの理由があります。リスクはできるだけ低くしましょう。より安くライセンスを獲得できる良いアイデアが、必ずどこかにあるはずです。

Q. ライセンシングによって既存のビジネスから新たな収入を得る方法には、他にどんなものがありますか？

A. ロサンゼルス検死官事務所の珍しい例をご紹介しましょう。

　ある切れ者のライセンサーの説得により、この公的機関はＴシャツ、スウェットシャツ、バンパー用ステッカー、死体の輪郭を床に書くためのチョークなど、さまざまなものを商品化するライセンスを供与することにしました。その結果、これらの商品は大人気のアイテムとなったのです。

　検死官事務所などという気味の悪い政府の一機関が、このようなビジネスで大成功を収めるとは、いったい誰が想像したでしょう。

　このアイデアをあなたも利用してはどうでしょうか。

　検死官事務所は他にもあります。名前を変えて、アイデアをコピーすれば、生まれてくる収入の流れはもうあなたのものです。法律に触れないかぎり、コピーするのはいっこうにかまいません。この国にハンバーガーショップは、いったいいくつあると思いますか？

　もう１つの例をご紹介しましょう。ハリウッド商工会議所の例です。ハリウッドの丘にあるあの有名な「HOLLYWOOD」の文字が商標登録されていることをご存じでしたか？　あの看板の文字が何らかの映像や写真に使われるたびに、ハリウッド商工会議所に使用料が支払われることになっているのです。

　ハリウッド大通りの歩道に埋め込まれた有名人たちの手形についても、同様

341

です。おそらく皆さんには、初耳だったのではないですか？

　最後に、「ゴールドジム」の例を挙げておきましょう。

　全米の主要都市には必ずある、あのスポーツジムです。私の知るところでは、どんなジムでもわずかな料金でゴールドジムの看板を出せるそうです。ただし、認定を受けたすべてのジムは、ゴールドジムのTシャツやボディビル用品を販売しなければなりません。

　つまり、ゴールドのもとには、全国のネットワークから巨額のライセンスおよびマーチャンダイズ料が入ってくるというわけです。

Q．フランチャイジングは一種のライセンシングですか？

A．　そうですね。しかし、私に言わせれば、フランチャイジングはちょっと面倒が多すぎます。

　フランチャイジングとは、すでに成功を収めているあなたのビジネスの使用権を、かなりのまとまった額であるフランチャイズ料と総利益の数％を引き替えに提供することです。

　確かに、一生型収入は得られますよ。しかし、仕事は多く、リスクも高く、マネジメントや従業員の扱いなど、苦労の種も少なくありません。

　これではとてもマネー・ツリーとは言い難いですね。他にもっと楽な道があるはずです。

Q．著作権や商標、特許などで、自分のアイデアをきちんと保護していない場合はどうなるのでしょうか？

A．　あの「ハッピー・バースデー」の歌が、ある賢い女性が調査をするまで、実は著作権登録されていなかったことをご存じでしょうか？

　そして、その女性は歌の著作権獲得に成功しました。以来、「ハッピー・バースデー」が公共の電波で流されるたびに、その女性へ使用料が支払われるのです。まったく信じがたい話ですが、少なくとも私はそう聞いています。

　1960年代、アメリカの大手自動車会社の何社かが、ヨーロッパで自社のロゴを正式に商標登録していなかったことがありました。それが原因で、それらの会社は数百万ドルもの損失を被ることになったのです。

第 10 章　ライセンシング　知的財産を超高速で

　ある起業家精神に富んだ大学生がそのことに気づき、ヨーロッパの国々を回ってそれらの名前を自分のものにする法的な手続きをしていきました。その結果、それらの不注意な自動車会社は、ヨーロッパで自社の車を売るために、その若者に多額のライセンス料を支払わなくてはならなくなったのです。

　さて、これでライセンシングの概要がおわかりいただけたでしょうか。
　先に述べたように、ライセンシングのアイデアは、あるとき突然、目の前に落ちてきたりするものです。そのとき、あなたの心がオープンで、タイミングがバッチリであることを願います。

脱字がないかどうか、しっかり校正しさい。
　　　　　　［訳注：わざと脱字のある文章になっています］

第11章

バランスをとる
日々の活動を整理する

「ほしいものは何でも私に言うがいい。ただし時間以外だ」

ナポレオン1世

複数の収入？　複数の仕事？　複数の頭痛の種！

家族、遊び、友達付き合い……、パーソナルライフのさまざまな事柄に加えて、複数の収入の流れを維持管理するための山のような仕事のすべてを、いったいどうやってこなしていったらいいのでしょう？　考えただけで、圧倒されてしまいます。

それを考えるとき、私はいつも皿回しのことが頭に浮かびます。

皿回しは、まず1本の棒の先で1枚の皿を回し始めます。続いて、2枚目の皿を別の棒の先で回し始めます。そして、3枚目を回します。このころになると、1枚目の皿がぐらぐらし始めるので、あらためて回転を加えます。2枚目、3枚目にも同じように勢いを加えます。そうしながら、4枚目、5枚目の皿を回していきます。と同時に、落ちそうになる皿に順次回転を加えていきます。6枚目の皿が加わります。

こんなふうに、ぐらついてきた皿から皿へと走り回り、間一髪のところで回転を加えて最悪の事態を免れる様子は、見ているだけで息がつまりそうになるものです。あなたの人生はどうですか？

かつて人生はこんなに複雑ではありませんでした。家族の収入源が1つで、終身雇用が保証されていた1950年代が、懐かしくなります。

第 11 章　バランスをとる　日々の活動を整理する

　しかし、誰かがパンドラの箱を開けて、世界規模の競争、コンピュータチップ、インターネット、瞬時の世界規模コミュニケーションという、4人の騎手を逃がしてしまったのです。

　両親が私たちを育ててくれた世の中とはまったく違う社会が、今ここにあるのです。そして、私たちはこの状況に適応しなければなりません。

　古代ローマの諺をご存じでしょうか。

「二兎を追う者は一兎をも得ず」

　今、もし孔子が生きていたら、おそらくこう言ったことでしょう。

「十兎追い、三兎を得よ」

　この本で学んできたマネー・ツリー・ビジネスは、他の多くのビジネスとは異なるものです。これらのビジネスは、あなたがほとんど、あるいはまったくその場にいなくても、やがては機能するシステムになっています。

　ですから初めのうちは、お皿に回転がかかるまで多少時間がかかるかもしれません。とはいっても一度回り始めたら、もっとラクに長いあいだ自力で回り続けます。だからこそ、あなたはまた新たな収入の流れをつくり出して、回転させる余裕を得ることができるのです。

21世紀のための21の戦略

　でも、もうちょっと腕を磨く必要はあります。在宅ビジネスを営む場合、1分1秒がものを言います。ですから、自由になる時間をなるだけ多く持つために、最大限の活動を最小限の時間でやってしまう方法をお教えしましょう。

　目標は、最低6本の収入の流れの管理を、1日1時間でやってしまうことです。残りの時間は、ショッピングでもゴルフでも、好きなように使えますよ。

ストラテジー1：「時は金なり」

「時は金なり」という諺を聞いたことがありますか？　では、その意味をご存じですか？

　もちろん、「時間＝お金」という意味ではありません。もしそうなら、私たちは皆、大金持ちになっていることでしょう。

345

それは、「時間はお金のようなもの」という意味です。時間は、お金と同じように〝限られた資源〟であり、管理が必要であるという意味なのです。

私は大学生のとき、経済学の授業で、ある忘れられない概念を学びました。それは、「機会費用（オポチュニティ・コスト）」という概念です。

例えば、投資できるお金が1,000ドルしかないとしましょう。そのお金の投資先として、Aという選択と、Bという選択があります。あなたは、そのどちらかを選ばなくてはなりません。

Aに投資すると、Bには投資できません。その逆も然りです。どちらを選んでも、どちらかを諦めなくてはなりません。

時間についても、それは同じです。時間は「過ごす」ものではありません。「投資する」ものです。

あなたは時間を何らかの行動に投資します。それは、人生の目的に近づく行動となる場合もあれば、反対に目的から遠ざけてしまう場合もあります。

それぞれの時間の投資には、「機会費用」がかかります。すなわち、1つの行動を選ぶことによって、別の機会を失うわけです。

時間は、究極の限られた資源です。TVの前で過ごす1時間は、コンピュータの前で本を書いて過ごす1時間、あるいは息子や娘と一緒に、より良い親子関係を築くために過ごす1時間を奪ってしまいます。

ただし、時間がお金とは決定的に異なる点が1つだけあります。お金は貯めることができますが、時間を溜めることはできません。時間は一度過ぎてしまえば、もう二度と取り戻すことはできないのです。残された選択肢は、今後はもっと賢く時間を投資する、ということだけです。

賢く投資された時間は、複利に似ています。毎日の少しずつの積み重ねが、やがて大きな実りをもたらし、すばらしい人生へと結び付くのです。

ベンジャミン・フランクリンは、毎日13の徳を実行することを信条としていたと言います。そして、その最初の2つは「勤勉」と「倹約」でした。※

彼は、こう言っています。

「富への道は、あなたがそれを望むのであれば、市場への道と同じぐらい平易なものである。それは2つの言葉にかかっている。勤勉と倹約。つまり、時間もお金も無駄にせず、その両方を最大限有効に活用することだ」

※残り11個の徳は、節度、静粛、秩序、断固、正直、正義、中庸、清潔、冷静、貞節、謙虚。

346

第 11 章　バランスをとる　日々の活動を整理する

すばらしいアドバイスですね！

ストラテジー2：「重要な少数に集中する」

第4章で、「80/20の法則」について簡単にお話ししました。今回は、それを
もっと詳しく掘り下げてみたいと思います。

あなたの行動の80% は、結果のほんの20% の要因にしかなっておらず、反
対に、あなたの行動の20% が、結果の80% を生み出しています。

これは、100年前にこの法則を唱えたイタリアの社会学者パレートの名を取
って、「パレートの法則」と呼ばれており、シンプルですが、とても深い意味
を持つものです。

ある作家がこの法則について、「些細な多数 vs 重要な少数」という表現を
使いました。私たちが、毎日行っていることの80% は取るに足りないことで（ほ
とんど結果らしい結果をもたらさないのだから、時間の浪費とさえ言えます）、
残りの20% が重要（私たちの進歩に不可欠なこと）であるというのです。

では、時間とお金を比べてみましょう。

例えば、あなたは投資用のお金として、100ドルだけ持っているとします。
それ以上でも以下でもありません。

あなたは2つの商品に投資します。商品Aに20ドルを、商品Bに80ドルを
投資します。1年後、商品Aに投資した20ドルは80ドルの利益を生み出します。
一方、80ドルを投資した商品Bは20ドルしか利益を出しませんでした。

結果は以下のとおりです。

投資Ａ：利益＄８０ ÷ 投資額＄２０ ＝ リターン率４００％
投資Ｂ：利益＄２０ ÷ 投資額＄８０ ＝ リターン率　２５％

つまり、商品Aに投資したお金は、商品Bに投資したお金の16倍の利益を
生み出したことになります（400 ÷ 25 = 16）。

一方はレバレッジ効果の高い投資で、もう一方は、前者に比べてレバレッジ
効果の低い投資となったわけです。お金をどちらに集中させるべきかは、もう
おわかりですね。

私は貧乏人のように生きたい。たくさんのお金を持って。

（パブロ・ピカソ）

347

同じことが、時間についても言えます。親友のブライアン・トレーシーがある研究結果について書いています。それによると、ある保険会社が調査をしたところ、会社の売上の80%はセールススタッフの20%によってもたらされているということがわかったのです。さらに、その上位20%のスタッフ、つまり「重要な少数」である人たちは、平均して、残り80%のスタッフの16倍のお金を稼いでいるという結果も出たのです。

　いったい彼らはどこが違っているのでしょうか？

　両方のグループの従業員たちは、1日の始まりには、まったく同じだけの時間を与えられています。しかし、その時間をどのように投資するかが、結果に非常に大きな違いをもたらすのです。

　一方のグループは、レバレッジ効果の高い活動（豊かな実りを生み出す「少数の重要な」仕事）に集中します。もう一方のグループは、取るに足りない活動（時間ばかり食ってほとんど結果が出ない仕事）にはまり込んでしまうのです。

　このことをしっかりと認識した今、次のストラテジーを実践することが、成功へのカギとなります。

ストラテジー3：「物事を先延ばしにする方法を学ぶ」

　これは冗談ではありません！　物事を先延ばしすることは、成功するために不可欠な要素なのです。

　あなたはおそらく、そんなことをするのは人生の敗北者だけだと思っているかもしれません。しかし実際のところ、大成功している人たちは〝先延ばしの達人〟でもあるのです。

　敗北者は、80%の部分に関して仕事をして、20%の部分を先送りにしています。ですが勝者は、そのまったく反対を行うのです。

　彼らは、レバレッジ効果の高い20%の部分に即座に取りかかり、重要でない80%について先送りにするのです。

　ナポレオンはひと月に一度しか手紙の封を切らなかったそうです。なぜでしょうか？　その手紙が1カ月後の時点で依然として重要なことであれば対応するし、そうでなければ、ただ無視すれば良いからです。

348

第 11 章　バランスをとる　日々の活動を整理する

　ナポレオンは、自分の時間とエネルギーを、より早く確実に目的を達成するために集中させたのです。そして、それ以外のことはすべて先延ばしにしました。

　つまり、こういうことです。

	20%を占める重要な少数	80%を占める些細な多数
勝　者	今すぐやる	あとでやる
敗　者	あとでやる	今すぐやる

　おわかりになったでしょうか。重要な少数に集中することは、レバレッジ効果の高い行為です。それはあなたに、16倍早く結果をもたらします。

ストラテジー4：「今までの『予定リスト』を捨てる」

　普通の人は、1日を「予定リスト」とともに開始します。毎日同じやり方で、その日やるべきことをすべてリストアップしたものです。やり終えた順に、1つひとつ線を引いて消していきます。何かを消していくという行為には、脳内麻薬エンドルフィンの分泌が伴います。それはほとんど快感とさえ言えるものです。

　しかし、物事を単にこなしていくことは、本当にやるべきことを適切なやり方でやっていくこととは違います。

　予定リストに挙げられた仕事内容を、あらためて吟味する人はあまりいませんが、例によって、リスト上の80%の項目は取るに足りないものなのです。

　重要でないことは、たいてい楽しく、手早くできます。

・テニスクラブに電話してテニスコートを予約する
・芝居のチケットを買う
・本屋で本を買う
・高校時代の友達とランチを食べる

　重要な活動は通常より難しく、時間もかかり、失敗のリスクも高いものです。

349

・新しいプロジェクトについて上司と話をする
・自分の本を書く
・配偶者をランチに連れていき、結婚生活をより良くする方法を話し合う

　ある日、私は自分の予定リストを、次のような順番で書きました。

✓新しい原稿のことについて出版社に電話をする
✓ニュースレターの記事を書く
✓管理物件アパート301号室の住人と連絡をとる
✓妻に、彼女が私にとって世界中で一番大切な人だと思わせる

　見てください！　私の人生が、いかにバランスの崩れたものとなっていたかが、一目瞭然です！
　本当のところ、私たちの人生におけるもっとも重要な活動が、ふだんの予定リストに登場することなんてめったにありません。

・人生の目的を発見する
・神との関係を深める
・子どもたちを愛する
・すべての人を無条件に愛することを学ぶ

　従来の予定リストの暴虐ぶりに屈してはいけません。それを「パワーリスト」に変えていきましょう。**図11-1**のように、リストの上部にラインを引くのです。

　リストに何か書き込む前に、まず自問してください。これは20％の方か、それとも80％の方か？
　ラインの上に重要な活動を、ラインの下に重要ではない活動を書きます。こうすることにより、あなたは常に重要な少数の活動に集中せざるを得なくなります。リストの上位にある活動にほとんどの時間を費やすようにしましょう。ラインの下にさがるのは、休憩したいときだけに限ります。
　毎日リストアップしたすべてのことをする必要はありません。毎日、少しず

350

第 11 章　バランスをとる　日々の活動を整理する

つ進歩していけばいいのです。それがあなたのゴールです。
　たった３つの重要なことをする方が、たとえ完全にやり遂げられなかったと
しても、数多くの取るに足りないことをやるより、はるかに良いことです。

重要な20%	1.
	2.
	3.

1.
2.
3.
4.
5.
6.
7.
8.
9.
10.

些細な80%

図11-1　パワーリスト

私は常々思ってきた。人の取る行動は、その人の考えをもっとも的
確に表明するものであると。

（ジョン・ロック）

351

ストラテジー5：「自分の努力に対してご褒美をあげる」

　正直なところ、予定リストの項目を、終わらせた順に1つひとつ消していくのは気持ちのいいものです。1日の終わりに、その日予定になかったことをやったのを思い出し、リストにそれを書き加えて、あらためて線を引いて消した、という経験はありませんか？

　何という快感でしょう！　純粋な喜びの瞬間です。

　ただし、1つだけ問題があります。間違った努力に対して、自分にご褒美をあげてしまっていることです。実験用の鼠のように、あなたはもっとも重要性の低い事柄から先に一生懸命取り組んでいたのです。

　マイケル・ルボーフ博士が書いた『GMP: THE GREATEST MANAGEMENT PRINCIPLE IN THE WORLD』というすばらしい本があります。この本は、ごく簡単に言うと、次のようなことを語っています。

「報酬のある事柄は成し遂げられる」

　重要ではない行為に対してご褒美をあげていたら、あなたの予定リストには取るに足りない活動ばかりが羅列されることになります。ですから、重要な活動をした場合にのみ、自分にご褒美をあげるようにしましょう。そうしていれば、やがて世界があなたにすばらしいご褒美をくれることでしょう。

　好ましい行動に対して、自分にご褒美をあげるという行為は、「自己肯定感の強化」と呼ばれます。そしてその効果は、絶大です。

　水族館の調教師たちは、いったいどうやって、あのどう猛なシャチに水面高くジャンプする芸を仕込んでいるのだろうと、不思議に思ったことはありませんか？

　調教師はまず、水槽の底に置いた棒の上を泳がせる訓練から始めます。シャチが棒の上を泳ぐと、ご褒美に魚を与えます。棒の上を泳がないと、シャチは何ももらえません（正しい行動にはご褒美が与えられ、正しくない行動は無視されるというわけです）。

　その後、棒の高さが数フィート上げられます。シャチが棒の上を泳いだら、魚を与えます。棒の下をくぐったら、何も与えません。魚がほしいシャチは、

すぐに何をすべきかを学びます。

次に、棒は水面の高さまで上げられます。棒の上を乗り越えると、シャチはたくさんの魚をもらえます。もうおわかりですね。

やがて調教師は、棒の高さを水面から10フィートにまで上げます。棒の上をジャンプして越えることができると、シャチはたくさんのご褒美がもらえます。

シャチは利口な動物です。そして魚が大好きです。こうして、調教師は海の殺し屋を命令1つで水面高くジャンプさせることができるようになるのです。

実はあなたの脳も、これとまったく同じような働きをします。もっとも良い活動に対して自分にご褒美をあげると、あなたはもっとそれをするようになります。ほとんど自動的に……。

というわけで、1日をさらにパワフルなものにしたい方は、次のストラテジーを実践してください。

ストラテジー6：「いやなことから先にする」

リスト上のどの活動が、あなたのもっとも恐れるものですか？　その活動から1日を始めてください。

ほとんどの人は、それと反対のことをします。彼らはリストをざっと見て、簡単にできるものから先に選んでいきます。手早くできることから先にするのです。あるいは楽しくできることから先にです。

しかし私は、「いやなこと」から先に取りかかるべきだと信じています。それさえやってしまえば、肩から重荷が下りて、その日の残りの時間を思い切りエネルギッシュに過ごすことができるのです。どうして、そうなるのでしょう？

普通、何かするのを躊躇するときには、それなりの理由があるものです。

それはたいてい、「恐れ」です。人は、失敗を恐れるのです。恐れは、私たちがレバレッジ効果の高い活動をするのを妨げます。つまり、恐れは成功の妨げとなるのです。

なかには、失敗のリスクを冒してまで何か重要なことをするぐらいなら、何も成功しなくていいと言う人もいます。恐れは高くつきます。ですから、恐れを認識し、それと向かい合い、克服することを学びましょう。

そして、自分にご褒美をあげるのです。自分によくやったと声をかけ、一休みしましょう。それがどんなに爽快な気分か、じっくり味わうのです。

シャチに餌を与えましょう。いやなことから先にやる訓練を自分に課すことで、あなたは無意識のうちに、より難しいことに挑戦する意欲を高めていくことになるのです。

ストラテジー7：「毎日『パワー・アワー』を持つ」

アイゼンハワーはこう言いました。

「計画そのものは何にもならない。計画するという行為がすべてだ」

必ず毎日、数分間、それがわずか15分であっても計画を立てる時間を持ちましょう。私はそれを「パワー・アワー」と呼びます。

第2章で、毎日、計画のスパンを少しずつ長くしていくことの重要性についてお話ししました。未来はただやってくるのではありません。未来はあなた自身がつくるものなのです。

もし自分自身で未来を計画しなければ、あなたは他人の計画の一部にならざるを得ません。ですから、明日の朝起きたら、さっそくこの先90日間の計画を立てましょう。

もし明日が1月1日なら、4月1日に何をするかまで計画していなくてはなりません。その90日間は、計画通りにことが進むよう最善を尽くせば良いのです。

計画を立てるという行為は、リハーサルのようなものです。どんな偉大な俳優でも、舞台に上がるまでには、何度も何度もリハーサルを重ねます。

しかし私たちはしばしば、事前に何のリハーサルもせずに、人生という舞台に上がってしまいます。

パワー・アワーの時間に、頭の中でリハーサルをし、自分が日々の活動を理想的なやり方で行っている様子を思い浮かべてみてください。頭の中でその日の計画を立て、そのビジョンに沿った1日を送るよう努めましょう。

多くの人は、朝起きて、何をすべきかぜんぜんわからないまま、1日を始めてしまいます。そのまま生活の勢いに身を任せ、目標も計画も未来も持たない大勢の人々とともに、ひたすら流されていくのです。

朝のわずかな時間は、午後の数万時間に匹敵する。

（古い格言）

第 11 章　バランスをとる　日々の活動を整理する

あなたはその中から抜け出さなくてはなりません。計画を立て、その風を翼いっぱいに受け、自分が本来いるべき場所へと上昇しましょう。

ストラテジー8：「エクササイズをする」

エクササイズは、レバレッジ効果の高い活動です。よりハードにより長く働き、よりクリアに考えることを可能にします。健康を増進し、その分長く生きることを可能にします。

私は、自分のテープを聞きながらエクササイズをします。2つの活動を同時にするのです。つまり、体だけでなく、頭のエクササイズもしているということです。

これについてもっと詳しくご説明すると……。

ストラテジー9：「活動の重ね着をする」

待ち時間を有効に活用しましょう。私はこれを「活動の重ね着」と呼んでいます。

例えばエレベーターに乗っているとき、これから会う人に最初に何と言うかを考えます。車を運転しているとき、漠然と音楽を聞いたり、ラジオのくだらないおしゃべりを聞いたりする代わりに、オーディオ教材で勉強しましょう。バスやタクシーに乗っているときには、本を読みましょう。

毎分毎秒をできるかぎり生産的に過ごすのです。常にこう自問することです。「今自分は、一番生産的な時間の使い方をしているだろうか？」

ストラテジー10：「それぞれの収入の流れについて具体的な目標を設定する」

ある日、車の流れに身を任せてぼんやりと高速道路を走っていたとき、私は突然、ある人と会う約束をしていたことを思い出しました。時計に目をやると、すでに遅刻していました。私はすぐさま集中力を高め、アクセルを踏んで、流

れの一番速い車線に移動しました。

　私はそのとき、自分が車の流れに合わせるのではなく、車の流れを自分に従わせたのです。

　目標とはそのようなものです。

　車の流れにはまり込むのはたやすいことですが、「どこに行くのか、いつそこに着かなければならないか」がはっきりわかっていれば、私たちの脳は無意識のうちに、人生の複雑で細かな事柄を整理し、一番速く流れている車線へ移動し、目的の場所へ少しでも早く効率的にたどり着ける方法を見い出すのです。

　1つひとつの決断に悩む必要はありません。たった1つ、目標を設定するという習慣を実践するだけで、あなたの人生は実にシンプルなものとなり、自動的によりオーガナイズされたものとなるのです。

　ヒンドゥー教徒は、「心とは非常に散漫な器官であり、きちんと制御する必要がある」と考えています。彼らはそれをこんな話にたとえています。

　象を連れて市場を通り抜けようとするとき、象がきちんと調教されていないと、鼻をあちこちに動かして、リンゴやバナナや、その他の気に入ったものをつまみ上げて、大混乱を巻き起こします。

　一方、賢い象使いは、象の鼻に丸太を持たせます。そうすることで象は、バザールの商品を鼻でつまみ上げたりせずに、市場を通り抜けるという第1の目標に集中するのです。

　目標は、私たちの集中力を高めます。人生という市場を通り抜ける間、たくさんのオプションに惑わされずに済むのです。

　今年の各「収入の流れ」（ストリーム）について、具体的な目標を設定しましょう。

　目標に期限を設け、毎日進み具合をチェックします。仮に、今あなたには3つの収入の流れがあるとします。あなたはそれらをさらに強力なものにしつつ、同時にあと3つ、収入の流れをつくりたいと考えています。

　目標を具体的に述べると、以下のようになります。

「来年の1月1日までに、6つの収入の流れを持つ」

第 11 章　バランスをとる　日々の活動を整理する

ストリーム１：自分の仕事。１月１日までに収入を10％アップさせる。

　自分を会社にとってより重要な存在にする。漏れ穴ではなく、収入をもたらす存在として、経費ではなく、利益の源として見られるようにする。

　去年より10％収入を増やす。収入の増加は、給料、ボーナス、ストックオプション、あるいはその他の賞与のいずれかで達成する。

ストリーム２：配偶者の仕事。上に同じ。

ストリーム３：会社の退職金設計および／あるいは個人の退職金設計を最大限にする。

　退職金設計への拠出金額を最大限に引き上げ、銀行口座からの自動引き落としにする。もっとも有効な投資がなされるように、投資先についてはしっかりチェックをしていく。

ストリーム４：パーソナルフランチャイズ。１月１日までに月500ドルの新たな収入を確保する。

　ダイレクトセリング業界について調べ、自分たち、そして自分の周りの人たちにとって有益だと確信できる商品を扱っている〝第３の波〟ネットワーク・マーケティング、パーソナルフランチャイズの会社を１社見つける。

　その商品あるいはサービスは、納得できるすばらしいクオリティで、12人の人たちに、今年中に自信を持って紹介できるものでなくてはならない。これらの12人は、その商品のすばらしさに感動して、知り合いに紹介せずにはいられなくなる。

　これにより、毎月、最低500ドルの新たな収入がもたらされることになる。

ストリーム５：１月１日までに、利率が20％の租税先取特権証書を最低１つ購入する。

　２人の給料からそれぞれ５％ずつを貯金して、租税先取特権証書を最低１つ購入する。そうすることで高いリターンが確実に確保できる。

ストリーム6：1月1日までに、次の収入の流れを何にするか決定する。

資料を読み、勉強し、リサーチを行い、セミナーに参加して、来年中に最低1つ新たな収入の流れを確立するための具体的な計画を立てる。

ストラテジー11：「集中力を分散させる」

複数の収入の流れを同時に管理するからといって、すべてを一度に考えるというのは間違いです。

皿回しは皿を回すとき、1枚の皿が完全に回転するまで、その1枚に集中します。そしていったん集中を解き、ぐらつき始めた皿が目にとまると、再びその1枚に集中します。「集中したらリラックス、集中したらリラックス」、この繰り返しです。

やらなければならないことの多さに圧倒される必要はありません。

1回に1つの仕事を選んで、それに集中します。今取り組んでいることに、100%集中します。その他のことはすべて、視界の外に追いやってしまいましょう。

まずは手元の仕事を完了させるのです。そしていったんリラックスしたら、重要な活動のリストにざっと目を通します。そしてまた次の活動を集中的に行うのです。

ストラテジー12：「委任する」

委任は時間にとって、レバレッジ効果がお金にとって意味を持つことと同じです。誰かに仕事を任せるとき、あなたはレバレッジ効果の原理を用いています。ちょうど不動産やその他の投資をしているときと同じです。

あなたはもう1人の人間を使うことで、自分の時間を倍にしているのです。ですから、できるだけ他者に仕事を任せましょう。

ではどんな仕事を委任すれば良いのでしょうか？　それは、あなたの80%の方に入る活動です。

80%のリターンの小さい仕事を他人に任せることができない人もいます。それらは、たいてい完璧主義の人たちです。彼らは失敗を恐れるのです。

第 11 章　バランスをとる　日々の活動を整理する

　ですが、この姿勢は彼らに究極の失敗をさせる可能性があります。つまり、もっとも重要な仕事をするための時間がなくなってしまうことです。

　委任のコツは、レバレッジ効果の低い仕事のみを部下にやらせることです。たとえ完璧にこなせなくても、ダメージは最小限で済みます。なぜなら、もともとレバレッジ効果の低い仕事なわけですから。

　聖書のモーゼの苦悩を覚えていますか？　イスラエルの民がモーゼのもとへあらゆる問題を持ち込むのを見て、義父のエテロがこう助言します。

> 「神を畏れる有能な人で、不正な利得を憎み、信頼に値する人物を選んで、千人隊長、百人隊長、五十人隊長、十人隊長として民の上に立てなさい。平素は彼らに民を裁かせ、大きな事件があったときだけ、あなたのもとに持って来させるのです。小さな事件は彼ら自身で裁かせ、彼らにもあなたの仕事を分担させて、あなたの負担を軽くしなさい」『出エジプト記18』

　モーゼにならって、リターンの小さい活動を他者に任せることで、ハイリターンの活動に集中できる時間をつくりましょう。これなくして、すばらしい成果は望めません。

　しかし、仕事を任せられる人がいない場合はどうすればいいのでしょうか。

　その場合は、1日のどこか、あるいは1週間のどこかに、ある特定の時間帯を設けて、仕事を振り分けましょう。

　私はこれを、「20% 時間」と「80% 時間」と呼んでいます。「重要な時間」vs「取るに足りない時間」というわけです。

　あなたのふだんの1日を思い起こしてください。生産性が自然と高まる時間帯、非常にクリエイティブでエネルギッシュになれる時間帯というものがありませんか？　人によって、それは朝だったり、深夜だったりします。

　あなたがもっともエネルギーに満ちた状態になる時間はいつですか？　私の場合、エネルギーがダウンする時間帯は、たいてい午後3〜6時です。この時間帯に、私はレバレッジ効果の低い仕事を行います。楽しく、手早くできるけれど、実りの少ない活動です。

　一方、私がもっとも生産的になれる時間帯、つまり「重要な時間」には、重要な仕事しかしません。要するに、重要な仕事は重要な時間に、取るに足りな

い仕事は取るに足りない時間に、まとめて行うということです。

言い換えれば、「20％の仕事は20％の時間」に、「80％の仕事は80％の時間」に行うということです。

収入が増えてくると、すべてをこなす時間は物理的にどんどんなくなっていきます。ですから、各プロジェクトの責任を、それぞれのプロジェクトマネジャーに委任しなければなりません。

それぞれの収入の流れについて、毎日、報告シートを提出させましょう。その日の重要な仕事と、前日の成果をリストアップしたものです。

毎日、報告を受けるようにしましょう。チェックの間隔が開けば開くほど、プロジェクトが軌道を外れたときの対処が遅くなるのです。

ストラテジー13：「今すぐにやる」

今すぐにやるという習慣を身につけましょう。分割払いでは、支払いの延滞はまさに自殺行為です。

大勢の人々を教えてきた中で、1つ発見したのは、人々に欠けているのは知識ではないということです。本当に欠けているのは勇気です。

知識はいくらでも得ることができます。しかしそれを行動に移す勇気がなければ、それらは何の役にもたちません。さあ、今すぐにやりましょう。

ストラテジー14：「最低月1回は『クワドラント（四分円）テスト』を行う」

これは、スティーブン・コヴィーから教わった方法です。

1日の終わりに、白紙を1枚用意して円を描き、それを4分割します。そして、その日に行ったすべてのことを、4つの大きなカテゴリーに分けて、各クワドラントの中に書き込みます。

クワドラント①はルーチンになっていること、クワドラント②は予定になかった突発的なこと、クワドラント③は他者があなたに委任したこと（私はこれをＯＰＭ＝ Other People's Money ならぬ Other People's Monkey と呼んでいます）、そしてクワドラント④は、あなたの夢あるいは目標についてです。

第 11 章　バランスをとる　日々の活動を整理する

　是非とも、これを実行してください。驚くような結果が現れるはずです。
　気をつけないと、ルーチンワーク、突発的な仕事、他人に頼まれた仕事ばかりが、時間のほとんどを取ってしまうようになります。そして自分の夢を実現する時間がなくなってしまうのです。
　夢の準備は毎日しなくてはなりません。夢の口座には、毎日貯金をしていかなくてはならないのです。そうでなければ、複利はついてきませんよ。

ストラテジー15：「『ノー』という言葉を好きになる」

　タイムマネジメント（時間管理）のための最良の道具は、「ノー」という言葉です。他人の仕事を引き受ける際には、十分注意が必要です。

ストラテジー16：「ペーパーワークは一度だけ」

　ペーパーワークは他人に任せるか、自分でやるか、ファイルするか、捨てるかの、いずれか1つを選ぶ。さあ、どれですか？

ストラテジー17：「最初は間違える」

　この言葉を聞いたことがありますか？
「やる価値のあることは、正しくやってこそ価値がある」
　ところがトラウトとライズは、その著書『Positioning』で、それとは正反対のことを主張しました。
「やる価値のあることは、間違っても価値はある」
　まさに、そのとおりです。完璧にできるようになるまで待っていたら、いつまでたってもできません。それが重要なことなら、今すぐ取りかかるべきです。うまくできなくてもかまいません。不完全なものの中から、徐々に完成型を彫り出していくのです。
　失敗を通して、成功への道を探り出すのです。
『In Search of Excellence』※の著者、ピーターズとウォータマンも同じことを違う表現で言っています。

※邦題タイトル『エクセレント・カンパニー』（講談社）

361

「狙いを定めて、撃て！」の代わりに、「まずは撃て！ それから狙いを定めろ」でいくべきだそうです。

ストラテジー18：「電撃作戦を行う」

毎日、時計が時報を鳴らしたら、あるいは遠くの時計台のチャイムが聞こえたら、そこから10分間は、一気に集中する合図とします。その10分間で、それまでの1時間分の仕事を片付けることができるでしょう。

私はこれを「電撃作戦」と呼んでいます。時計のチャイムを、続く10分間アクセルを踏んで思い切り飛ばすための合図とするのです。

ストラテジー19：「反省する時間を持つ」

1日の終わりに5分間、時間を取って、その日に行ったことを振り返りましょう。

誇れる結果を出せたものについては、自分を褒めてあげます。改善が必要なものについては、自分を責めるのではなく、より良い結果を出すためにはどうすべきだったかを具体的に思い描いてみます。理想的な形でそれを行っている自分を想像するのです。

ストラテジー20：「毎日チャレンジする」

自分をもっとも生産的にしてくれるものは何でしょうか？

私の場合、それは締切とチャレンジです。私たちの生産性は締切の直前に驚くほどアップする、という研究結果が出ています。私がときどき物事を先送りにするのは、そのせいかもしれません。締切の前日になると、私はヒジョ～にすばらしい仕事をするのです。

自分にチャレンジするとき、私の創造力は大きく膨らみます。私はチャレンジが大好きです。なんたって、チャレンジ (Challenge) という言葉の中には私の名前 (Allen) が含まれているのですから！──さあ、皆さんレッツ・チャァレンジ！ そうすることで、生産性も上がるのです。

第11章　バランスをとる　日々の活動を整理する

ストラテジー21：「『急がば回れ』を実践する」

　最後に、もっとも重要なストラテジーをご紹介しましょう。そのすばらしい著書『Lifebalance』の中で、リチャード・エアは、私たちの生活に必要なバランスについて、うまい表現をしています。
「ゆっくりという名のスピード」
　これは、人生のすべての分野について、バランス良く取り組むことを意識的に実行するためのものです。
　私たちの人生には、常にバランスを保つべき6つの大きな分野があります（図11-2）。

「存在」「脳」「体」「時間」「人」「お金」です。

　では、これらの分野について1つひとつ見ていきましょう。

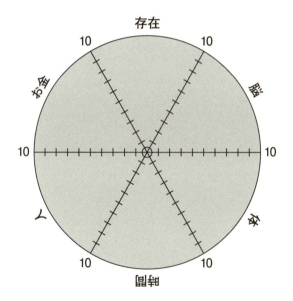

図11-2　バランスの車輪

一度に命を投げ出すことはひどく恐れるくせに、少しずつ切り捨てていくことには無頓着とは、なんと愚かなことか。

（ジョン・ハウ）

363

存在（Your being）

人によってはこれを「精神」あるいは「魂」とも呼びますが、私は「存在」と言っています。それはあなたの「本質」です。唯一で永遠な、あなたの一部です。

精神的に充実した時間を過ごすことは、プレッシャーの多い日々の生活を大局的に見ることを可能にします。大局を見ることによって、より地に足をつけて、冷静に、そして穏やかに過ごすことができるようになります。

このことは私にとって、とても重要なことです。もしもこの時間がなければ、私の人生は意味のないものになってしまいます。

ギャラップ世論調査によると、約95％の北アメリカ人が、すべてを超越する力の存在を信じているそうです。ただそれをどう呼ぶかが異なるだけです。

神、宇宙、アラー、自然、霊魂、などなど。もともと私たちの信仰の多くは、根源的には非常に似通っています。派生的な段階に来て初めて、混乱が生じるのです。ただし、これが私の言いたいこと、というわけではありません。

もし、すべてを超越する全知全能の力が存在するのなら、「複数の収入の流れ」をつくるに当たって、それ以上のパートナーはいるでしょうか。これはロックフェラーの信条でした。彼は、生涯を通して、収入の10％をそっくり寄付し続けたのです。

自分の人生を振り返ったとき、私が手にしたもっともパワフルな収入の流れの多くは、計画して得られたものではなかったことに気づきます。

それらはまるで空から降ってきたかのように、突然手にすることができたものでした。だからこそ、私は人生のスピリチュアルな側面を大切にしたいと思うのです。

あなたという存在は、「偉大な力」が人々を幸せにするため、特別な収入の流れを導くのに活用する水路なのかもしれません。

脳（Your brain）

脳は、この世でもっともパワフルなコンピュータです。

私たちはその能力のほんの一部、5％ほどしか使っていないと言われています。脳の活用率をほんの少しでも上げることができれば、人生は大きく開けることでしょう。

体（Your body）

　なんとすばらしい道具でしょう。心臓はまったく無意識のうちに、1日に10万回以上も鼓動を打ちます。すごいと思いませんか？

　視覚、聴覚、味覚、嗅覚は、言うまでもありません。なんという高性能な装置でしょう。

　あなたの体の調子はいかがですか？　今より良いケアを施すことで、さらに10年、20年、長く活動することは可能でしょうか？　体をもっと大切にすることで、今日の生産性をより高めることはできるでしょうか？　そうすれば、自分のポケットにより多くのお金が入ってくるのでしょうか？

　私なら、すべてにイエス！と答えます。

時間（Time）

　きちんとオーガナイズされていないのに、その道のプロだという人を想像できますか？　そんな人はいませんよね。

　あなたはどのぐらいオーガナイズされていますか？　この章でご紹介したストラテジーを実践すれば、能率が格段に上がった自分に驚くことでしょう。

人（People）

　人とのかかわりのない人生とはどんなものでしょう。

　人とのかかわりは、基本中の基本です。あなたの人間関係はどのような状態ですか？　改善の余地はありますか？　改善したいのは、誰との関係ですか？　その関係をより良いものにするために、これからの1時間でできる、ささやかな試みにはどんなものがあるでしょうか？

お金（Money）

　最後に、お金です。お金は、たとえいくらあったとしても、多すぎるということはありません。もちろん、お金で幸せが買えないことは、私たちの誰もが知っています。でも、それを自分自身で確かめたいというのが、正直なところですよね。

もし、このうちの1つでもバランスを崩したら、どうなるのでしょうか。1つの分野で突出していながら、他の分野をなおざりにした人を、誰か思いつきますか?

　ハワード・ヒューズはどうでしょう。確かに彼は、お金に関しては巨人でしたが、その他の分野ではまったくの小人でした。それでは成功とは呼べません。

　仕事での成功を強く求めすぎるあまり結婚生活に失敗した人を、誰か思いつきますか?　すばらしいアイデアをたくさん持っているにもかかわらず、その人自身がオーガナイズされていないがために1つも形にできなかった人を、誰か思いつきますか?　お金を稼ぐために体を酷使しすぎて、若くして心臓マヒで死んでしまった人の話を聞いたことはありますか?　他のすべての分野ではすばらしいバランスを実現できているのに、お金に関してだけはだめだという人については、どうでしょう?

　1つの分野で秀でることは容易です。しかしそれでは、鎖はとてももろいものでしかありません。すべての分野のバランスを整えないかぎり、遅かれ早かれ、そのもろいアキレス腱が、あなたが頂点に立つのをじゃますることになります。そうした例をご存じですか?

　マリリン・モンロー、エルヴィス・プレスリー、ジョン・ベルーシ……。同じようにもろいアキレス腱を抱えた政治家やTVの有名人はどうでしょう?　名を連ねればきりがありません。

　では、あなたのアキレス腱となるのはどの分野でしょう。もしその分野の強化を怠れば、人生はそこから蝕まれていきます。

　テニスの試合で敵がまず最初にすることは、あなたを品定めし、弱点を見つけることです。それは例えば、あなたのバックハンドかもしれません。あなたのフォアやロブ、あるいはネットへのアプローチがどんなに良くても、意味がありません。敵は、あなたがコートからはじき出されるまで、弱点ばかりを攻めてくるでしょう。

　やがてゲームセット。あなたの負けです!　バックハンドを改善しないかぎり、あなたのランキングは決して上がることはないのです。

　あなたは、あなたが心から尊敬する人々、大成功し続ける人々は、人生の6つの分野すべてにおいて、バランス良く優れていることに気づくでしょう。

第 11 章　バランスをとる　日々の活動を整理する

　私たちは、往々にして1つの目的だけに気をとらわれてしまいがちです。私たちは自分にこう言い聞かせます。「まずは100万ドル稼ぐことが先決だ。人間関係はそれから何とかすればいい」。あるいは「物質的な側面を充実させたら、体や心について考えよう」。

　一息入れて、ウサギとカメのレースについても考えてみましょう。

　人生のバランスをとるのに時間がかかっている間に、競争相手にはるか先を行かれてしまうのは、実にストレスの溜まることです。ですが結局のところ、ウサギはあなたの前方でタイヤをパンクさせ、修理のために多大な時間を無駄にすることになります。あなたはそのすきにウサギを追い越し、着実に歩を進めながら、ウサギの視界から永遠に消えて行くのです。

　バランスのとれた人は、バランスの崩れた人に比べて、深刻な病に陥る確率が10分の1しかないということが証明されています。ですから、スピードを少し落として弱点を強化し、バランスを取り戻して、毎日6つの分野のすべてに取り組むようにしましょう。

　支柱を地下深く埋め込んで、そのしっかりとした土台の上に、あなたの人生の摩天楼を高々と築き上げるのです。

　あなたの人生がすべての分野において溢れんばかりに満たされることをお祈りします――「複数の収入の流れ」、「豊かな人間関係」、「エネルギーに満ち溢れた健康な体」、そして「強い精神力」。

　人生やビジネスの青写真の確認と整理、そして、抱える課題の組織化はどんな起業家にとっても不可欠なスキルです。私は、私自身の70年以上の人生において学んだことを研究し、適用してきました。そして私は大いに役立ついくつかの強力なテクニックを発見しました。私はこの最新の研究を網羅した特別なレポートを書いています。その内容は、グズグズ引き伸ばすことを回避、克服し、ほとんどの人が一日かかってやり遂げることを1時間で完了するようになる方法です。この方法も www.millionaireclub.jp にアクセスすることでそのレポートの一部を見ることができます。

人生とは、一つの大きなセミナーだ（カセットテープのセットこそ注文しないけれど……）。

　　　　　　　　　　　　　　　　　　　　　　　　（ビル・マーティン）

第12章
分かち合う
後世に遺産を残す

「フランスの偉大な王、ルイ14世が死去した際、
パリのノートルダム寺院で壮大な国葬が行われた。
パリの司教は頌徳演説のため説教壇に上った。
そして次のひと言だけを言った。〝偉大なのは神だけである〟」

クオート・マガジン

　私はとても信心深い家庭に育ちました。小さいときから、物質はうつろいゆくものだと教えられてきました。そして19歳のときのある経験が、若い私の心に決して消えることのないある思いを刻み込んだのです。

　ある夏、私はカナディアン・ロッキー山脈の町、バンフで、観光バスの運転手の仕事をしていました。私に割り当てられたのは、外国人観光客の小さなグループを、バンフからルイーズ湖を経てジャスパーへと向かう、ロッキー山脈のもっとも美しい場所を巡る10日間のツアーに連れていく仕事でした。

　天気は申し分なく、景色は息をのむすばらしさでした。グループのリーダーは、年配のフィリピン人の紳士で、奥さんをはじめとする十数人の家族、友人、仕事仲間を引き連れてやってきていました。

　それはとても興味深いグループでした。ツアーが進むにつれて、この老紳士（ロペスさんと言いました）は非常に裕福なビジネスマンだということがわかってきました。彼はフィリピンに、TV局、ラジオ局、新聞社、大きな公共事業の会社を持っていました。

　彼にはまた、親族に大物がいました。彼の兄弟はフィリピンの副大統領だったのです。私は彼の資産の総額がどのぐらいか見当もつきませんでしたが、お

第 12 章　分かち合う　後世に遺産を残す

そらく数億ドル、今のお金にして軽く10億ドルは超えていたでしょう。

ツアーが終了したとき、その老紳士は私に、バスの運転手の仕事をやめて彼らの旅行に加わるつもりはないかと尋ねました。私はびっくりして、「旅行に行くための服もないですし……」と口ごもってしまいました。

ですが彼は、思いやりに溢れた声でひと言「大丈夫ですよ」と言ってくれたのです。「あなたが必要なものは何でもそろえてあげますよ」

私は父に電話をして、この幸運について報告しました。翌日、私はその億万長者の一行に加わっていました。新しい服一式をリュックサックに、ポケットには小遣いを入れて。それはまるで、夢のような話でした。

私たちはサンフランシスコでロペスさんの邸宅に滞在し、その間に私はパスポートとビザを取得して、その後、フィリピンへと出発しました。

マニラに到着すると、一行は税関をさっと通り過ぎ、待っていた車ですぐさま政府官邸へと向かい、そこで大統領夫人イメルダ・マルコスに謁見しました。彼女は高価なドレスの贈り物を受け取り、私と一緒に写真を撮ってくれました。

翌日、ロペスさんのコントロール下にある新聞に、その写真が掲載されました。ひょろりと背の高い19歳のカナダ人青年が、なんとフィリピンのファーストレディに贈り物をするという図です！

私は一家の邸宅に滞在し、大金持ちの生活のあらゆる特典を満喫し始めました。メイド、料理人、運転手。数日後、南のダバオから北はバギオまで国のあちこちにあるロペス家の邸宅を巡るツアーに連れ出されました。私は数々の邸宅や車、蓄積された膨大な資産をつぶさに見ていきました。それはただただ、すごいのひと言でした！

数週間後、一家は世界旅行を再開することになり、私は彼らに連れられて東京へ1週間の観光旅行へ出かけました。アルバータ州の住人2,000人の小さな町で育った私は、そこでの経験にひたすら圧倒されるばかりでした。

一行がヨーロッパへ向けて出発の準備を始めたとき、私は、以前から計画していた2年間の布教活動を行うために家に帰らなければならないことを告げました。私の寛大なホストは、3枚のピン札の100ドル紙幣を私に渡し（1967年当時、それはかなりの大金です）、家へと送り返してくれました。それだけではなく、彼は、帰る途中のホノルルのロイヤル・ハワイアンで3日間の豪華な日々を過ごす手配までしてくれていたのです。

優れたものには利益が宿る。

369

数週間後、私は教会からタヒチでの伝道活動のミッションを受けて（タフな使命です！）、その後の2年間をフランス領ポリネシアで過ごしました。

ミッションを終え帰国してから数年後、ビジネスでサンフランシスコを訪れた際、私はロペス家の邸宅に立ち寄り、一家の近況を尋ねました。ロペスさんはすでに亡くなっており、一家は財産をすべて失ってしまったとのことでした。私はそのときの話を、決して忘れることができません。

1972年にマルコスがフィリピンに戒厳令を敷いたとき、彼は単に権力を手にしただけではなかったようです。彼は新聞、TV、ラジオなどあらゆるメディアを支配下に置き、国有化しました。これは言い換えれば、国家を利用した、窃盗の合法化です。その際、彼はあるTV局の社長を誘拐しました。それが、ロペスさんの息子だったのです。

ロペスさんはその知らせをアメリカで受け取り、二者択一を迫られました。フィリピンにある財産のすべてを放棄するか、さもなければ息子の命が奪われる、ということになったのです。老紳士が決断を下すのに1秒とはかからなかったことでしょう。息子は解放され、全資産が没収されました。

あなたならどうしますか？　今すぐ選んでください！　持っているものすべてと、自分の子どもの命との選択です。人生で何がもっとも大切かがはっきりすることでしょう。

私たちがこのような選択を迫られることは、おそらく一生ないと思います。しかし、資産の蓄積と収入の流れの構築に時間を費やすあまり、人生においてもっとも大切な関係をなおざりにすることがないよう、注意しなければなりません。

この本の最初で、お金を確実に増やしていくために、使うお金を1ドル1ドル、「顕微鏡」で見るかのように注意深くチェックしてくださいと申し上げました。

今この本を書き終えるにあたり、お金を時間という「望遠鏡」を通して見ていただきたいと言っておきたいと思います。複利によってお金がどれぐらい大きな額に成長するかを知ってください。そのお金であなたも世界に大いなる貢献をすることができるはずです。

偉大な慈善家たちが行ってきたことを、あなたにもぜひやっていただきたいのです。マネーツリーの森の優秀な管理者となって多くの実りをもたらし、あ

第 12 章　分かち合う　後世に遺産を残す

なたがこの世を去ったあとも、何世代にもわたって人々を養い続けてほしいのです。

　最後に、あなたの幸運と成功をお祈りして、筆を置きたいと思います。

謝辞

　感謝の意を表したい方々、友人たちが大勢います。まずは、長期にわたるリサーチと執筆活動の間、多大なる犠牲を強いることになった家族に、心から感謝したいと思います。ダリル、エイミー、アーロン、そしてハンター……君たちに変わらぬ愛を捧げます。

　次に、本書執筆のためのリサーチに協力してくださったエキスパートの方々に深くお礼を申したいと思います。とくに、エフピーネット㈱ 松島修さん、Catch the Web Asia Sdn.Bhd. 横山直宏さん、HC㈱ 臂守彦さん、千葉侑毅さん、ビリオネアクラブ主催者 佐藤一彦さんからは、日本のマーケット事情を存分に考慮した助言や豊富な見識を披露頂くなど多大なる支援を賜り、Mind Kinesis Investment Pte Ltd ケイデン・チャンさん、ファイナンシャルアカデミー 束田光陽さんには貴重な情報提供をいただきました。

　また、フォレスト出版㈱、㈱TSUTAYAの方々、監訳者 稲村徹也さん、丸山拓臣さん、翻訳者 関佳代さんにもたいへんお世話になりました。彼らは、まだ原石だった私のアイデアを宝石へと変えるべく、大きな力を貸してくれました。

　最後に特筆しておきたいのが、私のストラテジーの実践者となってくれたミリオネアクラブの受講生たちです。彼らのおかげで、私は、荒削りだった素材を世に発表し得る形にまで磨き上げることができました。受講生のグループからは、すでにたくさんのサクセスストーリーが誕生しています。皆、本書で紹介したアイデアとストラテジーを使って、経済的自由への道を着々と歩んでいるのです。私はこのすばらしいグループを親しみを込めて「子分たち」と呼んでいます。

相澤喜代美、荒井美由紀、飯田晃一朗、飯塚八重子、石塚稔、今井端哉、大岩麻里、大江五津子、太田一則、織田圭子、柿園輝仁、川村英之、木下弘美、熊谷明美、桑原美幸、越口一敏、小林史弥、是常景一、崔松雪、佐々木和博、佐野直樹、澤有理、城間トモ子、鈴木由美、関潤哉、関美峰、平靖秀、高城和惠、高村健一、立田委久子、槌矢恵子、中川明美、丹尾宏司、乗池千絵、東聡子、土方良子、平田暁子、前川由江、前田哲博、三橋正隆、宮崎磨希子、美谷脇博子、村井勇仁、森岡武彦、柳田大輔、吉田靖（敬称略）

そして、すべての愛すべき仲間、友人たち。

Kosei Kodama、Aiko Saito、Haruki Yamashita、Nobuki Kikuchi、Miyuki Hosokawa、Masaya Seki、Yuko Miyazawa、Masayo Hirose、Moeka Matsuo、Keisuke Sasashima、Karuki Hamada、Yoshihisa Suzuki、Chikaho Nakamura、Koki Uneda、Yoshio Ikeda、Akihiro Miyazaki、Tatsuya Akaogi、Yukie Fujita、Yasutoshi Hoshino、Asami Hoshino、Hiroki Fujiwara、Eri Kai、Katsura Tanabe、Kenji Kawahara、Tomohiro Nakagawa、Saaya Ikegami、Daichi Terui、Shinichi Okada、Kumi Takahashi、Tomoo Nakashima、Kahou Nakashima、Kayo Oyashiki、Kinue Masuda、Yuri Maruyama、Michiko Kojima、Yuichi Nishiyama、Daisuke Ishida、Tomoko Tadano、Hidenobu Ono、Masao Iseki、Tokimi Mizusawa、Kenichi Mizusawa、Shinsuke Sakakibara、Yuta Kimura、Waka Akaboshi、Gene McCall、Chieko Miyamae McCall、Angelo Y. McCall、Kazuaki Yokoyama、Akihiko Ikawa、Ayaka Yamauchi、Miho Syed、Yusuke Serizawa、Micheal Turner、Yayoi Ushio、Chiho Sakumi、Keizo Kimura、Yoshie Nakanishi、Susumu Takasu、Fumiko Yamauchi、Yukie Iwasaki、Toshinori Chikara、Isamu Matsui、Toru Mori、Tomoko Iwama、Yumi Yoda、

Yan Li、Mao Okubayashi、Mieko Soramoto、Miho Kamata、Yumiko Kawashima、Hiromi Kawamura、Fumiaki Saito、Rieko Kokubun、Masa Miyama

皆さん、本当にありがとう！

親愛なる日本の読者の皆さんへ

　私は日本と日本人が大好きです。妻と私は日本を訪問した際に、日本独自の文化を楽しむというすばらしい経験を得ることができました。私が日本を訪れ、列車で旅行するときはいつも、富士山を眺めることが大好きでした。この本を準備していたとき、2017年に富士山に登らないかと誘われ、私の日本人の友人たちのグループと一緒に登頂に成功しました。富士山頂から望む壮大な眺め！私はあの景色とともに感じ得た喜びと達成感を生涯忘れることはないでしょう。日本は私にとっていつも特別なところなのです。

　この本では、私が世界に普及させることができたファイナンシャルの概念とアイデアを紹介できることをとてもうれしく思っています。私は誰もが経済的に自由な生活を楽しむために複数の収入源を生み出すことが重要だと考えています。私は日本でこれらのコンセプトを学び、実践した多くの日本の起業家に会うことを光栄に思っています。この本を通じてお伝えした複数収入源構築のアイデアの実践例、日本人起業家の成功事例は、日本の読者のみならず世界中の起業家に対しても普遍的であることを示しています。

　私は、あなたが豊かに繁栄し、成功した人生を送ることを心から願っています。

　読者の皆さんへ特別なボーナスを用意しました。
　私のウェブサイトに是非アクセスしてください。
　www.millionaireclub.jp

　いつの日か、あなたに実際にお会いして、あなたの成功ストーリーを聞くことを心から楽しみにしています。

　あなたのミリオネアメンターより

ロバート・G・アレン

Dear Japanese Reader.

I love Japan and the Japanese people. My wife and I have great memories of visiting your great country and enjoying your special culture. Whenever I come to Japan and travel by train, I have loved to see the amazing Mount Fuji. As I was preparing this book, I was invited to climb Mt. Fuji in 2017 and successfully climbed to the top with a group of my Japanese friends. What a spectacular view from the top of Mt. Fuji! I will remember the feeling to joy and accomplishment for the rest of my life. Japan will always have a special place in my heart.

In this book, I am so happy to introduce to you the financial concepts and ideas that I have successfully popularized all of the world. I believe it is important for everyone to generate multiple streams of income to be able to enjoy a life of financial freedom. I have been honored to meet so many Japanese entrepreneurs have learned and applied these concepts here in Japan. Their success stories have been highlighted throughout this book to illustrate that the ideas of Multiple Streams of Income are universal, not only to Japanese audiences but to entrepreneurs all over the world.

I wish you a wonderful, prosperous and successful life.

There are several special bonuses available to you, the book reader, at my website ⋯

www.millionaireclub.jp

I'm looking forward to perhaps meeting you some day and hearing of your success.

Your Millionaire Mentor,

Robert G. Allen

＜著者プロフィール＞
ロバート・G・アレン（Robert G. Allen）

ニューヨークタイムズ紙 No.1 ベストセラー作家。
米国ビジネス界の権威。不動産・財テク・IT・情報・起業のプロ。わずかな元手で莫大な不動産を手に入れ、その優れたノウハウを人々に提供。「ほとんど頭金なしで始める不動産購入の方法」は大評判となり人材育成企業とライセンス契約締結。『Nothing Down』は不動産投資関連として史上最も売れた本となり、『Creating Wealth』もベストセラー第1位に輝き、世界で富構築手法の講座を開催。ラリー・キング・ライブやグッド・モーニング・アメリカ等、多数のラジオ、TV 番組に出演。ウォールストリートジャーナルやバロンズ、パレード、ピープル、リーダーズ・ダイジェスト等でも特集される。

＜監訳者プロフィール＞
稲村徹也（いなむら・てつや）

ウェーブリンク株式会社代表取締役。ロバート・アレン日本総代理エージェント業。1971 年石川県生まれ。高校卒業後上京するが、夢破れホームレスに転落。ホームレスのメンターと出会い、21 歳で起業。毎年売上を倍増させ、年商 20 億円企業にまで成長させる。100 億円企業を目指していたが、2002 年 IT バブル崩壊と共に倒産。30歳で億単位の借金を背負い、どん底から再スタート。当時、ロバート・アレンの億万長者入門を読み実践し、現在は、複数の権利収入構築に成功。不動産・建設会社、投資会社、イベント企画会社等のオーナー。実業や講演、ベストセラー作家としての経験を通し人材育成に注力。

丸山拓臣（まるやま・たくみ）

NEW HORIZON 株式会社取締役、経営コンサルタント。1981 年福島県生まれ。世界的ビジネス界の権威や海外有力実業家との関係構築や交渉を得意としている。ロバート・アレンのコンテンツ開発、セールスプロモーションのキーマン。語学堪能で、ロバート・アレン来日時には専属通訳としても活躍中。

STAFF

●**装幀**
河南祐介（FANTAGRAPH）

●**本文デザイン・DTP**
株式会社ディースペック

●**本文イラスト**
桜井葉子

●**取材協力**
松島修（エフピーネット株式会社）、横山直宏（Catch the Web Asia）、臂守彦
千葉侑毅、佐藤一彦、ケイデン・チャン、束田光陽（ファイナンシャルアカデミー）

●**翻訳協力**
関佳代

●**編集協力**
佐藤裕二、佐古京太、内藤千鶴（株式会社ファミリーマガジン）

●**写真協力**
nanami / PIXTA(ピクスタ)【図 1-1（P16）】

日本人のための**お金の増やし方大全**

2018 年 9 月 19 日	初版発行
2018 年 10 月 7 日	2 刷発行
著　者	ロバート・G・アレン
監訳者	稲村徹也／丸山拓臣
発行者	太田　宏
発行所	フォレスト出版株式会社

〒 162-0824 東京都新宿区揚場町 2-18　白宝ビル 5F
電話　03-5229-5750（営業）
　　　03-5229-5757（編集）
URL　http://www.forestpub.co.jp

印刷・製本	中央精版印刷株式会社

ⓒ Tetsuya Inamura,Takumi Maruyama 2018
ISBN978-4-86680-000-4　Printed in Japan
乱丁・落丁本はお取り替えいたします。

日本人のための
お金の増やし方 大全
MULTIPLE STREAMS OF INCOME JAPANESE Ver

読者限定プレゼント!!

監訳者 稲村 徹也氏が徹底解説
日本人のための
複数収入源の作り方

日本人のためお金の増やし方 大全の監訳者である稲村 徹也氏が、今の日本人が複数の収入源を作るためのファーストステップを動画でお伝えします。

見るだけで、あなたの「マインド」「行動」が変わり
安心して夢を実現する方法がわかる
夢をつかむ
「4つの地図」の作り方

著者 ロバート・アレン本人が夢をつかむ「4つの地図」の作り方、そして実際の使い方を動画で解説します。ロバートのことを知り尽くした翻訳者がわかりやすい通訳をしていますから、英語が苦手な場合も安心してご覧ください。本書を読み、この映像をみることで、幸せな毎日、理想のライフスタイルへの最短距離がわかります!

無料プレゼントを入手は以下より手に入れてください!!
※上記の無料プレゼントは予告なく終了となる場合がございます。予めご了承ください。

http://frstp.jp/msi

プレゼントはWEB上で公開するものでありDVDなどをお送りするものではありません。